DESCRIPTION
DES
MONUMENTS
GRECS ET ROMAINS
EXÉCUTÉS EN LIÉGE

À L'ÉCHELLE D'UN CENTIMÈTRE PAR MÈTRE

Par AUGUSTE PELET
DE NIMES
CHEVALIER DE LA LÉGION D'HONNEUR

Membre de l'Académie du Gard et de plusieurs autres Sociétés savantes nationales et étrangères.

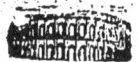

NIMES
IMPRIMERIE ROGER ET LAPORTE
Place Saint-Paul, 5.

1876

DESCRIPTION
DES
MONUMENTS EN LIÉGE
DE LA COLLECTION PELET

DESCRIPTION
DES
MONUMENTS
GRECS ET ROMAINS
EXÉCUTÉS EN LIÈGE

A L'ÉCHELLE D'UN CENTIMÈTRE PAR MÈTRE

Par AUGUSTE PELET
DE NIMES

CHEVALIER DE LA LÉGION D'HONNEUR

Membre de l'Académie du Gard et de plusieurs autres Sociétés savantes nationales et étrangères.

> Comme en visitant une contrée on arrive à un sentiment plus intime et plus vrai, même des faits que les livres pourraient enseigner, ainsi on atteint mieux à un passé dont on touche les restes, et ce que j'appellerai la présence réelle aide à le recomposer.
>
> J.-J. Ampère.
> *Histoire romaine à Rome*, Introd., p. III.

NIMES

IMPRIMERIE ROGER ET LAPORTE
Place Saint-Paul, 5.

1876

©

AVERTISSEMENT

DE L'ÉDITEUR

M. Pelet n'a pas eu le temps de mettre la dernière main à l'ouvrage que nous publions aujourd'hui. La mort l'a surpris au moment où il y travaillait encore, et plusieurs notices, notamment celle qui concerne le Parthénon, sont malheureusement inachevées.

Il a paru cependant utile de les faires connaître telles qu'elles nous ont été laissées, et nous les donnons ici, comme un hommage rendu à la mémoire de ce savant antiquaire, en conservant religieusement, dans tous les cas, le texte de son manuscrit, quelles que puissent être les lacunes qu'il renferme.

INTRODUCTION

« On rencontre souvent dans le monde, a dit, en 1806, M. J. G. Legrand, architecte des monuments publics (¹), des hommes distingués par leur rang, par beaucoup d'esprit, et par une infinité de connaissances, qui, n'ayant presque aucune idée de l'architecture, confondent sans cesse cet art avec la bâtisse vulgaire et le circonscrivent dans les bornes étroites du métier ; ils ne se doutent point que, chez les peuples de l'antiquité, cette étude était placée au rang des arts d'imagination, d'agrément et de goût, et qu'elle est aujourd'hui, pour nous, l'âme de leur histoire, car, dit Rollin, ce qui regarde les mœurs des peuples en fait connaître le génie et le caractère. »

(1) *Introduction à la Collection des Chefs-d'œuvre de l'Architecture des différents peuples.*

C'est par les monuments que les anciens nous ont laissés que nous apprécions les époques de gloire ou de décadence qui composent leurs annales. Leurs temples sont des livres ouverts pour l'étude de la religion de ceux qui les ont élevés, l'imposante majesté de leurs forum et de leurs basiliques tient à l'histoire de leur législation, et l'étude de ces monuments sert à expliquer, bien souvent, aux générations modernes, des passages qui paraîtraient obscurs sans leur application matérielle à l'édifice qui en fait l'objet. Les amphithéâtres, les cirques, les théâtres, les aqueducs, les grandes voies de l'empire ne nous donnent-ils pas une plus haute idée de la puissance impériale que tout ce que les historiens nous en ont appris ? Leurs victoires ne sont-elles pas mieux rappelées par les arcs de triomphe, les colonnes, les trophées, que par la description qu'on a faite de leurs batailles ?

L'étude de l'antiquité, par les monuments qu'elle nous a légués, est attrayante et surtout fructueuse pour celui qui tient à ne pas porter un jugement erroné sur ces beaux restes, en répétant inconsidérément les phrases banales des cicerone qui leur ont servi de guide.

Les monuments les plus importants de l'antiquité, exécutés à l'échelle d'un centimètre pour un mètre, seront toujours un moyen puissant d'instruction pour ceux qui ne peuvent étudier les originaux. C'est dans l'intérêt de cette étude que j'ai exécuté, moi-même, des modèles en relief que les dessins les plus beaux, les mieux exécutés et les photographies elles-mêmes ne sauraient jamais remplacer, lorsqu'on tiendra à se former une idée juste du caractère de l'architecture à des époques différentes.

Pour compléter ce travail, qui se lie essentiellement à l'histoire de l'architecture, j'ai cru devoir réunir, dans une courte notice, l'abrégé historique de chaque monument, l'analyse des beautés ou des défauts qu'on y remarque, des exemples qu'il présente et des applications diverses qu'il peut recevoir.

Auguste PELET.

DESCRIPTION
DES
MONUMENTS

GRECS ET ROMAINS

EXÉCUTÉS EN LIÉGE, A L'ÉCHELLE D'UN CENTIMÈTRE PAR MÈTRE

DE L'ARCHITECTURE GRECQUE

« L'architecture grecque, dit encore M. J. G. Legrand, est bien distincte de toutes les autres : ce qu'elle a pu emprunter est présenté, avec tant de charmes, dans des masses rajeunies, et avec des proportions si neuves et si harmonieuses, qu'elle semble avoir tout créé, tout imaginé, et qu'elle paraît plutôt avoir enrichi les autres nations de ses conceptions originales, qu'avoir puisé dans leur propre fond. »

« Tout est sentiment, esprit, imagination, finesse, et cependant naïveté chez ce peuple instituteur. Il embellit tout ce qu'il touche ; il divinise les plus simples objets ; il présente à nos sens émus, étonnés, des images au-dessus de la perfection humaine ; il peuple l'Olympe ; il crée des dieux dignes d'un tel séjour, ou plutôt il les divinise ; et lorsqu'il entreprend de fixer leur demeure sur le sol heureux de la Grèce, il parvient à leur élever des temples où l'on retrouve la noblesse et la majesté des cieux. »

LA TOUR-DES-VENTS A ATHÈNES

Varron est le premier historien qui a fait mention de la Tour-des-Vents, plus d'un siècle avant notre ère ; il nous apprend qu'*Andronic Cyrrhestes* fut l'architecte de ce monument qu'il appelle la Tour-de-l'Horloge ; mais il n'indique point l'époque à laquelle vivait cet artiste ; de sorte que ce n'est que par la beauté des bas-reliefs de cet édifice, par le degré de connaissance en astronomie et en gnomonique qu'a nécessité sa construction, qu'on peut conjecturer qu'il appartient au siècle de Périclès.

D'après Vitruve, la Tour-des-Vents était surmontée d'un Triton en bronze, tournant sur un pivot, indiquant avec sa baguette le vent qui soufflait, représenté en bas-relief et par son nom, sur l'une des huit faces de l'édifice. Il est étonnant que Pausanias, dans son voyage historique de la Grèce au IIe siècle, ne fasse aucune mention de cet édifice qui existait déjà si longtemps avant lui.

Le père Babin, dans la relation d'un voyage

qu'il fit à Athènes, en 1674, compare ce monument à un pigeonnier.

Trois ans plus tard, Spon et Wheler publièrent un ouvrage sur l'Italie, la Dalmatie et la Grèce, où ils insérèrent une gravure de la tour qui ne ressemble pas mal à un moulin-à-vent.

Le Roy, historiographe de l'Académie royale d'architecture, a aussi donné une description de la Tour-des-Vents.

Enfin elle fut fidèlement décrite et représentée dans un remarquable ouvrage sur les *Antiquités d'Athènes*, rédigé par Stuart et Revett, en 1762; c'est là le travail le plus complet qui ait été publié.

Grâce à cette œuvre consciencieuse et à l'aide du pittoresque donné par les photographies, j'ai pu exécuter cet édifice sur lequel, en enlevant préalablement le sol moderne, que j'ai rendu mobile à cet effet, on pourra suivre, avec facilité, la description suivante, faite par les savants anglais Stuart et Revett.

Après avoir obtenu du gouvernement turc l'autorisation de fouiller la Tour-des-Vents jusqu'au sol antique, tant à l'intérieur qu'à l'extérieur, à la condition, toutefois, que les choses seraient ensuite rétablies dans leur état primitif, nos savants architectes se convainquirent que ce monument, tout en marbre, avait 14 mètres de hauteur, sans y comprendre le Triton dont jadis il était couronné, et que chacune des faces de l'octogone régulier qui en formait le plan avait une largeur de 5 mètres.

Ce monument a deux portes, l'une sur la face nord-est, l'autre sur la face nord-ouest ; ces entrées, couronnées d'un fronton, étaient précédées d'un petit péristyle de 2 mètres de largeur, dont la couverture était supportée par deux colonnes cannelées et sans bases, établies sur trois marches qui régnaient autour du monument, et en formaient le stylobate. La tour circulaire, ajoutée au monument sur la face méridionale, communiquait avec l'intérieur de la tour octogone au moyen d'une ouverture carrée et peu considérable, pratiquée dans le mur de cette face.

Chacun des côtés de l'octogone présente, sur toute sa hauteur, un seul plan perpendiculaire à l'extrémité duquel se trouve sculpté, en bas-relief, l'un des huit vents principaux, sur la face qui regarde le côté d'où il souffle. Ces personnages allégoriques ne sont point représentés avec des joues enflées, comme nos peintres et nos gravures se plaisent à le faire à présent, mais chacun avec de grandes ailes, leur nom grec, et les attributs qui caractérisent ces figures d'après les effets de ces vents sur le climat d'Athènes. *Lips* et *Zéphyrus* sont les seuls qui aient les jambes nues ; les autres portent tous des espèces de brodequins ; chacun d'eux, sauf *Eurus*, se distingue par un symbole particulier. Voici de quelle manière ces attributs ont été interprétés par Stuart et Revett.

1° ΒΟΡΕΑΣ, *Septentrio*, le Nord ou la tramontane : il est froid et impétueux. On doit peut-être attribuer aux cavernes et aux rochers qui se trouvent dans la direction de ce vent, le bruit à la fois sourd et fort qu'il fait entendre à Athènes. Son sifflement ressemble assez au son que produit une conque marine, et c'est probablement par allusion à cette ressemblance que le sculpteur a mis, en effet, une conque marine dans les mains de Borée. Il le représente ici sous la figure d'un vieillard qui regarde le spectateur en face ; il est plus chaudement vêtu qu'aucun des autres vents, Sciron excepté ; car, sur la tunique ou vêtement fermé qui lui descend jusqu'aux genoux, il porte un autre vêtement court, avec des manches qui lui couvrent les bras jusqu'au poignet. Sa tunique de dessous est peut-être l'*exomis*, celle qui a des manches, la *chiridota*, et son manteau, la *chlamys* des anciens.

2° ΚΑΙΚΙΑΣ, *Aquilo*, Nord-est ou bise. Il est nébuleux, humide et froid, quelquefois accompagné de neige, de grêle et de tempête. La figure qui le représente est un vieillard d'un aspect sévère, qui tient de ses deux mains un bouclier circulaire, devant le spectateur ; l'attache que l'on voit au milieu ne permet pas de douter que ce soit un bouclier qui contient des grains de grêle et non pas des olives, comme le suppose Wheler.

3° ΑΠΗΛΙΩΤΗΣ, *Subsolanus*, l'Est à l'époque de l'équinoxe. Il amène une pluie douce très-favorable à la végétation. Le sculpteur l'a représenté sous la figure d'un jeune homme dont les cheveux flottent dans tous les sens. Il a l'air ouvert et gracieux; dans le pan de son manteau, qu'il soutient de ses deux mains, on aperçoit des fruits de toute espèce, un rayon de miel et quelques épis de blé. On suppose, à Athènes, que ce vent contribue à la fertilité et à l'abondance; selon les expressions du derviche Mustapha : « C'est un vent divin qui apporte de la Mecque les bénédictions de Dieu. »

4° ΕΥΡΩΣ, *Vulturnus*, Sud-est, vient du côté où le soleil se lève dans les jours les plus courts. Ce vent, à Athènes, donne un temps sombre et étouffant et beaucoup de pluie. Le sculpteur l'a représenté sous la figure d'un vieillard d'une physionomie morose, enveloppé dans son manteau plus complétement que les autres. Une partie de ce manteau cache entièrement le bras et la main droite, tandis que l'autre, qui couvre le bras gauche, sert en même temps d'abri au visage. La tunique est beaucoup plus longue que dans les autres figures.

5° ΝΟΤΟΣ, *Auster*, Sud ou marin, vient du midi au printemps. Il est représenté sous la figure d'un homme qui vide un vase.

6° ΛΙΨ, *Africus*, Sud-ouest, garbin, vient du côté où le soleil se couche aux plus courts jours; ce vent traverse, dans sa direction, le golfe Saronique, vient frapper toute cette partie de la côte de l'Attique qui s'étend de l'isthme de Corinthe au cap *Sunium* et entre droit au Pyrée. Il est représenté sous la figure d'un homme robuste qui tient dans ses mains l'aplustre d'un vaisseau, et semble le pousser devant lui. Mais ce symbole exprime-t-il la facilité avec laquelle les vaisseaux poussés par le vent du sud-ouest entrent dans le Pyrée? ou sert-il à caractériser celui qui le porte comme destructeur des vaisseaux, parce qu'en effet, lorsque le vent du sud-ouest souffle, cette partie de la côte de l'Attique est d'une navigation dangereuse. C'est ce qu'il n'est pas facile de déterminer.

7° ΖΕΦΙΡΟΣ, *Zephyrus* ou *Favonius*, vent d'Ouest, vient du côté où le soleil se couche à l'équinoxe. Pendant l'été ce vent est étouffant; mais au printemps, il est agréable, chaud et favorable à la végétation. Il est ici représenté comme un beau jeune homme, d'une figure douce et aimable, qui paraît glisser légèrement avec un mouvement facile et gracieux. C'est la seule des huit figures qui soit sans tunique. Elle est entièrement nue, excepté le manteau flottant, dans le pan duquel il porte des fleurs.

8° ΣΚΙΡΩΝ, *Corus*, Nord-ouest, vient du côté où le soleil se couche aux plus grands jours; c'est le plus sec qui souffle à Athènes. Pendant l'été, impétueux, dévorant et toujours accompagné d'éclairs vifs et fréquents. Il nuit beaucoup à la végétation, et affecte même la santé des habitants. On remarque un air de langueur dans l'attitude de cette figure. Sa tunique supérieure est, comme celle de Borée, très-courte, et garnie de manches qui descendent jusqu'au poignet. Le vase qu'il tient est d'une forme très-différente de celle du vase propre à contenir de l'eau, que l'artiste a placé dans les mains de *Notos*; celui-ci serait un symbole très-peu convenable pour un vent sec, tandis que le premier, travaillé avec recherche, semble représenter un pot à feu d'airain, dont *Sciron* se sert pour répandre des charbons ardents et des cendres, symboles naturels de la chaleur dévorante de ce vent et des éclairs fréquents dont il est accompagné.

Ces figures sont aussi remarquables par la beauté de l'exécution que par le caractère admirable des têtes. Les sujets qu'elles représentent suffiraient d'ailleurs pour les rendre singulièrement intéressantes; elles sont d'un beau style et d'une exécution large; elles expriment d'une manière ingénieuse les caractères des vents qu'elles représentent.

Sous chacune de ces figures est un cadran solaire; or, comme celui qui regarde l'ouest est, sauf le renversement des lignes, absolument le même que celui qui regarde l'est, et comme la ligne méridienne, tracée sur la face sud, est une perpendiculaire de laquelle s'éloignent également les lignes horaires du matin et du soir, il est évident que l'astronome qui traça les cadrans, supposa que les faces de cette tour octogone répondaient exactement aux quatre points cardinaux, ainsi qu'à leurs quatre points intermédiaires, et en effet il ne s'est pas trompé.

Toutes les lignes de ces cadrans sont encore entières; les trous dans lesquels elles avaient le style fixé, ne sont point dégradés, mais les styles n'existent plus. Ces cadrans indiquent par leurs projections, non-seulement les heures du jour, mais encore les solstices et les équinoxes, et les jours les plus grands, comme les plus courts, y sont partagés en douze heures.

La couverture de l'édifice est remarquable par sa construction ; la forme en est élégante et produit un très-bel effet. Ce toit est en marbre taillé en forme de tuiles qui viennent s'amortir contre une petite corniche simple et élégante, décorée sur chaque face de trois têtes de lion percées, qui servent de gouttières pour l'écoulement des eaux pluviales.

A l'intérieur, les faces octogonales ne présentent pas, comme à l'extérieur, un seul plan perpendiculaire. A 1^m, 80 du sol antique, qui est en marbre blanc, il y a une corniche toute simple, sur laquelle s'appuie le plancher par lequel MM. Stuart et Revett obtinrent de remplacer les remblais qu'ils avaient fait extraire de l'intérieur de la tour [1] ; à 2 mètres plus haut, on voit une autre corniche denticulée avec modillons ; elle est interrompue par les portes d'entrée ; au-dessous de cette corniche, chaque face est en saillie de huit centimètres, sur la partie inférieure de la même face, jusqu'à la hauteur de 9^m, 60. Là se trouve établie

---

[1] Ces architectes ont ménagé une trappe dans ce plancher afin de laisser aux voyageurs la faculté d'étudier les particularités que présente l'intérieur de ce monument original ; mais cette sage précaution a été, jusqu'ici, sans résultat.

une plinthe unie, en saillie de 50 centimètres, sur laquelle reposent huit colonnes cannelées de 1^m,20 de hauteur, y compris le chapiteau ; ces colonnes, sans bases, répondant aux angles de la tour, supportent un entablement circulaire comme la plinthe sur laquelle elles reposent ; le toit de l'édifice est établi sur cet entablement. Outre les deux grandes portes d'entrée, l'intérieur de la tour était éclairé par huit ouvertures ou fenêtres placées dans la frise, au-dessus des figures des vents. Quelques auteurs ont supposé que ces ouvertures, qui s'agrandissent, en s'évasant dans l'intérieur, rendaient aussi, lorsque le vent y entrait, des sons variés, ou mettaient en mouvement quelque timbre par le son duquel on était averti du vent qui soufflait.

Le pavé de l'intérieur est plus bas d'une marche que le seuil des portes ; les cercles et les canaux qui sont creusés dans ce pavé n'ont encore été l'objet d'aucune explication ; on doit observer, toutefois, que le trou circulaire qui est au centre communique à un passage souterrain conduisant à l'extérieur du monument.

Il est assez difficile, disent MM. Stuart et Revett, de déterminer l'usage auquel étaient destinés ces canaux ; cependant, quelques raisons peuvent faire présumer que ce sont les restes d'une clepsydre, ou horloge d'eau. Dans ce cas, la partie de l'édifice qui est construite en saillie sur la face sud et dont le plan forme à peu près les trois quarts d'un cercle, pourrait fort bien avoir été le *castellum* ou réservoir qui fournissait continuellement la quantité d'eau nécessaire pour alimenter la clepsydre (¹).

Ce qui semblerait, d'ailleurs, confirmer l'opinion de MM. Stuart et Revett sur l'existence de la clepsydre, c'est une suite d'arcades que l'on voit hors de la tour, dans la direction de cet édifice, au-dessus de la petite tour adjacente. Ces arcs, actuellement détruits à leur partie supérieure, ont bien pu être destinés à supporter des tuyaux pour conduire à ce monument l'eau de quelque fontaine voisine.

En voyant cet élégant et mystérieux édifice encore enfoui dans les ruines jusqu'au cinquième de sa hauteur, on ne peut s'empêcher de déplorer cet état d'abandon.

Comment se fait-il que le roi Othon, issu d'une race où le culte de l'art est pour ainsi dire héréditaire, n'ait pas considéré comme un devoir pour lui de continuer l'œuvre des savants anglais ? Aurait-il dégénéré au contact de ces populations abâtardies par le despotisme ? Sous cette funeste influence aurait-il répudié les nobles traditions de ses pères ? Serait-il détourné par les difficultés inséparables d'un état naissant ? Céderait-il à des nécessités financières ?

Quelle que soit la cause de sa conduite, nous en gémissons.

---

(1) Pour le détail relatif au mécanisme des clepsydres, voyez ce qu'en dit M. Arago, dans son *Astronomie populaire*, vol. 1ᵉʳ, page 16.

A ne voir les choses que du côté matériel, le souverain de la Grèce devrait être convaincu que, pour lui, surtout dans une contrée où l'art a enfanté tant de merveilles, le culte de l'art est une richesse, que c'est la source la plus certaine, la plus abondante peut-être de ses revenus.

MONUMENT CHORAGIQUE DE LYSICRATE

VULGAIREMENT APPELÉ LANTERNE DE DÉMOSTHÈNES

A ATHÈNES

Ce monument fut élevé en l'honneur des citoyens dont il est fait mention dans l'inscription gravée en trois lignes sur l'architrave.

Il avait pour objet de consacrer la mémoire d'un triomphe obtenu par eux dans des jeux publics gymnastiques ou scéniques, les uns pour les exercices du corps, les autres consacrés aux arts agréables, aux productions du génie, de l'imagination, et principalement aux compositions musicales et aux représentations dramatiques.

Cet édifice portait originairement à son sommet un trépied, qui était le prix disputé et obtenu par les vainqueurs.

La frise est décorée de bas-reliefs représentant l'histoire de Bacchus et des pirates Tyrrhéniens. La première figure est celle de Bacchus ; le dieu est assis et a, près de lui, une panthère ; ses formes sont élégantes et nobles, son attitude est exactement celle qu'Ovide lui a donnée dans ses métamorphoses (1). Cette figure est placée directement au-dessus de l'inscription et fait face à l'est. A droite et à gauche de Bacchus, sont deux faunes, compagnons ordinaires du dieu ; ils sont assis et, à côté d'eux, deux autres faunes, debout, tiennent d'une main une coupe et de l'autre une aiguière ; placés près de deux grands vases, leur fonction paraît être de distribuer du vin à Bacchus et à sa suite, qui est entièrement composée de cette espèce de demi-dieux. Ceux-ci ne diffèrent entre eux que par l'âge, et presque tous s'occupent à châtier les pirates, dont trois sont représentés dans l'instant même de leur métamorphose en dauphins. Les pirates indiquent, par la variété de leurs attitudes, diverses circonstances de leur châtiment. L'un d'eux vient d'être terrassé, un autre a les mains attachées derrière le dos, ceux-ci sont frappés et tourmentés de plusieurs manières, ceux-là sautent dans la mer, et c'est alors que s'opère leur métamorphose. Un pirate est assis sur un rocher, au bord de la mer ; le désespoir est peint sur sa figure, ses bras sont liés derrière lui avec une corde, et celle-ci se change en énorme serpent qui le mord à l'épaule.

Il résulterait de cette description que la victoire dont on a voulu perpétuer le souvenir aurait été remportée au théâtre et non dans le stade.

---

(1) Stuart et Revett, vol. 1, p. 54. — Ovide, L. IV, vers. 17.

Ce monument, que j'ai exécuté sur les plans de Stuart et de Revett, n'est reproduit ici à l'échelle d'un centième que d'après des photographies et pour donner une idée exacte de sa masse et non des détails qu'une vue de soixante-dix-sept ans ne me permet plus de copier.

Cet édifice, qui n'a que 12 mètres d'élévation, abstraction faite des remblais qui en cachent une partie, est situé vers l'extrémité orientale de l'Acropole d'Athènes ; il se compose de trois parties distinctes : 1° d'un soubassement quadrangulaire, 2° d'une partie circulaire, décorée de six colonnes cannelées d'ordre corinthien, engagées d'un peu moins que la moitié de leur diamètre, ayant les entre-colonnements fermés, 3° d'un tholus ou coupole divisé en trois parties égales par trois hélices ou consoles, au milieu desquelles se trouvait sans doute un trépied en bronze qui n'existe plus.

On ne remarque aucune ouverture sur les diverses parties de l'édifice ; il est tout en marbre, d'une belle exécution ; les colonnes qui le décorent cachent parfaitement les joints des six panneaux de marbre qu'elles séparent. On a brisé trois de ces panneaux dont l'un a été remplacé par une porte qui communique à l'intérieur et en forme ainsi une espèce de guérite; les deux autres panneaux ont été fermés par des murs en briques. Chacun des trois panneaux qui ont été conservés porte, à sa partie supérieure, deux trépieds sculptés en bas-reliefs.

L'architrave et la frise ne forment qu'un seul

bloc de marbre ; mais la corniche est en plusieurs morceaux joints ensemble et solidement maintenus par le poids de la coupole qui est d'un seul bloc. C'est dans les trois bandes de l'architrave que se trouve gravée l'inscription qui porte :

ΑΥΣΙΚΡΑΤΗΣ ΑΥΣΙΘΕΙΔΟΥ ΚΙΚΥΝΕΥΣ ΕΧΟΡΗΓΕΙ
ΑΚΑΜΑΝΤΙΣ ΠΑΙΔΩΝ ΕΝΙΚΑ ΘΕΩΝ ΗΥΛΕΙ
ΑΥΣΙΑΔΗΣ ΑΘΗΝΑΙΟΣ ΕΔΙΔΑΣΚΕ ΕΥΑΙΝΕΤΟΣ ΗΡΧΕ

» Lysicrate de Cicyne, fils de Lysithides, avait fait
» la dépense du chœur ; la tribu Acamantide avait
» remporté le prix par le chœur des jeunes gens ;
» Théon était le joueur de flûte. Lysiades, Athé-
» nien, était le poète ; Evaenètes, l'Archonte.

D'après le nom de l'Archonte, pendant la magistrature duquel le concours avait eu lieu, il paraît que le monument a été construit plus de trois cent trente ans avant l'ère chrétienne, à l'époque où vivait Démosthènes, Apelles, Lysippe et Alexandre-le-Grand.

« Les dimensions des colonnes de ce monument
» sont les suivantes :

» Diamètre supérieur.... 300^{mm}
» Diamètre inférieur..... 335^{mm}
» Hauteur .... $3^m,540^{mm}$

» Et comme l'expression du diamètre *moyen*,
» déduite des deux valeurs précédentes, est égale
» à $317^{mm}5$, on voit tout de suite que cette der-
» nière expression correspond à très-peu près, à
» la onzième partie de la hauteur de la colonne ;
» que, par conséquent, si cette hauteur n'est pas

» rigoureusement égale à 11 diamètres moyens,
» c'est encore une fois par l'effet d'un tempéra-
« ment. Quel est-il? Comment a-t-il été opéré? »

» Ni le diamètre moyen, ni les diamètres supé-
» rieurs et inférieurs des colonnes, ne peuvent
» être exprimés *exactement* en unités grecques. Le
» diamètre supérieur égal à 300^{mm} est certainement
» plus petit que 1 pied et plus grand que 15 dac-
» tyles; le diamètre moyen égal à 317^{mm}5 est, à son
» tour, sans le moindre doute, plus grand que
» 1 pied et plus petit que 17 dactyles; il est donc
» nécessaire d'admettre des valeurs fractionnaires
» motivées par la forme circulaire du monument,
» qui ne laissait pas à l'architecte la faculté de dé-
» terminer à son gré l'espacement régulier des
» entre-axes.

» Ces mesures fractionnaires une fois admises,
» voici comment les dimensions données nous sem-
» blent devoir être traduites en mesures grecques,
» en attribuant au pied une longueur de 308^{mm}.

» Diamètre supérieur 15 d. 1/2 = 298^{mm}4 au lieu de 300^{mm}
» Diamètre moyen...   16 d. 1/2 = 317^{mm}6   »   317^{mm}5
» Diamètre inférieur. 17 d. 1/2 = 336^{mm}8   »   335^{mm}

» mais s'il en est ainsi, la hauteur des colonnes
» égale à 11 diamètres *moyens*, doit correspondre
» théoriquement à 11^p 1$^{\pi}$ 1$^{\delta}$ 1/2, et pratiquement
» à 11^p 2$^{\pi}$, soit 3^m,542 au lieu de 3^m,540; ainsi la
» hauteur des colonnes est réglée en fonction du
» diamètre moyen, comme dans tous les autres
» monuments ([1]). »

(1) *Nouvelle théorie du Module*, Aurès 1862, p. 51.

LE TEMPLE DE MINERVE A ATHÈNES

APPELÉ PARTHÉNON OU HÉCATOMPÉDON

Elevé sur un roc escarpé qui ne présente d'accès que du côté occidental et qu'on appelle l'*Acropole*, ce temple et quelques autres, les plus anciens d'Athènes, furent bâtis sur le sommet du roc dont la surface est entièrement plane (¹).

On y voit encore de beaux restes des Propylées, du temple nouvellement relevé de la Victoire-Aptère (sans ailes), des temples ioniques d'Erechtée (²), de Minerve Poliade (³) et de la *Cella* de Pandrose (⁴).

Le Parthénon qui existe aujourd'hui fut bâti pendant l'administration de Périclès (⁵); il y employa

---

(1) Les premiers monuments y furent bâtis par Agrolas et Hyperbius (Pausanias, ch. 28).

(2) Sixième roi d'Athènes, qui avait été allaité par Minerve.

(3) Poliade signifie celle qui habite dans les villes ou la patronne d'une ville.

(4) L'une des filles de Cécrops, la seule des trois sœurs qui demeura fidèle à Minerve.

(5) 450 ans avant J.-C.

comme architectes *Callicrate* et *Ictinus*, sous la direction de *Phidias*.

Ce temple est tout en marbre, d'une blancheur admirable ; on ne peut voir, sans la plus vive émotion, ces restes imposants d'une grandeur passée.

Il forme, d'occident en orient, un parallélogramme ayant de longueur 228 pieds et de largeur 100 pieds ; il est entouré de colonnes doriques isolées, qui forment un portique autour du temple ; elles sont au nombre de quarante-six ; les deux façades sont octostyles et parfaitement semblables ; les colonnes sont cannelées, sans bases, et reposent sur trois marches qui forment le stylobate de l'édifice ; les colonnes sont composées de 12 tambours.

Après avoir traversé le portique de la façade orientale où se trouvait la principale entrée, on pénètre dans le *pronaos*, décoré de six colonnes doriques, plus élevées de deux marches que le sol du portique extérieur : deux de ces colonnes sont placées sur la même ligne que les antes.

Après avoir traversé le *pronaos*, large de 5m,50, on entre dans la cella, où était placée la statue de Minerve en or et ivoire, exécutée par Phidias [1] ;

---

(1) Plutarque nous apprend, dans sa *Vie de Périclès*, que cette statue avait 26 coudées de hauteur sur un piédestal de 8 pieds de haut et de 20 pieds carrés ; elle fut inaugurée la première année de la 87e olympiade, 430 avant Jésus-Christ.

Voyez le savant ouvrage de M. Quatremère de Quincy, publié en 1839 sur cette statue et les sujets que représentaient les sculptures des frontons.

un portique intérieur dont les colonnes ont laissé quelques traces, régnait autour de la cella.

Le sol du parallélogramme qu'entourait ce portique était au niveau de celui du *pronaos* et probablement à découvert, car on pense que le Parthénon était un temple *hypœtre*.

La cella avait 30 mètres de longueur sur une largeur de 18^m, 40.

La partie la plus occidentale de cette vaste enceinte était appelée l'*Opisthodome*; elle avait la largeur de la cella et une profondeur de 12^m, 70. Les Romains appelaient *Posticum* cette partie du monument où l'on conservait le trésor public.

HISTORIQUE DU MONUMENT

On regarde *Cécrops* comme le fondateur d'Athènes, 1582 ans avant notre ère ; ce prince nomma cette ville *Cécropia*, de son nom. Pendant son règne, dit l'histoire, on y vit paraître tout à coup un olivier et une source d'eau; l'oracle d'Apollon de Delphes, consulté au sujet de cet événement, répondit : que l'olivier signifiait Minerve et l'eau Neptune, ce qui indiquait que les *Cécropides* étaient libres de donner à leur patrie le nom de l'une ou de l'autre de ces divinités ; les hommes se déclarèrent pour Neptune, mais les femmes qui étaient en plus grand nombre, firent prévaloir les suffrages en faveur de Minerve, et le nom de la ville fut changé en celui d'*Athènes* qui, en grec, veut dire Minerve.

Les poëtes ont entouré de fables cet événement.

..... *Tuque, ô cui prima frementem*
Fudit equum magno tellus percussa tridenti,
Neptune......
Adsis ô Tegœe, favens; oleœque, Minerva,
Inventrix (Virgile, Georg. L. 1.)

Les Athéniens appelèrent le rocher sur lequel Cécrops bâtit la ville *Glaucopion*, *Parthénon*, *Cécropia*, différents noms donnés à Minerve; puis *Acropolis;* c'était le lieu le plus ancien et le plus respecté.

Il faut dire, toutefois, que les monuments que l'on voit aujourd'hui sur l'*Acropole* ne sont pas d'une antiquité plus reculée que l'époque de l'expédition des Perses dans la Grèce, époque à laquelle *Xercès* détruisit tous les temples, sans excepter celui de Minerve.

Celui dont on voit les belles ruines a été construit sous Périclès, comme je l'ai dit.

Le Parthénon subsista entier pendant plusieurs siècles, même après avoir été dépouillé de la statue de Minerve.

630 ans après Jésus-Christ, les chrétiens le convertirent en église, ainsi que l'atteste l'inscription gravée, sur le mur du sud, avant la révolution grecque, qui la détruisit; elle portait :

ΧΛ ΜΕΤΑ ΤΟ ϹΩΤΗΡΙΟΝ ΕΤΟϹ Ε
ΚΑΙΝΩΘΗ Ο ΝΑΟϹ ΟΥΤΟϹ ΤΗϹ ΑΓΙΑϹ
ϹΟΦΙΑϹ

« L'an 630 du salut a été renouvelé ce temple de
» la divine sagesse. »

En 1675, le chevalier G. Wheler et le docteur Spon virent ce temple encore entier (¹) et en donnèrent une description. « Chaque façade, disent-
» ils, est ornée d'un fronton ; une frise, qui fait
» extérieurement le tour de la *Cella*, est chargée
» de figures historiques de la plus belle exécution ;
» celles qui décorent le fronton, que les anciens
» appelaient l'aigle, paraissent, à la distance où on
» les voit, de grandeur naturelle. Elles sont de
» ronde bosse et du plus beau travail. » (²)

En 1687, les Athéniens ayant été assiégés par les Vénitiens, que commandaient le provéditeur *Morosini* et le comte *Hœnigs Morka*, une bombe tomba sur cet admirable édifice et le réduisit à un fâcheux état, le 28 octobre.

Sur la façade occidentale, les murs du temple et leurs antes, toutes les colonnes du portique, l'entablement et le fronton sont encore debout ; l'architrave a peu souffert ; mais les sculptures des métopes et les figures du fronton sont ruinées.

La façade orientale a beaucoup plus souffert ; les murs et cinq des colonnes du *pronaos* n'existent plus, mais les huit colonnes de cette façade avec leur entablement sont encore entiers, quoique la plus grande partie du fronton soit détruite ; du côté du nord, il n'existe que trois colonnes du portique

---

(1) Voyage en Grèce, tom. II, p. 129-138.
(2) Voyez la description de Stuart et Revett, vol. 2, p. 15.

et cinq du côté du sud, ainsi que la colonne d'angle du *pronaos* ; les murs du temple et quatorze colonnes du périptère n'existent plus.

Les métopes du côté du sud du temple étaient ornées de sculptures d'un relief saillant, représentant des Centaures et des Lapithes, dont plusieurs sont encore bien conservées.

Les murs de la Cella étaient extérieurement ornés, à la partie supérieure, d'une frise sculptée qui régnait tout autour ; elle représentait la fête ou procession des *Panathénées* ; une partie de cette frise fut dessinée, en 1674, par un jeune peintre flamand, employé par M. le marquis de Nointel, ambassadeur de France.

La façade orientale présente, sur son architrave, des trous triangulaires pratiqués à des distances égales, que l'on ne retrouve ni sur les côtés du temple, ni sur la façade occidentale ; il est assez difficile d'en désigner l'usage ; peut-être servaient-ils à fixer des crampons destinés à soutenir quelques draperies ou ornements dont, à certaines cérémonies, on décorait cette façade principale du temple. On pense que là étaient suspendus les boucliers et les lances enlevés par les Athéniens aux Mèdes.

Des 92 métopes, qui décoraient les faces extérieures, il n'en reste plus que 60, ou plutôt la place de 60, car un grand nombre a été emporté à Londres, et celles qui restent sont cruellement mutilées, surtout celles du côté du nord et des deux façades ; sur celle de l'ouest est représentée la bataille des Athéniens contre les Mèdes, à Marathon, et sur celle de l'est étaient figurés les exploits des héros de la Grèce.

Sur le fronton de l'ouest étaient dix-huit statues représentant la dispute de Minerve avec Neptune, au sujet du nom que l'on devait donner à la ville. Toutes les statues de ce fronton furent pillées par lord Elgin, en 1804, et transportées à Londres, sauf une qui fut prise par les Vénitiens, et deux autres qui existent encore, avec un fragment, dans leur ancienne situation.

Sur le fronton oriental étaient sculptés tous les incidents relatifs à la naissance de Minerve ; aux deux angles opposés de ce fronton étaient figurés deux chars, traînés l'un et l'autre par deux chevaux ; sur celui du sud, on voyait le soleil levant, et sur celui du nord, le soleil couchant : les têtes des chevaux existent encore ; toutes les statues qui ornaient ce fronton furent renversées par l'explosion qui fit sauter une partie du temple.

Au nord, les bas-reliefs des métopes, au nombre de 32, représentaient la bataille des Athéniens contre les Amazones.

Au midi, ils représentaient celle des Hippocentaures contre les Lapithes.

Sur la frise, autour de la Cella, le nombre des figures représentant la procession des panathénées, était de 180, et on avait eu soin d'y placer les divinités dans la partie de la frise qui fait face à l'est.

La marche de la procession qui, des côtés nord et sud, se dirige vers l'est et les trous pratiqués dans cette façade prouvent que la principale entrée du temple était de ce côté, et que, par conséquent, l'opisthodome se trouvait du côté de l'ouest. Ce point ne présente aucune incertitude, depuis le savant ouvrage de M. Quatremère de Quincy, sur la restitution des monuments d'Athènes. L'incertitude qui régnait à ce sujet provenait de ce que Pausanias, qui seul aurait pu donner des renseignements positifs à cet égard, ne désigne aucun des frontons du temple, par sa situation orientale ou occidentale ; voici littéralement ce que dit l'auteur grec :

« Pour ceux qui entrent dans le temple appelé
» *Parthénon*, tout ce qui occupe le fronton se rap-
» porte à la naissance de Minerve. Du côté posté-
» rieur est la contestation de Minerve contre Nep-
» tune, sur la possession de l'Attique. »

Dans la frise qui fait le tour de la Cella, les harnais des chevaux étaient en métal.

Les triglyphes autour du temple étaient au nombre de 96, et les 92 métopes se trouvaient réparties de la manière suivantes : chaque façade en contenait 14, et les parties latérales, 32 ; les bas-reliefs des métopes étaient coloriés, comme on peut le voir par celle qui existe à Athènes. 15, du côté du sud, furent enlevées par lord Elgin, en 1804, et transportées au musée britannique ; une autre, appartenant au même côté, se trouve à Paris, et deux autres à Athènes ; l'une de de ces métopes est encore à sa place.

CÔTÉ DU SUD

L'ensemble ces bas-reliefs, du côté du sud, représentait une centauromachie dont le mouvement se dirigeait de l'ouest à l'est.

La première métope, à l'ouest, la seule que lord Elgin laissa intacte, représente un centaure combattant contre un grec; il a l'avantage et tâche d'étrangler son adversaire, dont il a saisi le cou avec son bras gauche.

La seconde, au musée britannique, un grec qui combat contre un centaure ; le grec est victorieux.

La troisième, au même musée, représente un grec combattant victorieusement contre un centaure.

La quatrième, au même musée, un centaure combattant victorieusement contre un grec; le premier tâche, avec une pierre, d'écraser son antagoniste terrassé.

La cinquième, un centaure combattant contre un grec.

La sixième, un grec combattant contre un centaure ; la victoire est indécise.

La septième, un grec combattant victorieusement contre un centaure.

La huitième, un centaure combattant contre un grec ; le premier terrasse son ennemi.

La neuvième, un centaure combattant contre un grec ; le premier a jeté son ennemi sur une grande cruche de vin.

La dixième, — maintenant à Paris, — un centaure qui a saisi une jeune femme pour l'enlever.

La onzième, détruite par l'explosion de 1687, et dont une partie reste dans le musée de l'Acropole, représente un grec luttant contre un centaure.

La douzième, qui existe dans le musée de la forteresse, représente un centaure voulant enlever une jeune femme qui fait résistance ; il la saisit par le corps avec son bras droit et, avec la main gauche, il tient serré le bras gauche de la femme.

La treizième, détruite dans l'année 1687, représentait la figure d'une femme toute couverte d'une draperie.

La quatorzième représente deux figures juvéniles, homme et femme ; cette dernière tient dans la main gauche une boîte, le jeune homme, pardevant, est tout nu ; c'est peut-être Pandore et Prométhée.

La quinzième représentait un jeune homme dans un bige, dirigeant deux chevaux attelés galopant ; c'est probablement Erecthoüs.

La seizième, deux jeunes hommes revêtus de légères chlamydes ; probablement Erecthée et Immardos.

La dix-septième, une figure de héros, avec une chlamyde qui ne couvre que l'épaule gauche ; à côté reste une autre figure féminine, vêtue en prêtresse, et portant une corbeille ; la première est Cécrops et l'autre sa fille Aglaure.

La dix-huitième, trois figures de femmes entièrement vêtues : c'étaient les trois sœurs Aglaure, Hersé et Pandrose.

La dix-neuvième, représente deux figures de femmes entièrement vêtues ; l'une d'elles porte un *péplos* ou voile : c'étaient les deux filles qui servaient le temple de Minerve-Poliade et qu'on nommait *Arrhéphores*.

La vingtième représente deux figures féminines, entièrement vêtues, tenant chacune deux rouleaux écrits ; la première le porte déroulé : c'est Cérès et sa fille appelées *Thosmophores*.

La vingt-unième, représentait deux femmes auprès d'une statue de divinité féminine placée sur un piédestal ; l'une des femmes, qui a l'air d'une prêtresse, élève la main droite et tranche la tête de la statue.

La vingt-deuxième, représente un centaure qui saisit une jeune femme.

La vingt-troisième, un combat de Pirythoüs contre un centaure.

La vingt-quatrième, Thésée qui paraît victorieux d'un centaure.

La vingt-cinquième, un centaure enlevant une jeune femme.

La vingt-sixième, un centaure repoussé par Thésée ; il est à remarquer que la figure de Thésée, tracée sur le dessin de Carry, ressemble à celle d'une autre statue de Thésée trouvée à Athènes sous un aqueduc.

La vingt-septième, Thésée victorieux d'un centaure.

La vingt-huitième, un centaure victorieux foulant aux pieds le corps de son ennemi abattu.

La vingt-neuvième, un centaure relevant une jeune femme.

La trentième, un centaure et un jeune grec terrassé.

La trente-unième et la trente-deuxième, Thésée victorieux des centaures.

CÔTÉ DE L'EST

Sur les métopes de la face orientale sont figurés les principaux guerriers de la Grèce. La première de ces métopes, au sud, représente un héros terrassant et tuant son adversaire; peut-être est-ce Thésée qui porte la peau d'un lion sur ses épaules et donne la main à un autre guerrier qui reste sur une élévation; peut-être est-ce Procuste ou Pirythoüs.

Le second bas-relief représente Hercule et Iolas combattant l'hydre; Iolas s'incline sur elle pour la brûler.

Le troisième, Thésée revêtu d'une peau de lion au moment où il se jette sur Cercyon qui lève son bouclier pour parer le coup.

Le quatrième, Minerve Gigantophontis tenant

un des géants; ce dernier est armé d'un bouclier.

Sur le cinquième, on aperçoit Minerve inventrice des chariots; près d'elle est un char traîné par un cheval au galop.

Sur le sixième, Hercule délivre Thésée de sa captivité, la tête de ce dernier est encore bien visible, c'est celle d'un homme accablé et triste. Devant Hercule est représenté Aidoneüs et à côté, Pirythoüs déchiré par un chien.

Sur la septième, Minerve domptant Pégase.

Sur la huitième, Thésée revient victorieux de l'île de Crête.

Sur la neuvième, on voit Hercule dérobant le trépied d'Apollon.

Sur la dixième, un char qui porte Minerve.

Sur la onzième, Thésée délivre les jeunes Athéniens livrés au minotaure.

Sur la douzième, Minerve, pour tuer un géant, place devant elle son égide.

Sur la treizième, on voit au nord Thésée triomphant du minotaure.

Sur la quatorzième, un bige qui s'élève des ondes et deux poissons près des rênes, Thétis paraît sur son char.

En général les figures d'homme sont représentées nues ou avec une chlamyde suspendue, les combattants tiennent un bouclier rond, et les femmes ont des vêtements qui pendent jusqu'aux pieds.

A la face orientale, sur chaque pierre de l'architrave, au-dessus des colonnes, on voit de grands trous carrés où devaient être suspendus des boucliers dont il reste encore l'empreinte ; c'étaient probablement ceux que les Athéniens enlevèrent aux Perses à la bataille de Marathon. Des rangées d'autres trous plus petits s'aperçoivent au-dessous de chaque triglyphe ; dans ces trous étaient enchassées des lettres destinées à reproduire par leur liaison certains vers relatifs aux exploits des héros figurés dans les métopes correspondantes.

Des boucliers étaient également suspendus au temple de Jupiter à Olympie ; comme ils étaient en or, ils furent enlevés par le tyran Lacharis.

CÔTÉ DU NORD

Les bas-reliefs des métopes du nord représentaient, comme je l'ai déjà dit, la bataille des Athéniens contre les Amazones. La première, au nord-est, montre un cheval qui tire un char sur lequel est assise une femme, peut-être la reine Antiope.

La deuxième, une Amazone combattant contre un Athénien qui lève une main.

La troisième, une femme s'avançant vers un guerrier armé d'un bouclier.

Celles de la quatrième à la vingt-troisième manquent.

La vingt-quatrième représente une Amazone s'avançant contre un guerrier armé.

La vingt-cinquième, deux femmes entièrement habillées, l'une est à côté d'une statue.

La vingt-sixième est fruste.

La vingt-septième représente une femme s'avançant contre un guerrier.

La vingt-huitième, une Amazone aux prises avec un autre guerrier.

La vingt-neuvième, une femme à cheval se dirigeant vers l'ouest.

La trentième, une Amazone aux prises avec un ennemi.

La trente-unième, trois femmes qui parlent entre elles.

La trente-deuxième, une femme avec une robe pendante jusqu'aux pieds.

Cette dernière femme paraît être une reine; elle est assise sur un rocher du Pnyx, car elle regarde la forteresse; en effet, les Amazones avaient établi leur camp au Pnyx et sur l'Aréopage, selon Eschyle. (Eumén. V. 686.)

CÔTÉ DE L'OUEST

Les métopes de l'ouest représentent la bataille des Athéniens contre les Perses, à Marathon. Le mouvement a lieu du nord au sud; quelques-unes des figures du nord ont des attitudes de victoire.

Dans la première métope, au nord, on voit un cavalier s'avançant vers le sud, le vent fait flotter sa chlamyde; il a l'apparence d'un grec.

La deuxième représente un guerrier armé d'un bouclier s'avançant contre un homme sans armes.

La troisième, un cavalier terrassant son ennemi.

La quatrième, deux guerriers debout en face l'un de l'autre, l'un porte un bouclier.

La cinquième, un cavalier et son adversaire renversé.

La sixième est fruste.

La septième représente un groupe de guerriers étendus par terre les uns sur les autres; ces figures, ainsi accumulées, ont été placées à dessein au milieu des métopes pour reproduire l'aspect de la bataille de Marathon; c'est effectivement au milieu du champ de bataille que succomba un grand nombre de combattants; c'est pour cela que les Grecs, après la victoire, y élevèrent un tumulus et un trophée.

La huitième, représente un monceau de morts et de guerriers qui continuent, en combattant, à repousser l'ennemi.

La neuvième, un cavalier tuant son ennemi.

La dixième répète le même sujet que la huitième.

Sur la onzième, un cavalier, venant du sud, foule son adversaire sous les pieds de son cheval.

La douzième est très-fruste.

La treizième représente un cavalier renversant son ennemi.

Et la quatorzième, un guerrier tuant son adversaire qui cherche à s'échapper.

FRISE

La frise, à l'intérieur, tant à l'ouest que sur tous les autres côtés, représente la procession des panathénées.

Cette frise contenait plus de 320 figures en bas-relief; chaque plaque a 3 pieds 4 pouces de haut ; la disposition observée dans ces figures par Phidias est plutôt idéale que réelle ; cependant il paraît certain qu'il a conservé l'ordre général.

La procession complète était représentée sur les deux côtés latéraux de l'ouest et de l'est et doublait les angles nord-est et sud-est pour se diriger vers le milieu de la frise orientale où étaient sculptées douze divinités assises, ayant une taille plus grande que les autres figures ; six de ses divinités regardaient au sud et les six autres au nord.

Au centre de ces douze divinités étaient cinq autres figures dont deux représentaient deux archontes appelés Arrhéphores, offrant deux corbeilles à la prêtresse de Minerve.

A côté de ces Archontes était l'Archonte-roi qui recevait d'un jeune homme le voile sacré.

Sur les douze divinités dont nous venons de parler se trouvaient sept dieux et cinq déesses. Comme la plupart de ces bas-reliefs ne sont plus au Parthénon et qu'une partie a été transportée au musée britannique par lord Elgin, je ne peux que rappeller ce que Leake en a dit :

Des six divinités qui regardent le sud, la première est Jupiter, la deuxième Junon soulevant son voile et ayant à côté d'elle Hébée; la troisième Mars, la quatrième, Cérès tenant une torche; la cinquième, Triptolème, amant de Cérès, et la sixième, Mercure portant une coiffure à la main.

Des six divinités tournées vers le nord, deux existent ; selon Visconti, l'une est Hygie qui parle avec Esculape appuyé sur son bâton ; on ignore où se trouvent les quatre autres ; M. Visconti suppose, d'après les dessins faits par Carry, qu'elles représentaient Neptune, son fils Thésée, Aglaure et Pandore; le jeune homme que l'on voyait derrière les autres était Erechtée.

Derrière les six divinités du nord qui regardent le sud étaient figurés six magistrats paraissant converser ensemble, l'un deux est appuyé sur un bâton.

Après ces magistrats venaient les jeunes filles qui ouvraient la procession ; quelques-unes d'entre elles portaient des instruments de musique, d'autres des vases, et les cinq dernières, de grandes urnes.

Dans les premières excavations, après la prise de la forteresse par les Grecs, on a trouvé un bas-relief avec quatre figures portant des amphores ; l'une d'elles se dispose à lever la sienne ; ce bas-relief prouve que la procession était représentée au moment du départ. Les jeunes filles arrivaient d'un côté jusqu'à l'angle sud-ouest et il y en avait autant au nord-est. A chacun de ces deux angles étaient un magistrat qui se retournait pour surveiller la procession.

Après ces magistrats venaient un rang de taureaux destinés aux sacrifices ; chaque taureau était conduit par deux prêtres ayant de longs vêtements ou par deux aides nommés Κοῦροι.

Quelques-unes des victimes marchaient tranquillement, d'autres se faisaient tirer avec force par leurs conducteurs ; après les taureaux venaient quatre femmes portant des instruments de forme carrée.

On voyait s'avancer des hommes de différents âges, appelés Μέτοικοι (séjourneurs); ensuite venaient huit chars, l'un après l'autre ; sur chacun d'eux se tenaient debout deux guerriers, l'un à droite, qui tenait la bride, l'autre à gauche, qui était armé d'un bouclier; près de l'un des chevaux marchait un homme à pied, et, de l'autre côté, un guerrier portant un bouclier. Les chars étaient suivis d'un certain nombre de cavaliers qui, d'après le dessin de Carry, s'étendaient jusqu'à l'angle sud-ouest ; le dernier de ces cavaliers était accompagné d'un homme à pied. Parmi les cavaliers peu étaient couvert de cuirasses ; la plus grande partie portait pour vêtements des draperies jetées négligemment sur le corps ; quelques-uns portaient une espèce de casque, mais presque tous étaient tête nue. Dans les dessins de Carry plusieurs sont représentés avec de larges habits et une coiffure à l'arcadienne qu'on appelait Πιλος Αρκαδιος.

Derrière les six divinités tournées vers le nord, c'est-à-dire Neptune, Thésée, Aglaure et Pandrose, Erechtée et Cécrops, apparaissent six magistrats, comme de l'autre côté ; quatre d'entre eux s'appuient sur des bâtons ; l'un paraît indiquer la direction aux deux figures qui ouvrent la procession ; après venaient deux figures de femmes ; là encore, un magistrat semble diriger la marche. La cinquième pierre représente une figure seule qui tient un vase à la main ; la septième tient un candélabre ; les deux qui suivent marchent séparément avec des vases ; il en est de même jusqu'à l'angle de la frise sud-est.

La procession au nord, comme celle du sud, commence par les victimes qui sont suivies des Μετοικοι qui portent des corbeilles ; les figures, sur le morceau trouvé dans les excavations de 1833 paraissent comme accablées sous le poids des corbeilles qui semblent pleines de provisions.

On voyait après trois personnes portant des outres de vin sur les épaules ; une quatrième joue de la flûte ; à côté de la première était un jeune homme portant un pourceau ; il était suivi de quatre musiciens jouant de la lyre ; arrivait ensuite une multitude de personnes de différents âges, et un certain nombre de chars, comme du côté du sud ; de là, jusqu'à l'extrémité du côté nord, défilaient des cavaliers, représentés avec la même variété d'action et de costume. A l'angle nord-ouest sont deux cavaliers conduisant leurs chevaux ; le dernier est accompagné d'un enfant à pied.

Sur la frise de la partie de l'ouest toutes les figures regardent le nord, excepté la première sur l'angle sud-ouest, qui est représentée debout, regardant au sud et portant à la main une grande chlamyde pliée.

La deuxième figure est debout, sur une pierre, pour monter à cheval.

La troisième, debout, tire son cheval pour lui mettre la bride.

La quatrième, tire également son cheval qui lève la tête.

La cinquième reproduit la même action ; ensuite vient un cheval lancé au galop.

La septième figure est un homme dont le costume annonce un cavalier.

La huitième, un domestique de petite taille qui suit un cheval.

La neuvième, un cavalier revêtu de la chlamyde et levant une main comme pour donner des ordres à son domestique qui reste auprès de son cheval les bras croisés.

Six chevaliers vont ensuite vers le nord.

Après vient un cheval que son cavalier démonté tire avec force.

Et enfin deux cavaliers dont un debout regardant au sud ; il a le pied gauche sur une pierre.

Deux autres cavaliers ; puis un domestique robuste qui tient un cheval et regarde vers le sud.

Et enfin deux cavaliers, dont l'un s'approche de son cheval qui est encore tenu par un domestique ; l'autre est debout.

Les cinq autres figures manquent.

FRONTONS

Il est certain que Pausanias, après avoir fait la description de toutes les statues de la forteresse, est entré dans le Parthénon par la porte principale qui était à l'est. Il dit, comme nous l'avons déjà rappelé, que l'histoire de la naissance de Minerve occupait entièrement le fronton de cette entrée, et que sur le fronton opposé était représentée la dispute de Minerve avec Neptune au sujet du nom qui devait être donné à la ville (Paus. Chap. 24).

Toutes les figures ou plutôt les statues ayant été détruites ou enlevées, je vais en faire la description, d'après les dessins de Carry et les fragments emportés en Angleterre par lord Elgin.

Ces frontons renfermaient de 46 à 48 statues ayant 11 ou 12 pieds de proportion, exécutées séparément en ronde-bosse et formant des groupes.

FRONTON DE L'OUEST

Sur le fronton occidental était Jupiter, entre le jour et la nuit, entouré de divinités généthliques du sort, des heures, des saisons, des trois parques, de la fortune bienveillante, et des divinités qui président aux accouchements.

La plus grande figure, au centre du fronton, était celle de Jupiter qui semblait s'avancer vers les autres dieux pour leur présenter sa fille Minerve, vers laquelle il tournait la tête, étendant son bras droit comme pour l'embrasser ; Minerve était représentée triomphante à côté de son père ; elle tenait un olivier ; à ses pieds étaient une chouette et un serpent.

Après venaient deux chevaux tirant un char sur lequel était Erecthéus que l'on représentait toujours sur un char, soit par ce qu'il en était l'inventeur, par suite d'une maladie des pieds qui l'empêchait de marcher, soit par ce qu'il avait coopéré lui-même avec Minerve à cette invention. Le sculpteur a mis Erecthéus à côté de Minerve parce qu'il avait été nourri par elle et mis par elle-même dans son temple. (Homère ; *Illiade*.)

Après la statue d'Erechtéus venait celle de la Victoire sans ailes (Aptère); Minerve était représentée ordinairement avec une Victoire, comme on le voyait au Parthénon où sa statue était en or et ivoire ; à côté d'elle s'élevait une statue de la Victoire, qui avait environ quatre coudées de hauteur. (Pausanias ch. 21.) La statue de Pendrose, fille de Cécrops, venait ensuite; Agraule était la quatrième, et enfin Cécrops.

Il est à remarquer que la famille de Cécrops ainsi que la statue de Thésée, qui est la dernière, est placée du côté du Nord, comme s'ils étaient venus de leurs temples, pour assister, en qualité de témoins, à la fameuse dispute entre Minerve et Neptune.

De l'autre côté de Jupiter était Neptune, frappant la terre de son trident et faisant surgir l'eau de mer; après Neptune venait Junon et, à côté d'elle, une figure représentant la mer assise sur un baleineau; ensuite Latone portant deux enfants, peut-être Apollon et Diane; derrière Maia avec un enfant, peut-être Mercure; ensuite une autre statue, probablement Vesta; les deux derniers sont Mars et Vénus.

Jupiter dominait comme pour prononcer le jugement. Un vase trouvé dans une fouille faite à Athènes et transporté en Angleterre par M. Greham, offre des peintures sur lesquelles sont écrits leurs noms en lettres d'or; cela paraît être une imitation des figures qui existaient sur le fronton occidental du Parthénon; on y voyait deux figures, une de Neptune, l'autre de Minerve, toutes deux la tête couronnée; à gauche de Minerve s'élève l'olivier; puis viennent deux figures, l'une debout, l'autre assise, au-dessus desquelles on lit: ΠΕΙΘΩ et ΑΦΡΟΔΙΤΗ; près de Vénus est une figure de

Pan, sa tête est surmontée de deux petites cornes
dorées. On voit encore la nymphe Cymo (ΚΥΜΩ) qui
précède un char traîné par quatre chevaux, sur
lequel est un homme ; sur les chevaux on lit cette
inscription : ΟΧΗΜΑ ΑΠΟΛΛΟΝΟΣ (le char d'Apollon) ;
du côté de Minerve on voit Psamathe, nymphe
marine, puis un animal, peut-être Prothée ; et enfin
Pelée et Thétis. Du côté de Neptune, Cymo et puis
la Victoire Aptère (sans ailes) ; après Amphitrite,
Léda avec ses deux enfants Castor et Pollux, Ga-
lène et Thalassa.

Les plus beaux restes du Parthénon, c'est-à-dire
les admirables reliefs qui ornaient le fronton et
les métopes furent transportés par lord Elgin en
Angleterre. Ils ont été achetés par l'Etat et sont en
ce moment au musée britannique. Jamais, dit
l'auteur Grec, dans lequel je copie ces détails,
nous n'avons senti plus vivement la tyrannie des
Barbares que lorsque nous nous vîmes trop faibles
pour empêcher un Ecossais d'enlever ce que les
Goths, les Turcs et les siècles avaient épargné.

FRONTON DE L'EST

Sur ce fronton, près de l'angle sud, se voyaient
les têtes de deux chevaux qui semblent s'élever
de l'Orient, traînant un char sur lequel était
Hypérion.

Ensuite venait Hercule couché sur une peau de
lion après ses fatigues, regardant le soleil.

Derrière Hercule étaient deux statues assises, peut-être Pitho et Vénus ou Cérès et Proserpine.

Après venait une statue qui paraissait se mouvoir avec rapidité vers l'Orient pour monter au ciel et annoncer ce qui venait d'arriver, c'est-à-dire la naissance de Minerve; c'était probablement Isis.

Ensuite venait la statue de Diane, suivie de celle d'Apollon et de sa mère Latone.

Derrière était Junon et, à côté d'elle, Minerve avec son armure; devant elle était Vulcain, tenant encore levée une hache avec laquelle il avait frappé la tête de Jupiter.

Ensuite, sur une élévation, on voyait Jupiter qui se réjouissait et montrait de la main aux autres dieux sa fille Minerve.

Après Jupiter venait Neptune, puis Mercure.

On voyait ensuite une statue de la Victoire sans ailes.

Derrière elle, celles de Vesta, de Proserpine et de Cérès, qui regardait le char de la nuit traîné par deux chevaux, dont la tête existe à présent sur le fronton de l'est. Toutes les statues sur ce fronton, comme sur celui de l'ouest, étaient d'une taille un peu plus élevée que la taille ordinaire; vues d'en bas elles paraissaient de grandeur naturelle.

MONUMENTS DE PÆSTUM

Pæstum était une ville de la Grande-Grèce, appelée *Possidonia*, sur les côtes de la Lucanie ; elle fut puissante aux vii°, vi° et v° siècles avant l'ère chrétienne ; elle tomba peu à peu en décadence et finit par devenir colonie romaine, l'an 380 de Rome ([1]). Solon dit que c'était une ville des anciens Doriens ; d'autres pensent qu'elle avait été fondée par les Sibarites ; Strabon parle d'un fameux temple de Junon, construit par Jason, à l'embouchure du Silo, aujourd'hui le fleuve *Silaris*, à deux lieues de Pæstum ([2]), et nous apprend que cette ville fut envahie par les Samnites. Pillée par les Sarrasins, en 950, cette ville fut saccagée et presque détruite, en 1080, par Robert Guiscard, qui démolit les anciens édifices et enleva de magnifiques colonnes de marbre vert antique, pour en décorer une église. Depuis lors, elle ne s'est plus relevée

---

(1) Strabon, liv. 1, p. 251.
(2) Ibid., ibid.

de ses ruines ; elle est située sur le golfe de Salerne et Pæstum, aujourd'hui Pesti, fait partie du royaume de Naples ; son climat est fort doux ; les roses, dit Virgile, y viennent deux fois l'an (1). *Biferique rosaria Pœsti*.

Un jeune élève d'un peintre de Naples fut le premier qui, en 1755, réveilla l'attention sur les beaux restes des monuments de Pæstum.

En 1760, Imbert, libraire, publia 18 planches détaillées des monuments de Pesti.

Morgham, en 1767, les fit graver en six feuilles, dont M. de la Lalande a donné un extrait en une seule planche.

L'an II de la République (1794) M. Delagardette, architecte pensionnaire de la République à l'école des arts à Rome, a publié un ouvrage, imprimé en l'an VII, renfermant les détails les plus intéressants sur les monuments de Pæstum.

Dans un traité relatif à l'architecture au siècle Pisistrate, M. Beulé a parlé des monuments de Pæstum, sur lesquels il donne des détails intéressants, rapportés dans la revue générale de l'architecture et des travaux publics de l'année 1858, 16° volume.

M. Léonce Reynaud, dans son traité d'architecture, donne également, dans les planches 14 et 15, des détails précieux sur la construction du grand temple de Pæstum.

En 1861, M. Aurès, ingénieur en chef du dé-

---

(1) *Adorati rosaria fasti propuce.* — *Vermiglie rose di Pesto.* Le Tasse.

partement du Gard, à la suite de savantes et consciencieuses études sur ce dernier monument, est parvenu à démontrer d'une manière incontestable :

1° Que l'unité de mesure dont les architectes de ce temple ont fait usage est le PIED ITALIQUE de $0^m 294^{mm} 9$ de longueur, divisé en 12 onces et en 288 scrupules ;

2° Que le module dont ils se sont servis ne doit pas être pris sur la base même des colonnes, ainsi qu'on le fait ordinairement, mais se trouve, au contraire, comme au Parthénon, sur leur hauteur moyenne ;

3° Enfin, que la prédilection particulière des architectes de l'antiquité pour les nombres *impairs* et pour les nombres *carrés* se démontre à chaque instant dans l'ensemble, aussi bien que dans les moindres détails de cette construction.

Numero deus impare gaudet (Virgile).

Num quadrati numeri Potentissimi ducuntur (Censorin).

Les détails suivants sont extraits de l'ouvrage de M. Delagardette.

GRAND TEMPLE DE PÆSTUM

DIT DE NEPTUNE

Le nom de *temple de Neptune* qu'on a donné à ce monument lui vient sans doute de celui de *Neptunia* que Paterculus donnait à la ville de Pæstum, qui, dit-il, avait été consacrée à Neptune.

Le grand temple est un parallélogramme dans la direction de l'est à l'ouest, de 58 mètres de long sur 24 de large, formé par 36 colonnes sans bases, de plus de deux mètres de diamètre, qui sont établies sur trois marches de 1^m,53 de hauteur ensemble.

Cet édifice a six colonnes sur chacune de ses faces est et ouest, et quatorze sur les faces latérales, y compris celles des angles ; elles ont 8^m,732 de haut et 2^m,058 de diamètre. Les entre-colonnements diminuent de largeur à mesure qu'ils s'approchent des angles. Celui du milieu, qui est le plus grand, a 2^m,495 de largeur, celui de droite et de gauche a 2^m,361, et le troisième et dernier n'a que 2ᵐ,2485, ainsi que le premier en retour ; tous les autres, sur les faces latérales, sont égaux ; ils ont 2ᵐ,290.

Les quatre colonnes des angles sont d'un diamètre plus fort ; elles ont 0ᵐ,026 de plus que les autres. Le pourtour de cet édifice forme un portique continu, indiqué sur les faces latérales, par les murs du temple et par les colonnes extérieures ; ce portique est formé sur les faces extrêmes par les six colonnes qui le constituent et par un rang de deux colonnes et de deux antes, par lequel même on entre sous le double portique ou vestibule du temple.

Ce vestibule est formé, sur le devant, par ces deux colonnes et ces deux antes ; dans le fond, par le mur où se trouve l'entrée du temple, et à droite et à gauche, par la continuité du même mur qui vient aboutir et se terminer en s'unissant aux antes du temple.

Le diamètre de ces antes est moindre que celui des colonnes extérieures, il n'est que de 2ᵐ,015, ces antes ne diminuent point de diamètre dans la partie supérieure, et leurs quatre faces sont de largeur différente.

La face de l'est paraît avoir été la principale ; le portique et le vestibule y sont, tous deux, plus profonds qu'à la face opposée. C'est encore à cette face de l'est qu'à droite et à gauche de l'entrée du temple, se trouvaient des escaliers qui, probablement, conduisaient à des tribunes à l'intérieur.

Cet intérieur est divisé en trois nefs par deux

files de sept colonnes chacune. La nef du milieu a 4ᵐ,505 de largeur, et les deux autres, sur lesquelles étaient les tribunes, n'ont que 1ᵐ,900. Les colonnes qui forment ces nefs ont 1ᵐ,507 de diamètre sur 5ᵐ,859 de hauteur; ces colonnes sont rappelées aux murs des entrées du temple par des pilastres de même hauteur, d'un diamètre égal à celui de la base des colonnes.

Le sol du vestibule est de 0ᵐ,400 plus élevé que celui du portique général, et celui de l'intérieur du temple est de 1ᵐ,100 au-dessus de celui du vestibule, c'est-à-dire 1ᵐ,500 plus élevé que celui du portique général.

Un entablement complet, architrave, frise et corniche, couronne les colonnes sur tout le pourtour du temple; la hauteur de cet entablement est de 3ᵐ,665; sur les faces extrêmes cet entablement est surmonté d'un fronton de 3ᵐ,542 d'élévation.

Les colonnes de l'intérieur portent une architrave qui leur sert d'entablement sur lequel reposait le plancher des tribunes, et, par dessus, un deuxième rang de colonnes dont on voit encore neuf en place, cinq d'un côté et quatre de l'autre, à plomb sur les colonnes inférieures; celles-là sont aussi surmontées d'une architrave à peu près semblable à celle qui les soutient, avec cette différence que cette dernière ne profile que du côté de la nef du milieu, la face de derrière étant unie, sans aucune moulure. Les colonnes de ce rang supérieur ont 0ᵐ,864 de diamètre sur 3ᵐ,329 de hauteur.

Toutes les colonnes de cet édifice sont sans bases et coniques du bas en haut, en diminuant d'un tiers ; elles portent toutes un chapiteau d'une saillie considérable ; le nombre des cannelures diffère suivant le diamètre des colonnes ; les plus fortes ont 24 cannelures, les moyennes 20 et les plus petites 16 ; elles sont profilées à vive arête ; par le haut, elles se terminent en niche plate.

La hauteur totale du chapiteau est de 1^m,188 ; la largeur du tailloir de 2^m,598 sur un diamètre de colonne de 1^m,454. Ce chapiteau est composé, en apparence, de cinq membres principaux : le tailloir, la moulure, les annelets, la gorge et l'astragale ; mais les deux derniers appartiennent réellement au fût de la colonne, tout en faisant partie du chapiteau. (Voir pour le détail de ces parties l'ouvrage de M. Delagardette.)

L'entablement a 3^m,665 de hauteur, dont 1^m,492 pour l'architrave, n'ayant pour tout ornement, sur sa simple face, qu'un listel, des gouttes et leur filet ; elle porte à faux sur le diamètre des colonnes, elle est en saillie de 15 millimètres de chaque côté.

La frise a 1^m,164 de hauteur ; elle est ornée de onze triglyphes sur les faces extrêmes et de vingt-sept sur les faces latérales ; la face de ces triglyphes est à plomb de la face de l'architrave, et les métopes ou l'espace entre chacun sont enfoncées à 21 centimètres. Ces triglyphes sont disposés de la manière suivante : à chacun des angles est un double triglyphe plié, et l'espace compris, de milieu en milieu de chacun de ces triglyphes, est divisé en parties égales sur chaque face. Chacun des points intermédiaires que donne cette division est le milieu de chaque triglyphe intermédiaire, sans égard aux aplombs des colonnes.

Chaque triglyphe a, dans son milieu, deux cannelures verticales et sur les bords une demi-cannelure, séparées l'une de l'autre par trois champs égaux ; ces cannelures sont triangulaires par le plan et terminées en cercle sous le grand congé qui couronne la face du triglyphe. La corniche a 1^m,009 de hauteur ; elle est ornée de mutules, de chapiteaux de triglyphes, de chapiteaux de métopes et d'un fort larmier qui, lui seul, a 0^m,498 de hauteur. (Voir Delagardette pour les dimensions et les dispositions de toutes ces parties)

Le fronton a de hauteur, prise du sommet jusqu'au dessus de la corniche horizontale, 3^m,542, un peu moins que l'entablement qui a 3^m,665. La corniche du fronton est extrêmement simple, composée seulement d'un larmier, un filet dessus et un talon dessous.

Quant à ce qui concerne les autres parties du monument, la différence des sols, les entrées du temple, les escaliers et leurs portes, les tribunes, le plafond, la charpente, la couverture, les matériaux, etc., etc., on en trouvera tous les détails dans l'ouvrage déjà cité de M. de Lagardette, de l'an II de la République.

Nous croyons utile de signaler ici quelques erreurs qui nous ont été indiquées par M. H. Labrouste, dans l'ouvrage que nous venons de citer.

Delagardette, nous dit M. l'architecte Labrouste, par sa lettre de 1828, indique :

1° Que dans les entre-colonnements du grand ordre, les carrés égaux aux diamètres des colonnes sont *creux;* et que quelques-uns de ces carrés ont un centimètre de *profondeur*, d'autres $0^n,015$; il ajoute, en note, que Soufflot et Major ne les ont point vus; et que les architectes du comte Gazola les ont vus en saillie ; il ajoute que leur peu de profondeur le porte à croire qu'ils étaient destinés à recevoir des plaques de bronze. *Ces carrés sont en saillie ;*

2° Trois marches à la porte du temple. *Il n'y en a qu'une ;*

3° Trois marches à la porte opposée à l'entrée. *Il n'y en a pas et le soubassement du mur m'a prouvé qu'il n'y avait pas de porte ;*

4° Un filet à la corniche rampante du fronton ; *il n'y en a pas ;*

5° La moulure qui termine la corniche horizontale ayant une prise dans la même pierre que cette corniche ; *cette moulure est rapportée dans le pourtour du temple ;*

6° Un joint horizontal dans le premier tiers du triglyphe du grand ordre n'est pas indiqué par lui. *Il y en a un;*

7° Il indique l'architrave du grand ordre d'une seule pierre dans son épaisseur. *Il y en a deux ;*

8° Il n'indique pas les entailles au-dessus de la corniche du grand ordre ; *il y en a dans tout le pourtour du temple ;*

9° Il indique onze assises égales dans la hauteur de l'ante du pronaos ; *il y en a une grande, plus quinze petites ;*

10° Il n'indique pas les pierres qui forment le pavé du temple ; *il y en a dans toute la superficie et dans un état parfait de conservation.*

Quant à l'époque présumée de la construction de ce temple, dit M. Delagardette, il existe une analogie parfaite entre les proportions principales de cet édifice, principalement par rapport à leurs détails, et celles du temple de Thésée et du Parthénon ; elle nous fait présumer que l'époque de sa construction doit se rapporter à celle où ces deux édifices d'Athènes ont été élevés. En conséquence, serait-ce hasarder quelque chose de trop que de rapporter l'époque de la construction du grand temple de Pæstum *aux commencements du règne de Périclès*, c'est-à-dire à une époque intermédiaire entre l'érection du temple de Thésée et celle du Parthénon ? Le premier a été construit par les ordres et aux frais de *Timon*, général grec, qui vivait dans la 2,262^{me} année avant la fondation de la République française, et le temple de Minerve ou le Parthénon a été bâti par *Ictinus*, architecte grec, sous le règne de Périclès, dans la 84° Olympiade, environ 2,224 ans avant notre ère républicaine.

Paterculus dit que la ville de Pæstum avait été

consacrée à Neptune, et il l'appelle *Neptunia;* c'est là probablement ce qui a fait donner le nom de *temple de Neptune* que porte aujourd'hui le monument que nous venons de décrire.

Nous répéterons ici que M. Aurès, ingénieur en chef du département du Gard, dans une étude approfondie qu'il a faite de ce monument, considéré comme l'un des plus anciens de l'antiquité grecque, vient de démontrer, d'une manière incontestable, que, dans sa construction, l'architecte avait pris l'ancien pied italique pour son unité métrique (*Voir page 47*).

BASILIQUE DE PÆSTUM

Cet édifice, situé au sud du précédent, est tout près de ce dernier.

Son plan forme un parallélogramme d'environ 24 mètres de large sur 52 mètres de long.

Cet édifice n'en impose pas autant que le grand temple par la masse de sa surface et de son élévation ; si la proportion de ses colonnes, la forme de ses chapiteaux et l'harmonie de ses détails, comparés les uns avec les autres, ne présentent pas à l'artiste instruit un champ aussi fertile pour les observations, ni aussi attrayant ; les neuf colonnes de ses faces extrêmes, dont une se trouve précisément dans le milieu, et le rang des colonnes qui, placé au centre de l'édifice, se prolongeait sur toute la longueur de la Cella, sont peut-être des objets dignes de l'attention des architectes et des historiens ; mais nous ne voulons ici que décrire les édifices de Pæstum.

Cet édifice a cinquante colonnes dans son pourtour, neuf à chaque face extrême et dix-huit à celles en retour, y compris celles des angles ; elles ont 1^m,587 de diamètre et 1^m,445 d'entre-colonnement ; elles reposent sur trois marches semblables à celles des autres édifices. Dans l'alignement transversal des troisièmes colonnes en retour, du côté de l'est, sont deux antes et trois colonnes de 1^m,272 de diamètre, lesquelles formaient probablement, avec les colonnes de la face, la largeur du portique qui circulait dans tout le pourtour de l'édifice ; le sol de ce rang de colonnes et d'antes est plus élevé d'une marche de 0^m,520 que celui du portique.

Plus avant, dans le milieu de l'extérieur et dans l'alignement des deux colonnes du milieu des faces extrêmes, se voient trois autres colonnes d'un diamètre encore plus petit que celles des portiques ; elles n'ont que 1^m,265 et sont cependant toutes de la même hauteur, quoique placées sur des sols différents : ces trois colonnes soutiennent un reste d'architrave, sans aucun vestige de moulures ; les colonnes ont 6^m,115 de hauteur, y compris le chapiteau.

DES FAÇADES

Les colonnes de ces faces sont soutenues par trois marches de 0^m,285 chacune, sur une largeur de 0^m,550 ; elles supportent une architrave, couronnée d'un très-gros tore, au-dessus duquel restent encore, de distance en distance, quelques fragments de la frise ; il n'y a plus rien au-dessus de la partie supérieure, pas même la moindre indication de la corniche sur aucune des faces ; les faces extrêmes, qui sont moins dégradées, ne présentent que quelques fragments de la frise sans moulures.

En entrant dans l'édifice par la face qui regarde la mer, on voit, devant soi, des colonnes qui formaient la rangée placée au milieu de l'intérieur ; ces colonnes étant d'un diamètre plus petit que toutes les autres, et de même hauteur, paraissent, par conséquent, beaucoup plus longues, aujourd'hui surtout qu'elles sont entourées d'air ; leurs chapiteaux sont, en effet, aussi plus étranglés.

Cet édifice n'étant pas déblayé, nous n'avons pu remarquer l'inclinaison que Pauli donne au sol de l'intérieur, en indiquant le milieu élevé de $0^m,300$, et allant en pente à droite et à gauche vers les faces latérales.

GALBE DES COLONNES

Pauli prétend que le galbe des colonnes est en ligne courbe ; nous avons voulu nous en assurer, dit M. Delagardette ; il est, en effet, résulté de nos opérations faites *au fond d'une cannelure* que, par le prolongement d'une ligne droite de la partie supérieure de la colonne, le point de la partie inférieure où arrivait cette ligne, dépassait de

40 millimètres la saillie de la première marche, et si l'on considère que la cannelure en a plus de 44 de profondeur, on trouvera que le diamètre extérieur des colonnes dépasserait de 84 millimètres le degré sur lequel il doit poser en entier ; ce qui n'est pas admissible — à moins que dans leur origine ces colonnes fussent ainsi. Nous nous rendons en conséquence au sentiment des architectes du comte de Gazola, transmis par Pauli.

DES CHAPITEAUX

Nous ne parlerons ici que des chapiteaux extérieurs ; ceux de dessous le portique et ceux des trois colonnes du milieu n'en diffèrent que par un peu plus de saillie et d'étranglement à la gorge et par la variété de leurs ornements; ils ont tous le même profil ; un peu plus de grâce distingue cependant ceux des colonnes extérieures et c'est ce qui nous a déterminé à les préférer.

Ces chapiteaux ont $0^m,800$ de hauteur, et comme ceux du petit temple, ils sont composés de trois membres principaux : le tailloir, la moulure et la gorge. Ce tailloir est une grande face de $0^m,352$ de haut sur $1^m,900$ de large. La moulure, qui est beaucoup plus arrondie que celle du chapiteau du grand temple, ressemble assez à un quart de rond un peu lourd. Ces deux édifices assez voisins l'un de l'autre, permettent de comparer la différence de ces détails. Au grand temple, la saillie prodigieuse des chapiteaux prête à la grâce et à la grandeur de l'effet majestueux des contrastes ; à l'autre, au contraire, la saillie semble l'appesantir, et fatigue l'œil de l'observateur, qui croit voir fléchir la moulure, et la colonne s'enfoncer dans le chapiteau.

La gorge est, comme au petit temple, renfoncée dans le diamètre supérieur de la colonne. Elle est formée d'une espèce de scotie et est couronnée de diverses moulures et ornements en stuc de la plus précieuse exécution ; les fragments nombreux qui en restent nous font voir que ces ornements ont été faits avec beaucoup de soin ; mais ce qu'il y a de plus remarquable, c'est qu'il n'y a pas plus de trois colonnes de suite avec le même ornement : là il y en a deux d'une manière, là trois d'une autre ; ici un seul d'une autre façon, plus loin deux d'une autre et ensuite trois différents, sans ordre déterminé d'intermédiaires.

Cette gorge n'a aucune moulure au-dessous d'elle. Il ne faut pas croire, comme l'a fait Major, que la distance du profil des cannelures à la distance de la gorge soit un filet, ni que le profil en raccourci du reculement de l'arête de la cannelure au diamètre réel de la colonne soit un congé.

DE L'ENTABLEMENT

Une grande face de $0^m,772$ de haut et un gros tore de $0^m,360$ sur une saillie de $0^m,215$ forment l'architrave; et au-dessus, une grande face lisse de 0^m,970 de haut, *sans le moindre vestige de triglyphes, d'incrustation et de trous de scellement* constitue la frise. Voilà tout ce qui reste de la partie supérieure de cet édifice.

DES COLONNES ET DES ANTES SOUS LE PORTIQUE

La face du portique est formée de trois colonnes et de deux antes élevées d'une marche au-dessus du sol du portique; la largeur de chacune des quatre faces de ces antes est égale, dans leur partie inférieure, au diamètre des colonnes qui les avoisinent; ces antes vont si fort en diminuant, qu'à leur astragale, elles ont diminué de près d'un tiers ; ce qui leur donne la forme et leur fait produire l'effet d'un obélisque. Ce qui les termine et que nous appelons chapiteau, est peut-être fort digne de remarque par sa forme bizarre.

La campane ou vase du chapiteau est carrée par son plan et s'élargit en arc à mesure qu'elle s'élève et va se terminer aux faces du tailloir; mais sur les faces latérales, cet arc se redouble et forme, à son extrémité supérieure, une espèce de rouleau uni qu'on pourrait peut-être nommer *volute*.

La singularité la plus bizarre de ce chapiteau est cette portion d'architrave qui fait partie de la même pierre et à la même hauteur que le chapiteau, sur une largeur moindre que le diamètre supérieur des antes, et s'avance dans la direction de la longueur de l'édifice et semble avoir une continuité dans toute cette longueur.

Nous allons essayer d'exposer notre opinion sur l'usage de cette architrave.

Les antes et les colonnes sont couronnées d'une architrave de 1^m,269 de haut, avec des moulures dont le monument ne laisse aujourd'hui que des traces fort incertaines.

CONJECTURES SUR LA DISTRIBUTION INTÉRIEURE DE L'ÉDIFICE

La rangée de colonnes et d'antes situées à la face de l'est, nous a fait supposer qu'il y en avait une semblable à la face opposée.

Les trois colonnes placées au milieu de l'intérieur dans la direction longitudinale, indiquent qu'un rang de colonnes se prolongeait dans toute cette longueur.

N'ayant trouvé aux antes aucune trace d'existence de mur de fondation propre à le soutenir, nous avons été porté à croire qu'il n'y en avait pas eu; mais ayant remarqué que de distance en distance le sol était élevé de la hauteur d'un degré, nous avons pensé qu'il pouvait bien avoir été continu, et avoir servi à porter un rang de colonnes dans la direction longitudinale d'une ante à l'autre; ces colonnes auraient donc soutenu la continuité de l'architrave que nous avons remarquée sur les chapiteaux des antes.

La distribution de cet édifice en péristyle à jour et aéré nous ayant fait adopter l'idée qu'il pouvait bien avoir servi de galerie pour se promener ou pour traiter d'affaires de commerce, etc.; nous nous sommes d'autant plus aisément déterminé à lui donner le nom de Basilique qui servait à cet usage chez les anciens.

Les matériaux sont les mêmes que ceux du petit temple dont nous allons parler.

Voici ce que relève M. Labrouste, par sa lettre de 1828, à l'égard de ce portique :

1° Delagardette indique *une seule* pierre en arrachement aux chapiteaux derrière les antes de l'entrée du portique, il ajoute (page 57, note 6) : « Soufflot, Major et Pauli ont, tous trois, forte-
» ment exprimé des arrachements considérables
» de mur aux faces intérieures de ces antes, de
» manière à faire croire qu'ils y avaient vu des
» murs, ou du moins des vestiges qui en attes-
» taient l'existence; s'il y en a eu, ces vestige sont
» aujourd'hui entièrement disparu, ces antes ne
» présentent sur aucune de leurs faces aucun
» arrachement de mur ». *Il existe des arrachements considérables de mur derrière ces antes et dans toute la hauteur ;*

2° Delagardette indique à l'ordre extérieur un canal au milieu de la frise et au-dessus ; il s'exprime ainsi, page 56 : *nous avons remarqué* dans le dessus de la frise une espèce de petit canal que l'on voit MN Fig. A, D et E de la planche XII et qui nous paraît avoir servi à loger une chaîne ou ceinture de fer ou de bronze, destinée à maintenir l'écartement de l'édifice ; *nous avons cherché à nous assurer si cette ceinture avait des boulons aux aplombs des colonnes, mais nous n'avons pu en découvrir aucune trace*..... *Ce canal n'existe pas;*

3° Il indique cette frise de l'ordre extérieur d'une seule pierre dans son intérieur ; *elle en a deux;*

4° Il n'indique pas les entailles, sur les côtés des pierres qui formaient la frise et qui servaient à enlever ces pierres.... *Il y en a partout;*

5° Il indique l'architrave des trois colonnes dans l'axe du monument d'une seule pierre dans son épaisseur ; *il y en a deux.*

Delagardette n'a pas remarqué la particularité des cannelures de la première de ces trois colonnes, etc. etc., on serait tenté de croire qu'il n'a jamais été sur les lieux.

PETIT TEMPLE DE PÆSTUM

DIT DE CÉRÈS

Ce monument appelé, on ne sait trop pourquoi, Temple de Cérès, est situé au nord du Grand-Temple, vers le milieu de la ville; il est très-dégradé et a conservé fort peu de l'enduit qui, d'après M. Delagardette, recouvrait tous les temples de Pœstum d'un stuc de 7 à 8 millimètres d'épaisseur.

Celui-ci a six colonnes sans bases, à chacune de ses faces extrêmes, et treize sur celles en retour, y compris celles des angles ; sa largeur extérieure est d'environ 14ᵐ50 sur 32ᵐ50 de longueur.

Les colonnes qui en forment le pourtour ont 1ᵐ292 et les entre-colonnements 1ᵐ508 sans différences entre eux.

Les trois marches qui servent de soubassement à ces colonnes ne nous ont pas paru, dit Delagardette, avoir circulé sur toute la circonférence de cet édifice, elles ne sont exactement profilées que jusque vers la moitié de sa longueur. La partie de derrière est une espèce de *soustraction* qui, toute réunie qu'elle est, forme, de distance en distance et en delà des colonnes, un trottoir de 0^m800 de largeur.

Toutes les colonnes extérieures sont encore existantes et debout; il n'en est pas de même de celles qui formaient, à ce que nous présumons, le vestibule à l'entrée du temple; on n'en voit plus que le bas, et qu'une très-petite partie du fût ; cependant on en trouve encore deux à droite et deux autres à gauche. Ce qui nous a paru le plus extraordinaire et le plus digne de remarque, est l'arrangement de ces colonnes dans la direction de la profondeur du vestibule.

Après avoir passé sous les colonnes de la face, on remarque une marche ; plus loin, à droite et à gauche, deux autres marches qui se retournent et se réunissent dans le fond à deux autres, laissant entre elles une petite surface ; ce sont ces marches qui portent les colonnes; deux sont posées sur la seconde marche; deux autres sur la troisième.

Il n'y a aucune vestige de colonnes, ni de marches, sur la face opposée.

Il y a, dans l'intérieur quelques traces de constructions dont nous parlerons ci-après.

FAÇADES.

Les six colonnes qui décorent les façades extrémes reposent du côté de l'entrée principale, sur trois marches ayant ensemble une hauteur de 1ᵐ 140 sur 0ᵐ 750 de saillie ; mais sur la face postérieure et sur la moitié des faces latérales ces marches forment un soubassement continu. Les colonnes étaient couronnées, dans tout le pourtour, d'un entablement complet qui est, aujourd'hui, presque entièrement ruiné sur les faces lattérales ; un simple fragment, sur la face principale, fait connaître la corniche ; les ruines des frontons existent encore sur les deux faces.

COLONNES.

Les colonnes sont sans bases, elles ont 1ᵐ 292 de diamètre sur 5ᵐ 400 de hauteur ; elles sont coniques et en ligne droite de bas en haut, diminuant à peu près d'un quart de leur diamètre inférieur ; elles sont cannelées à vives arêtes sur toute leur hauteur ; quelques parties de stuc dans le profil supérieur des arêtes nous ont laissé voir des angles très-obtus.

CHAPITEAUX.

Quoique les chapiteaux ne présentent pas autant de grâce et de grandeur que ceux du Grand-Temple, et peut-être encore moins de génie dans leur invention, ils ne manquent cependant pas d'attirer et de retenir l'attention de l'observateur, surtout s'il veut les comparer avec ces derniers. Les chapiteaux de ce temple ont 0^m,345 avec un tailloir de 1^m,710 de largeur, sur une gorge de 0^m,880 de diamètre, ce qui les fait paraître étranglés, le diamètre supérieur de la colonne étant de de 0^m,110 plus grand que celui de cette gorge.

Trois membres principaux composent le chapiteau : le tailloir, la moulure et la gorge. Le tailloir est une grande face plate de 0^m,142 de hauteur ; la moulure est droite, depuis sa naissance inférieure jusque vers le haut où elle se termine rapidement en un petit tore sous le tailloir ; cette moulure a 0^m,116 de hauteur. La gorge est une espèce de scotie sur laquelle est un ornement formé de côtes et de cannelures ; au-dessous de la gorge, qui a 0^m,046 de hauteur, est un petit carré en saillie sur le diamètre de la colonne ; cette saillie est soutenue par un congé qui la réunit au fût de la colonne et dans lequel se dessine et se termine le profil supérieur des cannelures ; cette gorge est couronnée d'un autre filet qui reçoit la naissance inférieure de la grande moulure.

ENTABLEMENT

L'entablement a 2^m,400 de hauteur ; il est composé d'une architrave, d'une frise et d'une corniche.

L'état actuel de l'architrave ne permet pas de

supposer qu'il y ait jamais existé ni gouttes, ni listel, ni un larmier couronné et soutenu par des moulures.

La frise présente une singularité dans un édifice qu'à plus d'un titre on doit croire avoir été inventé et construit par les Grecs.

Ici les triglyphes étaient à plomb de chaque colonne, même de celles des angles, — nous disons *étaient*, car il n'en existe pas un seul; ils étaient en bronze ou en marbre incrustés dans des enfoncements très-étroits qui les recevaient, et qui laissent encore des traces, non-seulement de l'inscrutation, mais encore d'une destruction barbare et précipitée — en laissant une demi-métope à l'angle de la frise. Nous ne connaissons aucun exemple, dans les ordres doriques des Grecs, de cette demi-métope, au lieu d'un triglyphe plié. Nous nous sommes assuré cependant de l'exactitude de cette singularité, en faisant relever sur l'édifice même la pierre de l'angle de la frise du côté droit de la façade que, pour cette opération, nous avons arrachée de la cabane voisine où elle avait été employée pour servir de siége. Nous avons eu la satisfaction d'y trouver l'incrustation du triglyphe enlevé et le reste de l'angle en saillie sur cette incrustation, et un retour s'ajustant parfaitement sur la face latérale du temple dans l'alignement de la frise : et nous avons été ainsi assuré *qu'il y avait une demi-métope à l'angle de la frise.*

Nous remarquerons encore ici que les triglyphes, quelque minces qu'ils fussent, étaient en saillie sur la face de l'architrave; pratique que nous ne croyons pas avoir jamais été en usage chez les Grecs.

Si la frise est digne de l'attention de l'observateur, la corniche n'est pas sans motif d'intérêt. La finesse de toutes les moulures qui la composent, la très-grande saillie du larmier et les caissons creusés sous son plafond, ouvrent peut-être un vaste champ à des observations intéressantes, si l'on considère l'accord des proportions de cette corniche avec la frise et l'architrave, si l'on compare cet entablement avec le fronton, et enfin si l'on met cet édifice en parallèle avec le Grand-Temple.

FRONTON

Le fronton de cet édifice ne nous a pas offert des observations aussi intéressantes que celui du Grand-Temple; cependant ce qui le distingue de ce dernier nous a paru, sinon très-utile, du moins nécessaire à la comparaison qu'on en pourrait faire, et ces motifs nous engagent à entrer dans quelques-uns des détails de sa composition.

Nous ne pourrions pas assurer que les moulures de la corniche des frontons eussent été absolument les mêmes que celles de la corniche horizontale, la dégradation, presque totale, n'en laissant apercevoir que des vestiges peu sûrs; cependant les hauteurs totales sont les mêmes. Le larmier est aussi de la même épaisseur, tant dans l'une que dans l'autre, ainsi que le sont les deux filets qui les couronnent. Les caissons creusés en dessous du larmier rampant du fronton étant en nombre égal à ceux de la corniche horizontale sont nécessairement un peu plus larges, la ligne rampante ayant plus de longueur que la ligne horizontale. Toutes ces ressemblances nous font penser qu'il pouvait bien en être ainsi du reste des moulures ; d'ailleurs, les architectes du comte de Gazola ont fait ces deux corniches absolument les mêmes. Peut-être qu'à l'époque où ils les ont mesurées, les moulures inférieures n'étaient pas autant dégradées qu'aujourd'hui.

Le tympan de cet édifice est d'une proportion plus haute que celui du Grand-Temple ; il est dans le rapport 1 à 7 1/2; c'est-à-dire que le tympan a de hauteur 2/15 de la largeur de la face de la frise.

COLONNES INTÉRIEURES.

Ces colonnes, dont nous avons déjà parlé et dont il ne reste plus que quelques fragments des parties inférieures, ont 0^m,780 de diamètre, et la base, ayant 0^m,330 de hauteur, est composée d'un socle *circulaire* de très-peu de saillie, sur lequel pose un tore de même diamètre, couronné d'un filet ; un congé réunit ce filet au fût de la colonne ; le diamètre du socle et du tore est de 0^m,090, ce qui ne donne de saillie à la base que 0^m,060.

Nous avons remarqué cette base avec autant

de surprise que le nombre extraordinaire de 24 cannelures à de *très-petites colonnes*.

DISTRIBUTION INTÉRIEURE.

Nous n'entreprendrons pas de restaurer entièrement cet édifice, les matériaux qui en restent ne seraient pas de nature à asseoir assez solidement nos idées.

MATÉRIAUX.

Toutes les colonnes, les trois marches qui les soutiennent et la face de l'architrave sont en pierres semblables à celles du Grand-Temple et sont construites de la même manière; mais tout ce qui surmonte la face de l'architrave est indubitablement composé de matériaux différents et d'une construction moins soignée.

On remarque, dans cet édifice, comme dans la Basilique, que la partie supérieure de l'architrave est d'une pierre grenue et plus tendre, qui ressemble assez à un travertin mal agglutiné, que le temps fait tomber en poussière.

Dans le Petit-Temple, les pierres qui surmontent la frise ne font pas parpaing comme au Grand-Temple, elles ont même fort peu de liaison, et c'est là, sans doute, la cause de la destruction de presque toute la corniche de cet édifice ; d'ailleurs les joints et les lits qui, dans cette partie, séparent les pierres, sont d'une très-grande largeur, comparés avec les autres, et sont remplis d'un mortier de chaux et de sable assez grossier, ce qu'on ne voit pas dans les assises des colonnes qui sont construites de la même manière que celles du Grand-Temple.

On est porté à croire que les mêmes causes qui ont détruit presque toute la corniche du Petit-Temple sont aussi celles qui ont ruiné entièrement la corniche de la Basilique, dont, en effet, il ne subsiste plus aucun vestige.

Ces observations, jointes au genre de décoration, aux ornements des chapiteaux et aux formes des moulures qui caractérisent les restes des parties supérieures de ces édifices, nous ont fait conjecturer que la plus grande partie de ce qui les constitue doit être nécessairement d'une construction postérieure à celle des colonnes ; ce que nous éclaircirons ci-après.

PARALLÈLE DES ORDRES DORIQUES DE LA BASILIQUE ET DU PETIT-TEMPLE AVEC CEUX DU THÉATRE DE MARCELLUS ET DU COLYSÉE.

Les masses principales de la Basilique et du Petit-Temple de Pæstum ont un rapport direct avec celles des deux édifices que nous venons de nommer, et il est probable que ce sont les mêmes peuples qui ont bâti ces divers monuments. Il semble d'abord qu'on ne peut trouver aucune analogie entre les édifices de Pæstum et ceux de Rome auxquels nous les comparons ; cependant nous allons faire voir que, malgré leur ressemblance avec les édifices d'Athènes, ils comportent un style qui les distingue essentiellement de ces derniers et qui les fait précisément concorder avec ceux de Rome.

Les colonnes de la Basilique ont un galbe contourné, comme toutes celles du Théâtre de Marcellus et du Colysée. Nous retrouvons des bases aux colonnes intérieures du Petit-Temple et l'on en voit aussi à celles du Colysée, tandis que nous n'avons pas d'exemples de base aux colonnes doriques chez les Grecs. Les chapiteaux de la Basilique et ceux du Petit-Temple sont ornés de moulures et ont une gorge renforcée. Les chapiteaux du Petit-Temple ont un astragale saillant — ce que les Grecs n'ont jamais fait aux chapiteaux doriques — et ceux du Théâtre de Marcellus et du Colysée en ont un pareillement saillant.

L'architrave du Petit-Temple et celle de la Basilique avaient des moulures qu'on ne voit point aux ordres grecs et que l'on retrouve au Colysée.

Dans la frise du Petit-Temple et dans celle du Théâtre de Marcellus, on trouve une demi-métope à l'angle et non pas un triglyphe ; les triglyphes y sont en saillie sur la face de l'architrave — pratique moderne qui ne remonte pas plus haut que les derniers temps des Romains.

Dans la corniche du Petit-Temple et dans celle du Colysée, on ne voit point de mutules ; le plafond du larmier y est horizontal sans la moindre inclinaison, il y est soutenu par des moulures et des filets multipliés.

Ces différences essentielles avec les ordres grecs et ces ressemblances frappantes avec les détails caractéristiques des ordres romains, nous ont fait penser que tous ces détails et même le galbe contourné des colonnes de la Basilique ne sont que des restaurations ; que la plupart d'entre eux, et particulièrement tout ce qui surmonte les colonnes, sont d'exécution postérieure à la construction primitive de ces édifices ; nous croyons même pouvoir prouver, tout à l'heure, que les colonnes elles-mêmes ont été diminuées de diamètre et changées de galbe, par les Romains, afin d'ajuster, à leur manière de voir et de sentir, les proportions de l'architecture, qu'ils trouvaient trop grande et trop sévère chez les Grecs. (Voyez Plutarque, *Vie de Publicola*, page 105, où il est question du temple de Jupiter Capitolin, sous Domitien).

CONJECTURES SUR L'ETAT ANCIEN DES COLONNES ET DES CHAPITEAUX DE LA BASILIQUE ET DU PETIT-TEMPLE.

Ce que nous venons de dire prouve que la Basilique et le Petit-Temple de Pæstum ont été construits par les Grecs et restaurés par les Romains. Passons maintenant à l'exposition des raisons qui nous ont fait croire que leurs colonnes ont éprouvé le même sort que tout le reste.

D'abord on ne voit plus de différence entre le

diamètre des colonnes des angles et celui des colonnes intermédiaires. Une autre observation non moins digne de remarque, et que nous avons déjà faite ailleurs, est relative au galbe contourné des colonnes de la Basilique. Nous avons, en effet, remarqué que si l'on continuait en ligne droite l'inclinaison supérieure du galbe, le prolongement de cette ligne dépasserait la saillie de la première marche ; mais nous verrons bientôt que les marches elles-mêmes ont été coupées sur leurs faces.

Nous pensons que ces colonnes ayant paru trop grosses ou trop courtes, les Romains les ont diminuées de diamètre en leur donnant un certain mouvement dans le galbe (ce que malheureusement on a trop longtemps appelé : *donner de la grâce*, en abusant ainsi, sans connaissance et sans but, d'un principe que les Romains n'ont suivi que pour les colonnes colossales dont la base posait sur le sol) (¹), et c'est peut-être cette restauration qui aura fait perdre aux cannelures les caractères distinctifs des ouvrages des Grecs.

On pourrait objecter qu'il doit nécessairement résulter de notre opinion que les colonnes n'au-

---

(1) Les Romains ne se seraient jamais avisés d'élever sur un piédestal de cinq à six mètres de haut la colonne que les modernes ont été placer ainsi devant l'Eglise de Sainte-Marie-Majeure, à Rome ; ils l'avaient posée sur le sol, dans le Temple de la Paix, car ils connaissaient trop bien les règles et les effets de l'optique pour poser une colonne renflée ailleurs que sur le sol. Si l'on eût été bien pénétré de ce principe, les colonnes du dôme du Panthéon français n'auraient point un galbe renflé à leur milieu.

raient eu que trois diamètres au plus de hauteur, et qu'elles auraient présenté un cône très-rapide et désagréable; mais leurs chapiteaux peuvent avoir été de la forme et de la proportion de ceux ou des propylées, ou du Temple de Thésée à Athènes; s'il en a été ainsi, c'est-à-dire si les chapiteaux de la Basilique ont été dans la proportion de ceux du Temple de Thésée, il est probable que ces colonnes avaient un galbe en ligne droite, sans présenter un cône si rapide, et que la ligne du galbe, prenant une direction moins oblique, arrivait à la partie inférieure de la colonne à point plus rapproché du centre.

Cependant ce point se trouverait encore en dehors de la face de la première marche; mais si, en même temps, on considère que les marches de cet édifice *seulement* sont plus larges que hautes, on pensera peut-être, comme nous, qu'elles ont aussi été retaillées sur leurs faces, et cette supposition une fois admise, il en résulte que les colonnes avaient quatre diamètres de hauteur, ce qui n'est pas sans exemple dans les édifices des anciens et surtout dans ceux qui ont, comme à la Basilique, un nombre impair de colonnes aux faces extrêmes. L'Egypte et la Grèce offrent des exemples de cette singularité dans les édifices de la plus haute antiquité, dont les uns sont décrits par Pocock, et les autres par David Le Roy.

ÉPOQUE DE LA CONSTRUCTION DE LA BASILIQUE ET DU PETIT-TEMPLE.

Il est bien prouvé, par ce qui vient d'être dit, que ces deux édifices ont subi des changements dans la forme de leurs masses, ainsi que dans le genre et le style de leurs détails ; d'après la forme que nous avons supposée à leurs colonnes dans la construction primitive, elles étaient d'une proportion très-courte, ce qui nous porte à croire que l'époque de leur construction est plus ancienne que celle où le Grand-Temple a été bâti.

En adoptant cette opinion, les colonnes de ces édifices deviennent d'une proportion très-courte et leur peu de diminution leur donne alors beaucoup de ressemblance avec celles des édifices d'Egypte décrits par Pocock et avec ceux des premiers âges de l'architecture chez les Grecs, dont parle David Le Roy. D'après le sentiment de ce savant sur les colonnes de très-courte proportion, nous ne balancerons pas à croire que *l'époque de la construction de la Basilique et du Petit-Temple de Pæstum, est antérieure à celle du Temple de Thésée à Athènes.* Mais nous savons que nous ne pouvons pas la déterminer exactement, les historiens n'ayant rien laissé de positif sur le temps où les Grecs descendirent en Italie et s'y fixèrent. Nous croyons plus facile de déterminer l'époque de leur restauration. L'analogie et la ressemblance frappantes des détails de ces édifices avec ceux de Rome, avec lesquels nous les avons comparés, ne nous laissent pas douter *que ces restaurations ont été faites par les Romains, ou dans les derniers temps de la République, ou dans le commencement du règne des empereurs.*

Voici quelles sont les observations de M. Labrouste sur ce que dit M. Delagardette relativement au Petit-Temple.

« 1° Delagardette n'indique pas le mur où était la porte du Temple immédiatement après les marches; il indique à la place une colonne; *ce mur ainsi que le seuil de la porte existent immédiatement après les marches, ce qui prouve que la colonne marquée N sur son plan n'a jamais existé;* »

« 2° Delagardette indique, en avant du Temple, trois marches qu'il interrompt entre la 7° et la 8° colonne de la face latérale, par un trottoir continu, au-delà des colonnes et qu'il dit avoir 0^m,800 de largeur. *Ces trois marches existent sans interruption dans tout le pourtour du Temple;* »

« 3° Il n'indique pas, au milieu de la face principale du Temple un triglyphe en pierre, il dit (page 50, note 1) qu'il *n'en existe pas un seul,* et il pense qu'ils étaient rapportés en bronze ou en marbre. *Il en existe un, en pierre, au milieu de la face principale du Temple;* »

« 4° Il n'indique pas des oves au-dessus de l'architrave, tant intérieurement qu'extérieurement. *Il y a des oves, tant à l'intérieur qu'à l'extérieur.* »

TEMPLE DE SÉRAPIS A PUZZOLE.

Puzzole, autrefois *Puteolana*, ville maritime de la Campanie, non loin du lac Averne, à deux lieues et demie de Naples, fut, d'après Euzèbe, bâtie par les Samnites, à l'époque où les Tarquins furent chassés de Rome ; le golfe, au fond duquel elle est située, s'appelait *Sinus Puteolanus*, ainsi appelé de la grande quantité de puits que fit construire L. Fabius, lorsqu'il craignait que cette ville ne tombât au pouvoir d'Annibal. Cette localité a souvent souffert des tremblements de terre.

La ville de Puzzole fut jadis nommée Dicearchie, parce qu'elle était gouvernée très-justement, elle était cité métropolitaine, portant le titre de Colonie. (Pline L. 3, Ch. 5.)

Tout près de Puzzole est le temple de Sérapis ; son pavé, entièrement conservé, est en marbre et ses murs, en briques, en étaient primitivement revêtus ; ces derniers, quoiqu'en ruinés, ont de 3 à 5 mètres de hauteur. Deux anneaux de fer se voient encore scellés dans le pavé ; ils servaient, dit-on, à attacher les victimes qu'on sacrifiait à la divinité du lieu ; tout ce sol est couvert par l'eau de la mer jusqu'à 0^m,50 de hauteur.

ÉTAT ACTUEL DE L'ÉDIFICE

Son plan, à l'intérieur, forme un rectangle de 46 mètres de côté ; l'entrée principale, du côté du Sud, a 15 mètres d'ouverture, ayant à chacun de ses côtés huit loges, trois ouvertes à l'intérieur et cinq à l'extérieur, dont une en retour ; celles-ci renfermaient, pour monter à un étage supérieur, un escalier qui n'est indiqué aujourd'hui que par la trace de quelques marches.

Le côté du nord présente, sur le milieu, une grande niche demi-circulaire de 14 mètres d'ouverture sur 6 mètres de profondeur ; deux loges et une grande salle de 10 mètres de longueur sur 8 de large, sont placées à chacun des côtés de cette grande niche.

Les deux côtés de l'est et de l'ouest, disposés d'une manière semblable, sont divisés chacun en dix loges à peu près égales, dont deux, la première et la cinquième, sont des passages ; les huit autres présentent des particularités qu'on ne retrouve dans aucun des monuments de l'antiquité ; elles ont leur entrée alternativement en dedans et en dehors de l'édifice.

Nous relaterons ici une remarque que nous

avons faite sur les lieux mêmes, c'est que les ouvertures intérieures portent seules des traces de fermeture.

La grande niche était précédée d'un péristyle de 6 mètres de largeur, formé de quatres colonnes monolithes en marbre cipollin, avec bases; trois de ces colonnes, encore à leur place, ne sont détruites qu'à la partie supérieure de leur fût; elles ont 1^m,39 de diamètre à leur base et il n'existe aucune trace des chapiteaux. Ces colonnes présentent des particularités dont la bizarrerie, considérée long-temps comme un problème insoluble, se rattache cependant à l'histoire de l'édifice.

Les eaux de la mer recouvrent aujourd'hui, comme je l'ai déjà dit, le pavé du temple jusqu'à une hauteur de 0^m,30, qui est celle de la base des grandes colonnes; à partir de cette base, sur une élévation de 2 mètres environ, leur fût est parfaitement poli sur toute sa circonférence; mais depuis ce point et sur une hauteur de 1^m,50, la colonne se trouve percée par cette espèce de pholade qu'on nomme *dactyle*, ver coquiller qui, afin de faire un trou pour s'y loger, use continuellement les rochers par le mouvement de rotation de ses deux grandes valves, qui font l'office de vrille; au-dessus de cette zône de coquilles, le fût de la colonne reste poli comme à sa base.

Ce fait ne peut être que le résultat d'un exhaussement de la mer ou d'un abaissement du sol, à la suite d'une de ces commotions terrestres si fréquentes dans un terrain volcanique qui fume encore non loin de là, et où l'on a vu, en 1538, une montagne s'élever instantanément au milieu d'un lac, à la suite du cataclysme qui détruisit la célèbre villa où Cicéron récoltait le délicieux Falerne chanté par Horace.

Dans cette hypothèse, un premier tremblement de terre aurait renversé le monument et l'aurait enfoui sous ses propres ruines jusqu'à 2 mètres au-dessus du sol. Plus tard, une seconde commotion abaissant tout le littoral de la Méditerranée sur une longueur de vingt lieues, comme on en trouve partout la trace, la mer serait venue recouvrir de ses eaux notre édifice, jusqu'à $3^m,50$ au-dessus du sol primitif; cet état de choses se serait prolongé pendant un laps de temps assez considérable pour que les pholades pussent opérer leur travail sur le marbre des colonnes et sur les autres parties de l'édifice. Puis, à une époque quelconque, par un nouvel exhaussement, nos colonnes se trouvèrent de nouveau à sec jusqu'à leurs bases, c'est-à-dire à un niveau plus bas de $0^m,30$ que celui auquel elles avaient été primitivement établies.

A l'appui de cette conjecture, nous ferons remarquer que la partie inférieure de la grande colonne, qui manque au péristyle de la grande niche, se trouve encore, en deux pièces, sur le sol où elle fut renversée par la première secousse, et ne porte aucune trace du travail des dactyles; il doit, en effet, en être ainsi, puisqu'elle était déjà recouverte de deux mètres de ruines, lorsque le temple fut envahi par la mer. Par contre, lors du déblaiement de l'édifice, la partie supérieure de l'une des quatre colonnes fut trouvée couchée au-dessus des remblais, rongée par les pholades sur toute sa longueur, sauf à la partie qui reposait sur le sol, par suite de sa position horizontale ; ainsi, voilà deux circonstances qui viennent confirmer matériellement les conjectures proposées sur le mouvement oscillatoire du terrain de cette partie de la Campanie.

Un portique couvert en marbre, soutenu par des colonnes en granit, entourait l'*arca;* des bases trouvées vis-à-vis de ces colonnes avaient dû soutenir chacune une statue; rien n'a indiqué si ces statues étaient en marbre ou en bronze.

Un grand autel circulaire occupait le centre de l'*arca;* on y arrivait par quatre escaliers faisant face à chacun de ses côtés ; cet autel était décoré de seize colonnes et d'autant de statues dans les entre-colonnements; on y a trouvé plusieurs vases cylindriques en marbre blanc, dont on ignore l'usage ; quelques-uns existent encore (1).

La *Cella* proprement dite, située au nord, vis-à-vis l'entrée principale, avait, au fond, une grande niche, dans laquelle se trouvait sans doute la divinité principale, à laquelle le monument avait été consacré ; deux niches plus petites décoraient les parties latérales.

---

(1) On pense que ces vases servaient à recevoir le sang des victimes. Quant aux 16 colonnes, qui décoraient l'autel, elles ornent aujourd'hui le palais royal de Caserte.

La *Cella* avait, sur chacun de ses côtés, deux petites pièces rectangulaires, puis une vaste salle ; ces dernières étaient les plus grandes et les plus richement ornées de tout l'édifice ; elles étaient décorées de six niches revêtues de marbres de couleurs différentes. L'objet principal sur lequel s'arrête la vue, en pénétrant dans cette salle en ruines, est une espèce de banquette de $0^m,40$ de hauteur, en marbre non poli, établie sur trois de ses côtés ; ce siége continu a sa partie supérieure percée, de distance en distance, d'une manière régulière, d'ouvertures circulaires de $0^m,30$ de diamètre, se prolongeant à découvert sur la face antérieure ; cette disposition a fait longtemps considérer ces grandes pièces comme des lieux d'aisance [1] ; nous dirons ci-après quel était leur usage.

DESTINATION DU MONUMENT

Cet édifice resta enfoui sous les ruines et les sables jusqu'en 1750, époque à laquelle il n'était désigné sur les cartes que sous le nom *des Trois-Colonnes*, seules parties alors visibles ; quelques antiquaires napolitains prétendirent que ces colonnes avaient appartenu à un temple dédié à Neptune, à Esculape, à Bacchus ; d'autres y virent une basilique, un panthéon ; M. Lalande y vit un nymphée ou un *serapeum* [2] ; le plus grand nom-

---

[1] Observations sur les antiquités d'Herculanum, etc., par MM. Cochin et Belligard, p. 67.
[2] Voyage en Italie, t. III, p. 42.

bre fut d'avis que c'était là un temple consacré à Sérapis (1). Parmi ces derniers, M. le chanoine d'Andréa de Jorio (2), présent aux fouilles, a démontré, par de savantes recherches, sur la structure et la situation de ce monument, sur l'autorité des anciens, etc., etc., que c'était bien, en effet, un temple dédié à Sérapis, divinité égyptienne, souvent confondue avec Esculape, comme Dieu de la médecine, et tout prouve que l'édifice de Puzzole était, en effet, un établissement thermal; ainsi, toutes les petites loges qui le composent auraient été destinées à renfermer des baignoires (3).

Un ruisseau d'eau bouillante qui coule encore aujourd'hui sous les siéges en marbre des deux grandes salles que nous avons décrites expliquerait leur usage; ce serait là des espèces d'étuves dans lesquelles la vapeur arriverait par les ouvertures ménagées dans les siéges; par leur disposition, le malade pouvait, à son gré, selon son infirmité, recevoir cette vapeur sur une partie quelconque de son corps, en s'asseyant ou se couchant sur ces siéges, soit en introduisant l'un de ses membres dans ces ouvertures d'où son médecin ou son esclave avaient la faculté de le frictionner par celle qui avait été ménagée sur le devant des siéges; la rugosité du marbre pourrait alors s'expliquer par

---

(1) Ricercue sul tempio di Serapede.

(2) Capmartin de Champy, Découverte de la maison d'Horace, t, I, p. 273, 1787. — Winkelmann, Découvertes à Herculanum.

(3) Une inscription de Puzzoli, porte *Aedem Serapis*.

la nécessité de le recouvrir de planches ou de coussins pour la commodité des malades.

Les deux escaliers indiquent qu'il y avait un étage supérieur dont il n'existe aujourd'hui aucune trace.

Les Grecs et les Romains honorèrent aussi Sérapis, dieu d'Egypte, et lui consacrèrent des temples; rien n'indique l'époque à laquelle celui de Puzzole aurait été construit : quant à celle de sa destruction première, peut-être devrait-on la rapporter à la persécution dont le culte de cette divinité fut l'objet. On sait, en effet[1], que les abus qu'occasionna le culte de Sérapis obligèrent le Sénat à l'abolir entièrement dans Rome l'an 701, et qu'il ne l'autorisa ensuite, en 712, qu'à 500 pas de distance de la ville [2].

Plus tard, Tibère, en haine du culte Egyptien, fit jeter dans le Tibre les statues d'Isis [3]; Théodose défendit aussi, sous les peines les plus graves, le culte de Sérapis et fit démolir dans tout l'empire une grande quantité de temples dédiés à cette divinité [4].

(1) Dion, hist., L. 40, Cap. 48.
(2) *Ibid.*, L. 57.
(3) Suet., L. C. Cap. 36. — Tacite, Ann., L. 4, Cap. 61.
(4) Gibbon, Décadence et Ruine de l'Empire Romain, L. VIII, Cap. 17

AMPHITHÉATRE DE CAPOUE

On pense généralement que l'Amphithéâtre de Capoue n'a pu être construit que lors de la plus grande prospérité de cette ville, c'est-à-dire dans les temps qui précédèrent la seconde guerre punique. Cette conjecture nous amène naturellement à penser que si l'Amphithéâtre de Capoue n'est pas le premier qui ait été construit en pierres, c'est au moins le plus ancien de tous ceux qui existent, et probablement celui qui a servi de patron à l'architecte du Colysée, aux dimensions duquel la vanité impériale put bien ajouter quelques coudées, mais qui, par la beauté et la richesse de ses ornements, n'égala jamais son modèle.

Cette assertion paraîtra sans doute bien exagérée, au premier aspect de cette vaste ruine, mais on ne pourra se dispenser d'y remarquer, malgré son état déplorable, que la portion la plus intéressante, celle pour laquelle tout l'édifice avait été construit, l'arène et ses souterrains, se trouvent ici dans un état parfait de conservation, tandis qu'on ne les voit dans aucun autre amphithéâtre, pas même au Colysée, où la trop courte domination française les avait cependant exhumés.

Que les antiquaires rendent donc hommage à François Ier, roi des deux Siciles, qui, par un décret du 5 janvier 1826, chargea l'architecte Bianchi d'exécuter à Capoue(1) les mêmes explorations que peu d'années auparavant il avait été chargé de diriger dans l'Amphithéâtre de Flavien. C'est à ce décret que l'on doit la connaissance de ce vaste labyrinthe qui cachait le mécanisme de tant d'exercices divers, dont les historiens font mention, comme par hasard, sans nous donner le fil des manœuvres que réclamait leur exécution.

Si le temps semble avoir brisé sa faulx sur l'énorme squelette du Colysée, il s'est bien vengé sur l'Amphithéâtre de Capoue, qui n'est plus aujourd'hui que la ruine d'une ruine ; et cependant sa vue imprime encore à l'âme un sentiment de vénération dont il est impossible de se défendre. C'est au milieu de cette magique enceinte, qu'après avoir traversé la mer, l'Espagne, la Gaule, etc., franchi des monts regardés comme inaccessibles, le plus grand capitaine de l'antiquité, Annibal, a foulé le sol ; voilà le siége où il s'est assis ; c'est là qu'il a été vaincu ; c'est ici que sa gloire s'est éclipsée !

Cet Amphithéâtre, célèbre sous tant de rapports,

---

(1) Cette Capoue n'est point celle qui se trouve sur la route de Rome à Naples, mais un village appelé Sainte-Marie-Majeure,

est peut-être le moins connu de tous ceux qui existent. Le voyageur curieux, en traversant Capoue, qu'il trouve sur sa route de Rome à Naples, s'enquiert immédiatement des objets curieux que renferme cette ville, métropole de la Campanie, mais celle où il se trouve ne date que du IX° siècle, tandis que la délicieuse Capoue d'Annibal, triste, solitaire et fiévreuse, se cache aujourd'hui à quelques milles de là, sous le modeste nom de Sainte-Marie-Majeure.

Le marquis Maffeï prétend que tous les amphithéâtres étaient faits sur le même plan ; ce savant antiquaire est évidemment dans l'erreur, puisque les dix qui existent n'ont, à cet égard, aucun rapport entre eux ; ils se ressemblent en ce sens que chacun d'eux a une arène pour les exercices, des gradins pour les spectateurs et une forme elliptique que des considérations de préséance avaient fait préférer à la forme circulaire ; mais tout le reste était livré au caprice de l'architecte, qui n'avait à tenir compte, dans l'exécution de son œuvre, que de la situation des lieux, du nombre de ses habitants, de la préférence qu'ils accordaient à tel ou à tel spectacle. Isidore [1] est également dans l'erreur lorsqu'il avance que tous les amphithéâtres avaient leurs grandes entrées tournées à l'orient et à l'occident. Ceux qui existent démentent le fait, car cette disposition ne se rencontre qu'à Rome et à Nîmes ; encore n'est-elle pas rigoureusement exacte.

(1) Lib. XVIII, Cap. 57.

Dans le plus beau pays de la Campanie, au centre d'une vaste et riche plaine qu'il dominait, comme le colosse égyptien domine encore le désert qui l'entoure, l'Amphithéâtre de Capoue voyait à ses pieds la mer, le Vésuve, Parthénope et les îles azurées qui formaient la ceinture de cette sirène Et qu'on ne suppose pas que cette position élevée où les anciens plaçaient leurs édifices publics fût l'œuvre du hasard seul ; elle faisait, au contraire, l'objet spécial de la recherche des architectes, moins peut-être à cause de l'effet pittoresque des monuments, que pour inspirer au peuple ces idées de domination que produit la vue d'un horizon immense, au-delà duquel s'étend un pouvoir qu'il s'attribue et dont il n'est, en réalité, que l'instrument, comme il l'a été naguère de l'édifice qui sert maintenant de trône à sa puissance.

Un peu moins grand que le Colysée, l'Amphithéâtre de Capoue a, dans son grand axe, 169^m,89 (576 pieds romains), et dans le petit axe, 139^m,60 (476 pieds romains); l'épaisseur des constructions est de 46^m,88 (159 pieds romains).

Comme au Colysée, son pourtour était percé de 80 arcades de 3^m,85, soit 13 pieds romains d'ouverture, sauf les deux du grand axe, au nord et au midi, qui avaient 5^m,30, soit 18 pieds romains ; si l'on en juge par les deux arceaux qui restent, ils auraient été fermés par des portes en fer, car on voit la place des gonds et le scellement des grilles dans leur partie circulaire.

S'il faut s'en rapporter à ce que dit l'antiquaire Mazzodi et au tableau conservé par l'archevêque Costa, dans son palais épiscopal de Capoue, cet amphithéâtre avait quatre étages d'arcades, décorées des quatre ordres primitifs d'architecture, dont le toscan formait la base, comme inventé par le peuple dont les Campaniens se disent originaires.

La façade entière et le premier rang des arcades intérieures étaient construits en travertin, d'un grain si fin qu'on l'a généralement pris pour du marbre; les pierres sont posées sans ciment, et leurs lits, taillés avec une précision difficile à comprendre, sont réunis par des crampons en bronze, scellés avec du plomb. Les constructions intérieures sont en briques, et, s'il faut en juger par quelques fragments de gradin trouvés lors des dernières fouilles, ceux-ci auraient été en marbre.

Les arceaux, au lieu d'être simplement numérotés, comme ils l'étaient au Colysée, sont ici désignés par des bustes de divinités sculptés en demi-relief sur la clé de chacun d'eux; on reconnait Diane et Junon dans les seuls qui existent aujourd'hui. D'après le dessein dont nous avons parlé, les étages supérieurs auraient été décorés de la même manière.

A Capoue, comme à Rome, les galeries du rez-de-chaussée étaient au nombre de quatre.

C'était partout un large massif de maçonnerie qui formait la première enceinte de l'arène et qui supportait les gradins de la première précinction. A Capoue cette première enceinte était vide et formait cinq couples de chambres semblables, deux à deux ; chacune d'elles avait deux portes, l'une sur l'arène, l'autre dans la première galerie, qu'on pourrait désigner sous le nom de *retropodium* ; les deux couples situés vers le sommet de l'ellipse avaient de plus une ouverture sur les grandes entrées du nord et du midi. Les quatre chambres qui venaient immédiatement après, en se rapprochant du petit axe, avaient chacune un escalier par lequel on communiquait aux souterrains dont nous parlerons tout à l'heure. Les deux pièces situées aux extrémités du petit axe, moins grandes que les autres, ont un banc à l'intérieur et deux fenêtres peu élevées donnant sur l'arène, indépendamment de la porte située vis-à-vis le centre de l'ellipse. Il est à remarquer que la partie du mur qui fait face à cette porte est sans ouverture sur le *retropodium*, ce qui fait que les deux arceaux qui sont sur la prolongation du petit axe ne communiquent pas directement avec l'intérieur de l'arène, contrairement à l'usage suivi dans la construction de tous les amphithéâtres connus ([1]).

Le vaste anneau de construction qui, en partant du centre, formait la troisième enceinte circulaire de l'ellipse, comprenait dans son plan le système

---

([1]) Nous avons émis une opinion à ce sujet dans un opuscule intitulé : *Des amphithéâtres antiques et surtout de celui de Capoue*.

d'escaliers par lesquels on montait au premier étage ; c'est surtout dans cette partie de l'édifice, placée entre la galerie consulaire et la troisième qu'on devait appeler populaire, qu'il existait une différence énorme entre les plans des divers amphithéâtres; de sorte qu'il faudrait nécessairement pour chacun deux une description particulière, si l'on voulait donner une idée de système de cette distribution ; mais ce n'est point ici notre but.

Voici la manière dont l'architecte avait disposé les quatre-vingts arceaux de l'amphithéâtre de Capoue dans cette partie de son plan.

Les *deux* grandes entrées du sommet de l'ellipse sont les seules qui communiquent directement avec l'arène.

Les *quatre* arceaux qui leur sont contigus sont occupés par des chambres ouvertes seulement sur ces grands passages, ainsi que nous le voyons à l'amphithéâtre de Nimes.

Trente communiquent directement de l'extérieur au *retropodium*.

Douze à la galerie consulaire.

Les *trente-deux* autres avaient, chacun, deux montées d'escaliers commençant, l'une à la galerie consulaire, l'autre à la galerie populaire, pour aboutir, quatre à quatre, sur un même palier où se trouvait dans l'arceau intermédiaire, une nouvelle montée de douze marches par laquelle on arrivait au premier étage.

Par cette disposition, qu'on ne retrouve pas

ailleurs, tous les arceaux, sauf les quatre qui sont contigus aux grandes entrées, étaient ouverts sur deux galeries, ce qui fournissait des moyens de circulation que ne présentaient pas les autres amphithéâtres, dans lesquels une partie de ces arceaux n'est ouverte que d'un seul côté.

En 1812, le gouvernement français fit exécuter des fouilles dans l'arène du Colysée ; un célèbre antiquaire italien, M. Fea, publia ses observations sur les découvertes qu'on y faisait ; il paraît que les constructions souterraines furent pour lui l'objet d'une foule de conjectures, dont le résultat fut qu'elles étaient postérieures à l'époque du monument.

Des dispositions analogues s'étant retrouvées dans les amphithéâtres de Capoue, Puzzoles, Vérone et Nîmes, il n'y a plus de doute que les souterrains découverts au Colysée en 1812 n'eussent fait partie du plan conçu par l'architecte de Vespasien.

La description que nous allons faire de cette partie de l'amphithéâtre de Capoue, sera facile à comprendre, si l'on veut bien la suivre sur notre modèle.

SOUTERRAINS.

Dans l'amphithéâtre de Capoue, la surface des souterrains comprend tout le dessous de l'arène jusqu'à l'aplomb de son mur d'enceinte, mais à cinq mètres au-dessous de son niveau.

Un corridor voûté d'un mètre de largeur établi

dans le sens du petit axe, se prolonge en pente rapide à travers les constructions des deux côtés et semble avoir servi de communication entre ces souterrains et l'extérieur du monument, vers lequel se dirige leur pente ; mais l'irrégularité du roc qui forme le sol de ces corridors annonce qu'ils ne servirent jamais de passage, mais plutôt d'écoulement aux eaux pluviales. Sur le grand axe, au contraire, ces souterrains se prolongent, sur une largeur de 4^m,10 (14 pieds romains), jusqu'à des points encore indéterminés, mais fort au-delà de l'enceinte extérieure du monument, si l'on en juge par les fouilles opérées sous la porte méridionale, où l'on a découvert, à droite et à gauche, un petit escalier pour descendre de cette entrée principale dans les souterrains.

128 arceaux en grosses briques, basés sur une large assise de travertin, forment l'espèce de charpente qui soutient la vaste place de l'arène; ces arceaux sont établis de manière à opérer, par leur disposition, le tracé du plan que nous allons décrire.

A 3^m,50 (12 pieds romains) en dedans du mur d'enceinte et parallèlement à lui se trouve une galerie circulaire, non voûtée de 2^m,95 de large, (10 pieds romain); le terre-plein elliptique compris entre le mur d'enceinte de l'arène et cette galerie est divisé, par-dessous, en quarante-quatre chambres voûtées, ouvertes sur la galerie circulaire par autant d'arcades de 2 à 3 mètres d'ouverture, selon leur rapprochement ou leur éloignement du sommet de l'ellipse. Nous avons déjà parlé de la direction des quatre arceaux qui sont sur les axes; les quarante autres, fermés sur trois côtés, ont un banc en pierre adossé au mur du fond et, sur l'un des deux autres côtés, à droite ou à gauche indifféremment, se trouve une console en saillie de quarante centimètres à la hauteur de deux mètres du sol.

Une grande galerie découverte de 4^m,10 (14 pieds romains) de largeur, partage l'arène dans le sens de son grand axe, pour se joindre, par ses extrémités, à la galerie circulaire; les deux demi-ellipses qu'elle laisse à droite et à gauche se divisent, chacune, en quatre galeries de 2^m,40 (8 pieds romains) de largeur, situées parallèlement à la grande et disposées des deux côtés, ainsi que nous allons l'indiquer pour un seul.

La première, en allant du centre à la circonférence, est couverte d'une voûte à plein cintre, percée de quinze trappes, espacées uniformément, ayant 1^m,75 (6 pieds romains) de longueur sur 1^m,20 (4 pieds romains) de largeur.

La seconde est sans couverture, comme celle du milieu, mais elle ne vient pas se joindre de la même manière à sa surface avec la galerie circulaire, laissant, à chacune de ses extrémités, une longueur de 8^m,85 (30 pieds romains), couverte en voûtes et 42^m,70 (145 pieds romains) à découvert comme la galerie centrale; sa largeur est de 2^m,40 (8 pieds)

La troisième est voûtée et percée de onze trappes symétriquement espacées.

La quatrième, enfin, est ouverte et construite d'une manière semblable, mais elle n'a que cinq trappes, et celle du milieu est un peu plus grande que les autres.

A l'aplomb de ces 62 trappes, on voit une grosse pierre fixée dans le sol des souterrains, portant dans son milieu un trou propre à établir un mât.

Toutes les galeries découvertes, de même que les trappes, sont bordées, au niveau de l'arène, d'un cadre en grosses pierres de travertin, portant une rainure de quarante centimètres de profondeur, dans laquelle s'encastrait une forte couverture en bois, lorsque les combats de gladiateurs, ou de tout autre genre, demandaient que l'arène présentât une surface parfaitement unie.

Les murs des souterrains, au lieu d'être pleins, sont disposés en arcades de $2^m,55$ (9 pieds romains) d'ouverture, dont les pieds-droits ont $4^m,15$ (14 pieds romains) de largeur sur $1^m,12$ (4 pieds romains) d'épaisseur; chacun des côtés de la galerie centrale a neuf de ces arcades, et celles des autres galeries sont disposées de manière à correspondre parfaitement avec celles-là. Par ce sytème, l'intérieur de ces souterrains, outre la galerie circulaire et les 44 chambres dont nous avons parlé, se trouve aussi divisé en dix-huit galeries en ligne droite, dont neuf dans le sens du grand axe et un même nombre parallèlement au petit, ce qui donne à cet ensemble l'aspect d'un véritable labyrinthe, dont le plan nous parut d'abord d'une exécution si difficile et si longue que nous fûmes sur le point de renoncer à le lever. Heureusement l'*omnia vincit labor* ne fut pas sans effet, et notre persévérance nous mit à même de pouvoir indiquer aujourd'hui, sans le secours d'Ariane, les huit issues par lesquelles pouvait se sauver l'imprudent Thésée qui s'engagerait dans ce nouveau dédale.

Des consoles, semblables à celles que nous avons déjà décrites, sont placées à 2ᵐ,95 (10 pieds romains) du sol, sur les pieds-droits de la galerie circulaire; il y a aussi, dans cette même galerie et dans celle du milieu, un canal en contre-bas du sol pour l'écoulement des eaux hors du monument.

HISTORIQUE DU MONUMENT

Il doit paraître étonnant que ni l'histoire ni les inscriptions ne nous apprennent rien sur l'époque à laquelle ont été construits les divers amphithéâtres que le temps a respectés et que le Colysée soit le seul dont l'âge n'est un problème pour personne. Ce silence et cette exception nous semblent confirmer l'opinion émise par certains antiquaires [1] que, dans les provinces, ces monuments étaient construits aux frais des villes et des colonies, et que, ne se rattachant ainsi, d'une manière particulière, à l'histoire d'aucun empereur, mais

---

[1] Carli, antiquités d'Italie, L. III, suppl., p. 9.

seulement au goût général pour les spectacles, tant dans les provinces qu'à Rome, il n'y a pas lieu d'être surpris que les historiens n'en fissent aucune mention ; tandis que le Colysée, devenu l'œuvre gigantesque de deux empereurs, était, dans la vie de ces princes, un épisode que l'histoire devait consigner ; tandis que, au contraire, si l'histoire a conservé quelques jalons relatifs à l'époque où certains amphithéâtres ont été construits, ils n'ont été plantés que pour transmettre à la postérité un événement remarquable qui se rapportait au monument lui-même ; et tandis que enfin ceux que les cités élevaient *cum civium œre*, n'ayant qu'un intérêt de localité sans importance historique, étaient seulement l'objet de quelques décrets de décurions, relatifs au nombre de places assignées aux citoyens dont les largesses avaient le plus contribué à l'érection du monument.

On peut cependant trouver, dans les anciens auteurs, certaines données qui, jointes aux études archéologiques, peuvent fixer l'âge d'un édifice dans des limites assez restreintes pour que notre curiosité à ce sujet soit à peu près satisfaite.

L'origine étrusque des amphithéâtres doit faire penser que ceux de Capoue, Cumes, Pouzzoles et Pompéi doivent être mis en première ligne dans l'ordre chronologique ; d'autre part, en rapportant l'Amphithéâtre de Capoue aux temps qui précédèrent la seconde guerre punique, nous n'avons pas entendu attribuer à la même époque les décorations dont il était orné. Inséparable de la fortune de cette malheureuse ville, ce monument dut être soumis à toutes les vicissitudes que lui imposa le joug de fer des Romains, après la défaite d'Annibal.

Pour les punir d'avoir abandonné l'alliance romaine en faveur des Carthaginois, les habitants de Capoue furent vendus à l'encan (¹) ou condamnés à gémir sous l'oppression d'un préfet, chargé d'exercer sur eux toutes sortes de vengeances. On conçoit bien qu'à cette époque fatale, les monuments destinés aux jeux publics durent rester longtemps fermés et souffrir beaucoup de l'état d'abandon où ils furent laissés pendant une période déplorable.

Il paraît même quelle fut de longue durée ; car l'inscription trouvée en 1726, au pied de la porte méridionale, prouverait que l'Amphithéâtre ne fut restauré que par Adrien et inauguré par son successeur. Elle porte :

COLONIA. IVLIA. FELIX. AVG. CAPVA
FECIT
DIVVS. HADRIANVS. AVG. RESTITVIT.
IMAGINES. ET. COLVMNAS. ADDI. CVRAVIT.
IMP. CAES. T. AELIVS. HADRIANVS. ANTONINVS
AVG. PIVS. DEDICAVIT

On voit que cette inscription vient à l'appui de ce que nous avons déjà dit que les édifices publics étaient construits aux frais des colonies. Elle confirme de plus ce fait consacré par l'histoire qu'Ha-

(1) Tite-Live, liv. XXIII, chap. 16.

drien fut, de tous les empereurs, celui qui restaura et édifia le plus de monuments (¹); et nous ne craindrons pas d'assurer d'avance que, si jamais nous découvrons quelque inscription relative aux édifices romains que renferme la ville de Nimes, elle aura une grande analogie avec celle que nous venons de citer.

Il est probable que la restauration indiquée par ce marbre se rapporte à l'époque où Hadrien se retira dans la Campanie, c'est-à-dire vers l'année 119 de l'ère chrétienne (²).

En l'année 840, la ville de Capoue fut incendiée et détruite par les Sarrasins; la partie qui entourait l'Amphithéâtre soutint encore quelque temps, par son nom, le simulacre de la métropole antique, et plus tard, elle prit le nom, après bien des années, de Sainte-Marie-Majeure, qu'elle porte encore aujourd'hui.

(1) Spartien, chap. 19.
(2) Spartien, chap. 1.

MONUMENTS DE POMPÉI

Cette partie de la côte d'Italie, qui se trouve comprise entre le promontoire de Misène et Sorrente, qu'on appelle aujourd'hui le golfe de Naples, fut, dans le principe, habitée par les *Osques* ou *Opici*. Les Phéniciens, attirés par la douceur du climat de cette contrée, si souvent comparée aux îles fortunées de Pindare, se réunirent à ces peuples et fondèrent, sur une colline volcanique, une ville qui fut appelée *Pompéi*.

L'an 423 avant Jésus-Christ, les Etrusques et les Pélasges s'emparèrent de Pompéi et la comprirent parmi les douze villes qui formaient une petite république fédérative nommée Campanie, dont la capitale était Capoue [1].

Sous prétexte d'une sédition, les Samnites s'étant emparés de cette dernière ville, les habitants

---

[1] *Pompejos tenuerunt olim, deinde Etrusci et Pelasgi, post hos Samnitæ, qui et ipsi inde sunt expulsi* (Strabon, Lib. V.).

appelèrent à leur secours les Romains, qui saisirent avec empressement l'occasion d'occuper cette métropole, considérée, avec raison, comme la clef de la Campanie.

Les Samnites disputèrent, pendant 74 ans, aux Romains, la conquête de leur pays, mais ils furent enfin subjugués par les consuls C. Spurius Cervilius et L. Papirius Censor.

Depuis cette époque jusqu'à l'arrivée d'Annibal, l'histoire reste muette sur le sort de Capoue ; ses habitants prirent malheureusement le parti du grand capitaine, qui, après seize ans de victoires, fut forcé d'abandonner l'Italie, en versant des larmes à mesure qu'il s'éloignait de ses délicieux rivages [1].

Les Romains, rentrés à Capoue, démentelèrent la ville ; vingt-sept sénateurs furent mis à mort ; quarante-trois autres privés de leurs richesses et battus de verges, et la ville, dont les magistrats furent retirés, resta soumise à un simple préfet [2].

Il paraîtrait que le mont Vésuve, couvert encore au commencement de notre ère d'une végétation luxuriante, avait été un volcan longtemps avant la prise de Troie ; le savant *Pellicia*, dans ses recherches géologiques, conjecture qu'une éruption avait dû avoir lieu peu de temps après celle de la Solfatara, mille ans avant l'ère chrétienne et plus d'un siècle avant la fondation de Rome.

(1) Tite-Live.
(2) Appien.

Mais le moment s'approche où l'histoire va consigner dans ses annales l'existence de ces feux souterrains qui, au moment où j'écris ces lignes (¹), désolent encore cette malheureuse contrée.

Vers l'an 50 de Jésus-Christ, la Campanie éprouva de violentes secousses de tremblements de terre; mais la plus terrible de cette époque eut lieu l'an 63, sous l'empire de Néron. L'empereur se trouvait en ce moment occupé à chanter sur le théâtre de Naples, et, bien qu'averti du péril, il ne voulut jamais abandonner la scène qu'après avoir terminé son air favori.

La ville de Pompéi, ébranlée dans ses fondements, demeura longtemps veuve de ses habitants; mais après quelques années ils retournèrent dans leurs demeures.

Déjà leur patrie sortait plus belle de ses ruines, lorsque, le 23 novembre de l'an 79, à une heure environ après midi, eut lieu la terrible catastrophe dont Pompéi fut la victime.

Qu'on me permette de rapporter ici la navrante peinture que fait Pline-le-Jeune de ce funeste événement qui se passait sous ses yeux.

« Un nuage épais, s'appesantissant sur la terre, couvrit la mer de son voile et cacha bientôt l'île de Caprée, qui en fut enveloppée, ainsi que le promontoire de Misène. Ma bonne mère me suppliait,

---

(1) Janvier 1862. La petite ville de Torre del Grecco est ébranlée dans ses fondements; de petits cratères se sont ouverts au milieu des rues; les habitants ont abandonné leurs demeures et campent dans les champs.

m'ordonnait même de fuir pour éviter la mort. A ton âge, mon fils, disait-elle, c'est facile ; tandis que moi, appesantie par les années et l'embonpoint, il me serait impossible de te suivre ! Que je ne sois pas la cause de ta mort, ô mon cher fils, et je perdrai la vie avec bonheur ! Je lui déclarai formellement que, sans elle, il n'était point de salut pour moi, et, la prenant par la main, je la contraignis à m'accompagner. Forcée de céder, contre sa volonté, elle ne se plaignit plus que du retard qu'elle mettait à ma fuite. »

« Les cendres commençaient à tomber sur nous, quoique en petite quantité ; mais, en retournant la tête, j'aperçus derrière nous un épais nuage qui semblait nous poursuivre, en se répandant sur la terre comme un torrent impétueux. Pendant que le jour nous éclaire encore, dis-je à ma mère, abandonnons promptement la rue, la foule va nous accabler ! Nous étions à peine éloignés que les ténèbres augmentèrent à tel point qu'on se croyait au milieu d'une nuit profonde que la lune n'éclairait plus ; on n'entendait que des lamentations de femmes, des gémissements d'enfants, des cris d'hommes appelant leur père, leur fils, leur femme, qu'ils ne pouvaient plus reconnaître qu'à la voix ; quelques-uns invoquaient la mort, par crainte de la mort même ; un grand nombre imploraient le secours des dieux ; d'autres mettaient en doute l'existence de ces dieux mêmes, pensant que cette nuit était la dernière, cette nuit éternelle, qui devait engloutir l'univers; cette pensée me servit de consolation. »

L'éruption dura trois jours pendant lesquels on crut que les géants avaient reparu et qu'ils voulaient incendier la terre; mais le drap mortuaire, qu'elle semblait devoir étendre sur le monde entier, couvrit seulement *Stabia, Retina, Herculanum* et *Pompéi*.

Dans les guerres contre les Marses, les premières de ces villes avaient été déjà détruites par Sylla, puisque, du temps de Pline, on n'y voyait plus que des maisons de plaisance ([1]); de sorte qu'il est à peu près certain que des fouilles exécutées aujourd'hui sur ces points-là n'auraient, pour la science, aucun résultat fructueux.

On a tort de penser généralement que la découverte de Pompéi date seulement de l'année 1748 ; une ancienne inscription, rapportée par Winkelmann ([2]), prouve qu'Alexandre Sévère avait déjà fait extraire de ces lieux des marbres, des colonnes et des statues d'un travail admirable. Quelques phrases de Sannazat, poète napolitain, mort en 1530, prouvent que les ruines de Pompéi étaient déjà connues au commencement du XVIe siècle.

Ce n'est cependant que depuis l'année 1748 que des fouilles ont été opérées d'une manière à peu près régulière et dirigées avec plus ou moins d'intelligence.

---

(1) Winkelmann, *Découverte d'Herculanum*, p. 11.
(2) Winkelmann, *Découverte d'Herculanum*, p. 14.

Aujourd'hui, les murs d'enceinte de Pompéi sont entièrement découverts, ils font, de son plan, une ellipse irrégulière dont la circonférence a une longueur de plus de 5,600 mètres (1). Ces murs sont flanqués de onze tours et de cinq portes ; celle d'*Herculanum* à l'occident et celle de *Nola* au nord-est, sont les mieux conservées ; le plan de la première a beaucoup de rapports avec celui de notre porte d'Auguste ; celle de Nola, moins bien conservée, présente des traces de restauration ; elles avaient, toutes les deux, des fermetures antérieures et postérieures, séparées par un *Cavœdium* ou cour intérieure de 18^m,50 de longueur ; c'est là que fut découverte une inscription osque, rapportée par Mazois. Ces murs, d'une haute antiquité du côté du nord, n'ont pas d'angles saillants ; ils ont quatre mètres d'épaisseur, crénelés à leur partie supérieure, mais seulement tout près des tours, afin d'en défendre l'approche ; celles-ci sont de forme carrée et à trois étages avec de petites portes à l'extérieur pour favoriser des sorties ; elles sont placées à des distances qui avaient depuis 32 jusqu'à 160 mètres les unes des autres, la mieux conservée est celle qui se trouve la plus voisine de la porte d'Herculanum ; on montait sur les remparts par des escaliers à deux rampes placés à l'intérieur de distance en distance ; une grande

(1) Environ 300 mètres de plus que le périmètre de la ville de Nimes, qui est de 2,264 mètres, pris sur la banquette du trottoir intérieur du boulevard.

quantité de pierres portent des caractères osques.

Les édifices publics, exhumés jusqu'à ce moment à Pompéi, ainsi que les maisons particulières, sont généralement d'une construction élégante, quoique éloignée cependant de la pureté de l'architecture grecque ; on y distingue le style des diverses nations qui ont habité ces contrées et particulièrement celui des Romains qui les occupèrent longtemps.

L'ordre dorique, mais considérablement altéré, est celui qui est le plus généralement employé ; l'Ionique et le Corinthien, qu'on y trouve aussi, ressemblent plutôt à un composite bizarre d'un travail assez pur, dans lequel on a suivi plutôt le caprice de l'imagination que les véritables règles de l'art ; en un mot, sous ce point de vue, c'est de la décadence véritable ; mais c'est si joli de goût, d'exécution, de forme et d'élégance, que ce n'est qu'avec peine qu'on prononce ce mot ; on y voit des fontaines décorées de rocailles, de statuettes, de coquillages qu'on serait tenté d'attribuer au siècle de Louis XV, et un grand nombre d'autres ornements rappelant cette époque que nous cherchons à imiter maintenant.

Jusqu'à présent, on a découvert à Pompéi : deux forum, deux théâtres, un amphithéâtre, neuf temples, des thermes, une basilique, un quartier de soldats et trois arcs de triomphe ; on compte jusqu'à présent 18 rues et 4 impasses ; les plus larges sont dans la direction du nord au midi ; on en déblaye en ce moment une fort large dans la diretion opposée, et tout porte à croire qu'on en trouvera bien d'autres vers la partie occidentale où sont situés les théâtres ; c'est précisément dans ce quartier que nous avons pris l'île de maisons où se trouvent les divers monuments que nous allons décrire.

Les rues de Pompéi sont pavées en laves très solidement posées, et comme ces pierres forment des polygones fort irréguliers, les interstices des joints sont remplis par de petits cubes en granit noyés dans de la chaux et quelquefois par des coins de fer enfoncés dans ces joints. Il existe partout des trottoirs de 30 à 40 centimètres d'élévation, au bord desquels il y a, de distance en distance, des pierres plus élevées qui, en solidifiant les trottoirs, servaient aussi pour aider à monter à cheval ; deux chars pouvaient facilement passer dans les rues ; la voie était de 1^m,25, ce que la trace des roues permet de vérifier aujourd'hui ; le pavé était à dos d'âne, comme nous le faisons maintenant. Pour fournir aux piétons le moyen de traverser facilement les rues pendant un orage, on établissait des passerelles ovales à la hauteur des trottoirs, espacées de manière à être enjambées par les roues des chars et à ne pas empêcher le passage des bêtes de somme. Des conduits établis sous les trottoirs recevaient, par des ouvertures grillées, tant les eaux de la pluie que celles des fontaines, pour les porter à la mer.

Ces fontaines sont établies dans presque tous

les carrefours; elles sont de construction simple et généralement ornées de bas-reliefs représentant des têtes de divinités ou d'animaux qui donnaient sans doute leur nom aux fontaines ou aux rues sur lesquelles elles étaient situées; des pierres de forme conique les préservaient des roues des chars; des aqueducs, dont on retrouve les traces, conduisaient l'eau des montagnes voisines tant à ces fontaines qu'à celles des maisons particulières.

On voit, dans les carrefours, des peintures ou des autels consacrés aux divinités tutélaires de la rue (*Lares compitales*). On voit aussi des statuettes supportées par des consoles sur de petits autels ou dans des niches, usage qu'on pratique encore de nos jours dans toutes les villes d'Italie pour les saints et les saintes.

Venons maintenant à l'explication des édifices publics situés dans l'île de maisons que nous avons sous les yeux, que les custodes désignent sous le nom de l'île des Théâtres, et plaçons-nous dans la rue qui porte également le nom de rue des Théâtres.

QUARTIER DES SOLDATS A POMPÉI

Ce fut en l'an 1766 que l'architecte Lavega fit la découverte d'un édifice dont la disposition particulière fut l'objet d'interprétations diverses relativement à sa destination ; il fut d'abord considéré comme un marché *(Nundinarium forum)* (¹), et ensuite comme le portique des théâtres, près desquels il se trouvait situé (²); d'autres supposèrent que ce pouvait être là une école de gladiateurs ; enfin l'architecte Mazois, qui a demeuré pendant une dizaine d'années dans l'une des petites chambres dont se compose ce monument, afin d'étudier les découvertes qui se faisaient à Pompéi, Mazois a dit : « Que cet édifice était incontestablement
» destiné à recevoir une population divisée en
» fractions égales, puisqu'il est divisé lui-même
» en cellules semblables ; de plus, toutes les issues

---

(1) Roberto Padini, *Memorio su i monumenti di antichita di belli arte che esistano à Miseno, Baia, Cuma, Puzzoli*, 1812, p. 244.
(2) Remanelli.

» qui étaient fermées avec des portes, annoncent
» que ce lieu n'était pas public; enfin, la ressem-
» blance des distributions avec celles des camps
» prétoriens, dont on a retrouvé les restes à Rome
» et à la villa Adrienne, ne permettent pas de dou-
» ter que l'édifice qui nous occupe ne fût une
» caserne. »

Il ajoute, en parlant de la cuisine, la seule qui existe dans cet établissement : « Cette cuisine est
» remarquable parce qu'on y trouve les foyers bien
» conservés; ils ont la forme de ce qu'on appelle,
» en termes culinaires, *une paillasse*, c'est-à-dire
» d'une espèce d'âtre relevé et qui s'étend le long
» d'une grande pièce, de manière à permettre de
» faire la cuisine pour un grand nombre de per-
» sonnes. »

On n'arrive dans l'enceinte de cet édifice que par un corridor obscur qui longe le *post-scenium* du petit théâtre appelé l'Odéon; la porte de ce passage est fort étroite. « Le seuil de cette porte,
» très-bien conservé, dit Mazois, laisse voir le
» trou de scellement des crapaudines qui rece-
» vaient les pivots des battants. »

Nous devons ajouter, toutefois, que du côté du nord, il existait, derrière le *post-scenium* du Grand-Théâtre, deux autres ouvertures; trois personnes de front pouvaient à peine passer par l'une d'elles, en descendant trois marches; l'autre offrait à peine le passage d'un seul individu par quelques marches extrêmement rapides.

L'édifice était situé près du pont, sur les bords

du Sarno. Le plan de cette caserne forme un rectangle de 46 mètres de long sur 35 de large, espèce de cour autour de laquelle règne un portique de 5 mètres de largeur, dont les colonnes, en tuf volcanique, sont d'ordre dorique ; elles n'ont que quatre mètres de hauteur sous leur chapiteau, unies à la base et cannelées à leur partie supérieure ; leur fût, recouvert de stuc, est alternativement de couleur jaune et rouge, sauf celles qui correspondent aux extrémités des deux axes, qui sont vertes.

Au-delà du portique, sont placées, sur les quatre côtés, de petites chambres rectangulaires à peu près de la même dimension ; quelques-unes, sur la face orientale, sont cependant plus grandes ; l'une d'elles servait de cuisine, les autres de magasins.

Les murs intérieurs sont couverts d'inscriptions sans objet et de mauvais dessins faits par les soldats oisifs logés dans la caserne et représentant des guerriers et des navires.

La seconde chambre, au sud-ouest, était destinée à la prison ; lors des fouilles, on y trouva quatre squelettes ayant aux jambes des entraves attachées à une longue barre de fer. La pièce à côté renfermait deux moulins, l'un pour le blé, l'autre pour l'huile ; ils sont aujourd'hui au Musée de Naples.

Le squelette d'un cheval richement harnaché fut trouvé attaché à l'entrée de l'une des chambres, ce qui fit supposer que c'était celle d'un centurion qui, victime de la discipline, ne voulut pas abandonner son poste et mourut là avec 37 de ses soldats, dont les squelettes furent trouvés autour de lui ; une grande quantité d'armes diverses, six flûtes en ivoire et une trompette en bronze, sur laquelle est gravé l'incendie de Troie, furent transportées au Musée Bourbonnien, où tous ces objets forment un trophée non moins glorieux que celui que les Grecs élevèrent aux victimes des Thermopyles.

Trois petits escaliers conduisaient au premier étage, disposé également en petites chambres, comme le rez-de-chaussée ; un balcon en bois, placé tout autour, fournissait le moyen d'arriver avec facilité à chacune de ces chambres.

L'architecte Mazois, qui fit à Pompéi un séjour de 12 ans, pour être présent à toutes les découvertes dont cette ville était l'objet, obtint du roi l'autorisation de rétablir la partie de cet édifice que l'on voit du côté du sud, et c'est dans l'une des chambres qui s'y trouvaient qu'il passa, dit-il, les douze plus heureuses années de sa vie.

THÉATRE TRAGIQUE DE POMPÉI

Le Grand-Théâtre de Pompéi, établi, selon l'usage des Grecs, sur le penchant d'une colline, fut découvert en 1764; on y distingue les reconstructions commencées par les habitants après la catastrophe de l'an LXIII ; quoique dépouillé de ses marbres, peu après cette époque, on juge encore, par ses beaux restes, que les artistes avaient eu l'art grec pour modèle.

Sur la porte principale, ouverte sur le portique triangulaire, on lisait :

M. M. HOLCONI. RVFVS. ET. CELER
CRIPTAM. TRIBVNAL. THEATR. S. P
AD DECVS. COLONIAE

Les Marcus Holconius, Rufus et Celer, pour l'honneur de la colonie, ont exécuté, avec leurs propres deniers, la Crypte, le Tribunal et le Théâtre.

L'orchestra, en fer à cheval, n'est cependant pas tracée selon les règles de Vitruve, touchant la construction des théâtres grecs, avec lesquels elle a néanmoins beaucoup de rapports.

Quatre larges gradins et un petit degré pour appuyer les pieds des spectateurs placés aux rangs les plus bas, formaient la première précinction, destinée aux personnages qui jouissaient de *l'honor bisellii* (¹). Un large marchepied portant une balustrade en marbre formait, au-dessus du quatrième gradin, un chemin circulaire établi au pied de la précinction suivante. Au-dessus de cette espèce de couloir, sur l'axe même de l'édifice, on voit une dalle carrée, en marbre, formant saillie; derrière cette dalle, sur le marchepied même qui forme la base de la seconde *cavea*, il y a une inscription séparée en deux parties par un rectangle uni, sur lequel quatre trous, disposés en trapèze, semblent avoir eu pour but de fixer la statue du personnage éminent auquel la reconnaissance des Pompéiens avait consacré cette inscription; elle porte :

<pre>
  M. HOLCO   NIO. M. F. RVFO
  II VIR I. D   QVINQVENN
  ITERQVINQ   TRIB. MIL. A. P
      FLAMINI AVG. PATR. COLO. D. D
</pre>

A Marcus Holconius Rufus, fils de Marcus, deux fois Duumvir quinquennal, tribun des soldats, flamine d'Auguste, Patron de la colonie. Par décret des Décurions.

D'après cela, la dalle de marbre placée sur le

---

(1) Siége sur lequel pouvaient s'asseoir deux personnes (Varron Chap. IV, 28.)

marchepied, en avant de l'inscription, aurait pu être la place du *Bisellium* destiné à Marcus Holconius, le premier des deux Holconius auxquels on devait la Crypte, le Tribunal et le Théâtre lui-même.

La précinction suivante, composée de vingt rangs de gradins revêtus de marbre, était divisée en sept *cunei* par sept *scalariæ*, tracées en ligne droite sur toute sa hauteur. Elles aboutissaient à un pareil nombre de vomitoires pratiqués à travers un mur de cinq mètres de hauteur, sur lequel reposaient quatre gradins garantis par une balustrade en fer; cette petite agglomération formait ainsi une troisième précinction, entièrement distincte des autres (1).

Le mur extérieur du monument servait également d'enceinte à ces quatre derniers gradins; l'épaisseur de ce mur est de 2^m,50; il constituait, à sa partie supérieure, un espace assez large pour placer trois ou quatre rangs de siéges à l'extrémité de l'édifice, véritable paradis de ce théâtre antique.

Au-dessus des grandes entrées latérales par lesquelles on communiquait au *proscenium* (2), il y avait deux loges d'honneur auxquelles Juvénal et Suétone donnaient le nom de *podium* (3). On

---

(1) Cette partie a été restaurée depuis les nouvelles fouilles.

(2) Il faut entendre par *proscenium*, cette partie qu'on appelle l'orchestre dans les théâtres modernes.

(3) Pline xxxvii. — Suétone, 12. — Juvénal, 11,45. Le mot *podium* est un terme générique qu'on emploie collectivement pour

trouva dans les déblais de ce théâtre, la statue d'Agrippine à côté de celle de Néron enfant.

Si l'on doit considérer les dispositions matérielles de cet édifice comme applicables aux prescriptions de la loi réglementaire d'Auguste sur les places des citoyens dans les spectacles publics, *l'orchestra* sera exclusivement destiné aux *optimates* de l'empire; la première précinction, *æquestria*, sera réservée à l'ordre des chevaliers; la seconde, *popularia*, au *populus Romanus*; la troisième, *cavea*, serait alors le *superior locus* où les *fœminæ solæ*, comme le veut le décret impérial, venaient jouir du spectacle. Enfin, ce que l'on appelait *gens pullata* se trouvait reléguée *in summa cavea*, où cette partie de la population aurait trouvé des places sur la quatrième précinction, située à l'extrémité de l'édifice. Cette disposition serait alors conforme à l'opinion émise à ce sujet par le marquis Maffei : *dietro le donne stava l'infima plebe e coloro ai quali non era destinato precioso luogo*. Mazois propose également la même conjecture (¹).

Dans les premières fouilles exécutées à ce théâtre se trouvèrent deux tessères en os, taillées en forme de disque ; on lisait sur l'une, non pas

toutes les places des gradins inférieurs considérées comme les plus honorables. On s'est aussi servi de ce mot pour désigner, dans les amphithéâtres, le mur d'enceinte qui séparait les places de l'arène ; Vitruve l'emploie aussi pour indiquer la partie inférieure de la décoration architectonique de la scène (L. v ch. vi.) (Mazois vol. iv p. 66.)

(1) Mazois vol. iv, p. 66.

seulement quatre chiffres, comme c'était l'usage, mais le mot ΧΙ-ΗΜΙΚΥΚΛΙΑ-ΙΑ (le nombre onze répété en lettres grecques) ; l'autre portait : ΧΙΙ-ΑΙΟΧΥΛΟΥ-ΙΒ (le nombre douze, répété de la même manière). La première de ces tessères indiquait, sans doute, la onzième place de l'*orchestra* ; quant à la seconde, sur laquelle on lit le nom d'Eschyle, on a cru que c'était le nom de l'auteur de la tragédie représentée; mais on a remarqué que le nom de ce poète était écrit au génitif, tandis que le mot *hémicycles* est au nominatif pluriel sur l'autre ; cette considération a fait supposer à l'auteur des *Ruines de Pompéi* qu'il serait possible que ce théâtre eût été décoré des statues ou des bustes des auteurs dramatiques les plus célèbres, comme nous le faisons aujourd'hui, et que l'on eût appelé siéges d'Eschyle ceux qui étaient voisins de l'image de ce poète. (¹).

(1) Mazois, *Ruines de Pompéi*, L. ιv p. 56. — Spartien, dans la vie de Sévère, dit : que le vent renversa la statue de la Victoire placée au *podium*. — Dion, L. v en dit de même ; par conséquent il pouvait y avoir, dans *l'orchestra*, les statues des poètes grecs, puisqu'il y avait des colonnes, d'après Vitruve. L. v ch. 7. *Supra podium columnæ cum capitulis et spiris*.

PETIT THÉATRE DIT L'ODÉON

L'orchestra du Petit-Théâtre de Pompéi était tracé par un rayon de quatre mètres ; ce ne fut qu'en 1796 que ce monument fut entièrement découvert.

Autour de l'*orchestra* se trouvaient quatre gradins fort larges, sur lesquels, comme on vient de le voir pour le Grand-Théâtre, on plaçait les siéges appelés *bisellia*, c'est ce qui formait la seconde division des places.

La troisième, destinée au peuple, se composait de dix-sept gradins plus étroits, séparés des précédents par un mur de dalles, formant un parapet d'un mètre de hauteur ; autour des quatre gradins inférieurs (¹), six rangs de *scalariæ* partageaient les gradins en cinq *cunei* ; il y avait aussi, aux deux extrémités de la scène au-dessus

---

(1) La hauteur des gradins est de 0ᵐ,42, et leur largeur de ᵐ,65, mais, à l'endoit où les spectateurs posaient leurs pieds, y avait un creux afin de ne pas salir les vêtements de ceux qui taient assis au-dessous d'eux.

des grandes entrées, deux loges d'honneur destinées à l'empereur et aux vestales ; l'une d'elles est garnie de deux gradins, l'autre de trois ; elles sont disposées comme nos loges d'avant-scène.

La forme extérieure de ce monument est carrée ; on voit, à l'extrémité des murs, la place de petites colonnes sur lesquelles venait s'appuyer le toit de l'édifice, laissant entre elles un espace vide, afin de donner accès au jour et à l'air (¹) ; l'existence de cette couverture est démontrée par une inscription gravée au-dessus de la porte et répétée sur le mur intérieur ; elle est ainsi conçue :

<pre>
    C. QVINTIVS. C. F. VALG
       M. PORCIVS. M. F
    DVOVIR. DEC. DECR
       THEATRVM. TECTVM
 FAC. LOCAR. EIDEMQVE PROBAR.
</pre>

« Par décret des Décurions, Caïus Quintius Val-
» gius, fils de Caïus, et Marcus Porcius, fils de
» Marcus, Duumvirs, ont adjugé la construction
» du théâtre couvert et approuvé les travaux. »

Le pavé de marbre de l'*orchestra* est en contre-bas de trois marches du sol actuel de la ville ; sur la ligne qui forme le diamètre de son demi-cercle, on voit, en lettres onciales de bronze, l'inscription suivante, incrustée dans le marbre :

M. OCVLATIVS. M. F. VERVS. II. VIR. PRO. LVDIS

---

(1) On a découvert, à *Anemurium*, en Cilicie, appelée aujourd'hui *Anamura*, un théâtre de même forme et couvert.

« Marcus Oculatius Verus, fils de Marcus, duum-
» vir, a été chargé des jeux (1). »

La contiguïté du Grand et du Petit-Théâtre fit supposer que le plus grand était exclusivement destiné à des représentations tragiques, et l'on désigna le plus petit sous le nom de *théâtre comique,* nom que lui donnent encore les custodes.

Cependant, comme rien dans l'antiquité ne justifiait cette dénomination particulière, les savants argumentèrent, de l'inscription que nous venons de citer, que le monument récemment découvert pourrait bien être l'*Odéon* de Pompéi, d'après la description faite d'un odéon par Pausanias (2); cette conjecture parut d'autant plus probable, qu'on retrouvait, dans la situation de cet édifice, l'application exacte de cette phrase de Vitruve, d'après laquelle la place de ces édifices est indiquée : *exeuntibus e theatro sinistra parte odeum* (3).

La destination précise des monuments auxquels les Romains donnaient le nom d'Odéon, n'est pas bien déterminée : aucun auteur n'en a décrit la forme, et il n'existe plus de traces de ces édifices ; on sait qu'il y en avait quatre à Rome (4) et qu'ils servaient à instruire les musiciens, les joueurs d'instruments, ainsi que ceux qui devaient

(1) C'était celui qui veillait à la police des spectacles.
(2) Pausanias (*Achaic* xx) mentionne plusieurs édifices de ce genre, sans en faire la description.
(3) Vitr., L. v, Ch. 9.
(4) Encycl. méthodique, art° Odéon.

jouer quelques personnages dans les comédies ou tragédies, avant de les produire devant le peuple ; voici ce que dit Vitruve à ce sujet : *Odeum erat locus in theatri speciem, in quo de more poemata ostendebantur antequam in theatro publicarentur* (¹).

Si l'on veut étudier avec soin le Petit-Théâtre de Pompéi, on y trouvera tous les caractères des théâtres antiques destinés aux répétitions, tant dans l'intérêt des auteurs que dans celui des musiciens et des acteurs; peut-être même ne faut-il voir dans notre Odéon qu'un petit théâtre ordinaire dont le luxe et la mollesse des mœurs avaient provoqué la construction, afin que, dans tous les temps, la population pût jouir des spectacles scéniques, sans crainte de les voir interrompus par l'intempérie des saisons; c'est dans ce sens qu'il faut entendre ce passage de Tertullien : *Je vois qu'un seul théâtre ne suffit plus aujourd'hui ; il en faut un autre qui soit couvert* (²).

La difficulté de couvrir en charpente un espace aussi considérable que celui du Grand-Théâtre explique la petitesse de son voisin ; et, quant à la contiguité des deux édifices ayant la même destination, on pourrait se borner à dire que cet usage est indiqué par Vitruve (³) et par ce vers de Stace : *et la double masse du théâtre découvert et du théâtre*

---

1) Vitr. L. v, Ch. 9.
(2) *Video et theatra nec singula satis esse nec nuda (Apol.* 6.
(3) *Exeuntibus sinistra parte Odeum* (Vitr., L. v, Cap. 9).

couvert (¹), ce que confirment les fouilles de Pompéi.

Les gradins de notre Petit-Théâtre sont en laves;- le pavé de l'*orchestra* en marbres grecs de couleurs diverses.

(1) *Et geminam molem nudi tectique theatri* (Silv. III, V, 91).

TEMPLE D'ISIS A POMPÉI

Les relations commerciales qui existaient entre les habitants de Pompéi et ceux d'Alexandrie, par l'entremise desquels avait lieu tout le commerce des Indes, décidèrent les premiers à adopter le culte par excellence des Égyptiens : celui de la déesse Isis, qui dit en songe à Apulée :

« Je suis la mère de toute chose, maîtresse des
» éléments, principe des siècles, souveraine des
» dieux Mânes, la première de la nature céleste,
» l'essence des dieux et des déesses; je gouverne
» la lumineuse sublimité des cieux, les vents salu-
» taires de la mer, le lugubre silence des enfers;
» ma divinité est unique et multiforme... »

C'est ainsi qu'Isis fut adorée sous le nom de toutes les autres divinités, comme nous l'apprennent Hérodote, Diodore, Plutarque, Apulée, etc.

Un petit édifice, découvert à Pompéi, en 1765, fut reconnu pour être un temple consacré à Isis.

Un *atrium* rectangulaire de 24 mètres de long, de

l'est à l'ouest, sur 21 mètres de large, est entouré d'un portique à colonnes doriques sans bases ; c'est au centre de cette cour que se trouve le sanctuaire proprement dit du Temple d'Isis ; cet édifice rectangulaire, d'environ 8 mètres de côté, est élevé sur un stylobate de 5 mètres de hauteur, sur lequel on monte par un petit escalier de 2 mètres, situé au milieu de la façade tournée à l'est. La cella est précédée d'un prostylon à quatre colonnes corinthiennes de face, plus une en arrière de chaque côté et un pilastre à chaque ante. On remarque, sur les côtés, deux espèces de guérites, ou niches, destinées à recevoir des statues ; derrière celle de gauche, on trouve un petit escalier à sept marches et une porte par où les prêtres entraient dans le sanctuaire.

A droite, en descendant les sept marches du Temple, on voit une petite chapelle décorée d'un fronton de quatre pilastres corinthiens et de divers bas-reliefs ; au fond de cette chapelle se trouve un escalier fort étroit qui conduit au puits sacré, destiné, sans doute, aux ablutions et purifications.

Divers petits autels sont dressés dans l'enceinte découverte ; l'un d'eux offre des traces évidentes de feu.

Sur un piédestal on trouva la table Isiaque de basalte, couverte d'hiéroglyphes que l'on a déposées au musée royal ; la seconde se trouva du côté opposé, mais brisée.

Dans une niche était un Bacchus isiaque ; une petite panthère est à ses pieds ; elle est en marbre grec; sur la plinthe de la statue on lit cette inscription :

N. POPIDIVS AMPLIATVS
PATER. P. S

« Numérius Popidius Ampliatus père, a érigé
» cette statue à ses frais. »

Sur un autre piédestal fut trouvée une belle statue d'Isis de 0^m,60 de hauteur, avec cette inscription :

L. CAECILIVS
PHOEBVS POSVIT
L. D. D. D

« L. Cœcilius Phœbus a placé cette statue dans
» le lieu donné par les Décurions. »

La draperie de cette statue a été peinte d'une couleur de pourpre et quelques parties du corps étaient dorées; elle tenait dans sa main droite un sistre, et dans la gauche les clés du Nil.

Il y a, dans le grand salon situé derrière le Temple et dans lequel on pénètre par cinq arcades, un pavé en mosaïque dans lequel était encastrée l'inscription suivante :

N. POPIDI CELSINI
N. POPIDI AMPLIATI
CORNELIA. CELSA.

C'est dans la rue des Théâtres, et au nord de ces monuments, que se trouve la porte qui donne accès au péribole du Temple d'Isis; près de cette entrée, on a trouvé un tronc destiné à recevoir les offrandes, et, un peu plus loin, deux vasques élégantes qui contenaient l'eau lustrale. L'une d'elles, actuellement au musée royal, porte cette inscription :

LONGINVS. ĪI. VIR

Sur le mur de gauche, à un mètre au-dessus du sol, est une niche qui fait face au sanctuaire; on y avait peint une figure d'Hippocrate, un doigt sur la bouche : le fils se trouvait ainsi en face de la mère.

Au-dessus de la porte d'entrée, on voit l'inscription :

N. POPIDIVS. N. F. CELSINVS
AEDEM. ISIDIS. TERRAE MOTV. CONLAPSAM.
A. FVNDAMENTO. P. SVA. RESTITVIT
HVNC. DECVRIONES. OB. LIBERALITATEM
CVM. ESSET. ANNORVM. SEXS
ORDINI SVO. GRATIS. ADLEGERVNT,

« Numérius Popidius Celsinus, fils de Numérius,
» a reconstruit à ses frais, à partir des fondements,
» le Temple d'Isis qui avait été renversé par un
« tremblement de terre. Les Décurions, en récom-
» pense de sa libéralité, l'agrégèrent à leur or-
» dre sans rétribution; il était âgé de soixante
» ans. »

Le tremblement de terre dont il s'agit ici est celui de 63. « Ce qu'il y a de remarquable, dit
» Mazois, dans cette restauration, c'est que les
» colonnes n'ont pas été rétablies à leurs places
» primitives, et que des fragments de pierre ont
» été employés tout autrement qu'ils ne l'avaient
» été d'abord. Ainsi, la corniche de la chambre
» du fond a été retournée : or, sur la partie qui

» était enfouie dans la maçonnerie et qui est tom-
» bée, on lit cette inscription :

M. LVCRETIVS. RVFVS. LEGAVIT.

« Il parait que la famille Popidius, en restau-
» rant le Temple d'Isis, tenait à effacer, par tous les
» moyens possibles, le souvenir des anciens bien-
» faiteurs de cet établissement. »

Les peintures qui décoraient la grande salle réprésentaient l'apothéose d'Isis ou Io et les figures de divers animaux qui étaient adorés avec cette déesse. On y voyait deux hermès gigantesques et barbus, le front muni de cornes : près d'eux étaient deux nacelles, l'une portant une cage et un oiseau, l'autre conduite par un homme. Plus loin étaient représentés deux serpents enlacés autour d'une baguette ; ils soutenaient une guirlande de fleurs, et en dessous était une lionne. D'un côté, était une figure assise et un serpent ; d'un autre, une Isis couverte d'un manteau et la tiare sur la tête : un sceau était suspendu à son bras ; sous ses pieds une tête de mort, et près d'elle deux serpents, l'un se dressant, l'autre enlacé autour d'un rameau chargé de fruits. Ces figures avaient sur leur tête des fleurs de lotus et l'on peut les considérer toutes comme des allégories relatives aux travaux du soleil et aux opérations de la nature. Le piédestal que l'on voit en face de la grande entrée est, sans doute, celui sur lequel étaient placées les deux statues Egyptiennes de basalte, qui, les mains élevées, soutiennent une vaste coupe au-dessus de leur tête, et qui se trouvent au musée de Naples.

On a trouvé le squelette d'un prêtre qui, armé d'une hache, avait déjà commencé à s'ouvrir un passage à travers le mur. D'autres montaient à l'étage supérieur par les escaliers que l'on voit encore. La mort les surprit tous également; l'hiérophante fuyait avec les trésors de la déesse; il tomba sur la place du Petit-Théâtre où, seulement en 1812, on trouva son squelette avec 360 pièces d'argent, 8 d'or, 42 de bronze et une foule d'objets précieux.

Il y a là une cuisine avec ses fourneaux; on y trouva des arêtes de poisson. (Plutarque, *traité d'Isis et d'Osiris*, chap. 4).

TEMPLE DE NEPTUNE OU D'ESCULAPE A POMPÉI

Ce temple, le moins considérable de tous ceux qui existent à Pompéi, fut découvert en 1766.

Il était situé en face de l'ancien port de Pompéi ; son plan est un rectangle. Un petit portique, dont le toit était soutenu par deux petites colonnes, conduisait dans l'*arca*, au fond de laquelle s'élevait le sanctuaire établi sur un soubassement, sur lequel conduisait un large escalier de neuf marches.

Sur ce *podium* s'élevait un péristyle de quatre colonnes, plus deux autres sur les côtés, en avant des antes ; la *cella*, à peu près carrée, était isolée des murs de clôture par une ruelle continue ; elle était pavée en mosaïque et revêtue de peintures murales.

On a cru, tour à tour, que ce petit temple, avait été dédié à Esculape, à Jupiter, à Junon, à Neptune ; ces diverses opinions sont fondées sur l'examen, plus ou moins attentif, de trois statues de terre cuite, trouvées dans les ruines de cet édifice. Winkelman a cru y voir Esculape avec Hygie. Finati croit reconnaître, dans l'une de ces statues, la tête de Neptune, le *placidum caput* du poète latin (Enéid. L. I, 127). C'est à cette dernière opinion que s'est arrêté l'architecte Mazois.

On voit au milieu de l'*arca* un autel fort remarquable; rien de plus correct que la frise ionique et le soubassement de ce grand autel, tant par sa richesse que par sa simplicité.

Ce temple avait une porte de communication avec la maison voisine, ce qui a fait supposer qu'elle devait appartenir au prêtre consacré à la divinité à laquelle le monument avait été dédié.

PORTIQUE DES ÉCOLES OU MARCHÉ PUBLIC

A POMPÉI.

La disposition de ce monument est de la plus grande simplicité ; il se compose d'une cour entourée de portiques sur trois faces, et de quelques pièces sur l'un de ses côtés.

Les opinions sur la destination de cet édifice sont variées ; Mazois pense avec raison que ce fut un *Marché-Public*. Voici ce qu'il dit à ce sujet :

« Ce monument, qu'on dit être des Ecoles, n'a
» rien qui l'annonce. Je crois que c'est un Mar-
» ché. Le portique servait aux gens qui venaient
» de la campagne ou de la marine vendre leurs
» fruits ou leurs poissons. Les petites chambres
» étaient celles du gardien ou de celui qui prési-
» dait à la police du Marché. Il y avait des cham-
» bres au-dessus de celles-ci, comme l'indique une
» porte et un fragment d'escalier, et le reste du
» portique ne portait que le toit. Dans les colon-
» nes on trouve les traces d'un grand nombre de

» petits clous qui ont servi à attacher différentes
» choses. »

Deux piédestaux, profilés dans le goût grec, sont placés au-devant du portique, en face de l'une des deux portes d'entrée. Six marches en pierre, très-étroites, conduisaient au haut du plus grand de ces piédestaux sur lequel se trouve une entaille carrée de six pouces de profondeur sur vingt-deux de large. L'autre piédestal, au-devant de celui-ci, est très-usé, à sa surface supérieure, par une sorte de frottement, comme si l'on avait pendant long-temps marché dessus. C'est pour cela, peut-être, qu'on a supposé que des orateurs se plaçaient sur ce piédestal pour prononcer des discours au peuple rassemblé à l'entour. M. Mazois explique d'une autre manière la destination de ces piédestaux. Il a pensé que l'un servait d'autel et l'autre à porter la statue d'une divinité; ce dernier était creux, dit-il, « et paraissait destiné à recevoir des
» offrandes plutôt que des sacrifices. La statue
» était sur le piédestal et l'escalier servait à mon-
» ter sur le piédestal, pour parer de festons et de
» voiles la statue. »

Il est probable que cet escalier servait aux criées qui avaient lieu lorsqu'on mettait quelque objet en vente publique; le *Præco*, ou l'huissier, qui faisait l'encan et vendait *sub hasta*, montait dessus pour être mieux vu et entendu par la foule. On mettait sur l'autel ou le petit piédestal et au pied de la statue, les objets dont on proclamait la vente; et comme les anciens, surtout dans les petites villes comme Pompéi, ne faisaient pas de difficultés de charger leurs statues d'une foule de choses et d'accessoires qui y étaient étrangers, il se peut qu'on y appliquât les affiches des ventes ; et cette statue, s'il y en avait une, représentait vraisemblablement Mercure, le Dieu du commerce.

La colonne du portique, la plus voisine de l'entrée, était transformée en fontaine; les dalles autour de cette colonne-fontaine sont tellement usées qu'on peut facilement juger de la grande affluence de ceux qui y venaient chercher de l'eau ; ce qui prouverait encore que l'édifice ne servait ni d'école, ni de tribunal, parce que ces destinations n'auraient pas admis un pareil concours.

MAISONS PARTICULIÈRES A POMPÉI

Elles ont une distribution uniforme et ne varient que par la grandeur et les détails relatifs à la fortune des propriétaires ; les principales divisions consacrées par l'usage sont les mêmes. Chaque maison un peu considérable était divisée, pour ainsi dire, en deux parties distinctes ; la première renfermait toutes les pièces d'un usage public, et l'autre était destinée au logement des maîtres et aux dépendances du service. Vitruve recommande de faire attention à cette distribution.

La partie publique renfermait le *Protyrum*, le *Vestibulum*, le *Cavœdium* ou *Atrium*, les *Ailes*, les *Fauces* et diverses autres pièces. La partie privée contenait le *Portique*, les *Triclinii*, les *Bains*, l'*Exèdre*, le *Xistus*, les *OEci*, la *Bibliothèque*, etc.

Quelquefois cette dernière faisait partie de la première division, comme dans la maison de Salluste, que nous allons décrire.

Les étages supérieurs n'étaient pas sur un même niveau, mais en rapport avec le plus ou moins d'élévation dont on avait besoin dans la pièce du dessous; de là le plus ou moins grand nombre de marches pour les divers escaliers.

Il y avait généralement des boutiques sur la rue.

MAISON DE SALLUSTE A POMPÉI

D'après l'uniformité classique qui existe dans la distribution des maisons romaines, il suffira d'en décrire une, avec détail, pour se former une juste idée de toutes les autres; c'est dans ce but que j'ai choisi de préférence la maison de Salluste, parce que c'est une des plus complètes de Pompéi.

Le nom de Salluste, qu'on donne à cette maison, lui vient de ce que ce nom se trouve écrit sur le jambage de l'une des portes de la façade; elle est aussi connue sous le nom de maison d'Actéon, à cause d'un tableau qui s'y trouve et qui représente la fable de ce prince changé en cerf pour avoir surpris Diane au bain. Cette habitation n'a été entièrement découverte qu'en 1809.

Avant de pénétrer dans l'intérieur, visitons à l'angle gauche de la façade une boutique qui en fait partie; c'est une boulangerie où l'on trouve, à gauche en entrant, trois grands moulins à moudre le blé, et un plus petit vis-à-vis; la pile dans laquelle on trempait l'écouvillon ; un four qu'on dirait de construction moderne, même avec un perfectionnement qu'on ferait bien d'imiter aujourd'hui. Le manteau de la cheminée descend, sur les côtés, jusqu'à terre, laissant une fenêtre à la hauteur du tablier du four ; par cette ouverture un esclave pouvait facilement mettre sur la pelle la pâte ou en retirer le pain, lorsqu'il était cuit, sans être incommodé par la chaleur du four ; la porte était en fer ; au-dessus de son ouverture on voit un phallus en relief, peint en rouge, avec cette singulière inscription (¹) :

HIC. HABITAT. FELICITAS (2)

A côté du four se trouve la pièce où l'on préparait la pâte, ainsi que l'usine qui contenait l'eau chaude propre à cet usage ; il y avait au-dessus une chambre à laquelle on arrivait par le petit

(1) Cette boulangerie a pu, dans un temps, être établie pour le seul usage de la maison, car, d'après Pline (L. XIII, ch. 14), ce ne fut qu'en l'année 580 de Rome qu'il y eut des boulangers publics. Avant, chacun faisait faire son pain chez lui et même la farine.

(2) Voici le motif de cette inscription : « Mais, à la porte de la *pistrino*, je fus encore attristé par la vue des *alicariœ*, misérables femmes (Plaute, Pamul, L. XI, v. 34) qui se rassemblent auprès de ces établissements pour se prostituer aux esclaves, employés ou envoyés là (Plaute, Hov., 4-5-2, v. 30). Un peu de blé, *Alica*, compose leur infâme salaire ; de là le nom d'*Alicariœ*. Il n'y a qu'à Rome, cette sentine de tous les vices *(Ji Romam sicuti in sintincam confluxerant (Salluste, Catilin. 37)*, où la misère puisse dégrader ainsi l'espèce humaine. » (Rome au siècle d'Auguste. Dezoby, (Lettre LXXXVI, vol. 3, p. 382.)

escalier dont on voit encore quelques marches dans la boulangerie.

La boutique attenante, qui a une ouverture sur la rue, est celle où l'on vendait le pain; il y a, néanmoins, dans un coin de cette boutique, des lieux d'aisances à découvert, ce que nous trouverions fort inconvenant de nos jours ; là se sont trouvées des amphores pleines de farine, un tas de grains bien conservés et des pains que l'on peut voir encore au musée de Naples.

Les deux dernières boutiques, situées à l'autre extrémité de la façade, étaient également destinées à la location; celle dans laquelle on voit un petit escalier qui devait conduire à un entresol était louée à un marbrier : des tables, des pavés, des consoles en marbre, trouvés en ce lieu, ne laissent aucun doute sur cette destination ; il y a, dans l'épaisseur du mur, une citerne commune avec la boutique qui fait l'angle de la maison, laquelle était occupée par un marchand de liquides et de comestibles renfermés dans des urnes encastrées dans une espèce de comptoir en maçonnerie : c'était de l'huile, du vin, des olives confites et peut-être ce *garum* tant estimé, dont la ville de Pompéi faisait un commerce si considérable [1] ; les deux pièces, sans jour, que l'on voit à la suite de cette boutique et qui en dépendaient, ne pouvaient servir au locataire que de magasins ou de chambres à coucher; au-dessus de la citerne on voit une inscription en caractères osques.

[1] Pline, Hist. nat., L. XXXI, ch. 8.

Les ouvertures sur la rue ont assez généralement les mêmes proportions ; elles se fermaient au moyen de volets glissant dans des coulisses taillées dans les seuils en marbre ; on ménageait, sur la droite de ces fermetures, une petite porte mobile, afin que l'on pût entrer et sortir, quand les volets étaient fermés. Ce mécanisme est indiqué par la manière dont les seuils sont taillés.

Pénétrons maintenant dans la maison de Salluste par l'*arca*, entrée principale, sur le seuil de laquelle on lit l'expression hospitalière de SALVE, que l'on trouve aussi quelquefois sur les murs extérieurs des maisons de Pompéi, à côté de formules de compliments adressés aux Ediles ou Duumvirs qui gouvernaient alors.

Le *Protyrum*, dans lequel on se trouve en entrant, est ce que nous appellerions le porche, où les passants pouvaient se mettre à l'abri de la pluie ou du soleil ; tandis que le vestibule proprement dit est cette pièce carrée, à droite du *Protyrum*, généralement décoré d'élégantes peintures ; c'est là où le portier *Janitor* faisait attendre les clients qui venaient demander audience au patron, et, à cet effet, la loge du portier (*cella ostiarii*) se trouve tout à côté avec des portes de communication, tant dans le vestibule que dans l'*atrium*.

A la gauche du *protyrum* on voit une autre boutique communiquant avec l'habitation principale dont elle faisait partie ; elle servait au propriétaire, comme c'est encore l'usage dans quelques villes d'Italie, à faire vendre en détail ses propres denrées ; il y a dans celle-ci tout ce qui constitue les *thermopolii*, espèces de buvettes ouvertes au public ; six urnes encastrées dans une banque en maçonnerie, un fourneau pour préparer les boissons chaudes, et une petite construction en gradins sur lesquels furent trouvées diverses mesures de capacité, actuellement au Musée *degli studii* ; un petit cabinet d'aisances est attenant à cette boutique.

Le *protyrum* conduisait à *l'atrium*, appelé quelquefois *cavœdium*, espèces de cour couverte qui constituait la partie publique de la maison, parce que c'est autour de *l'atrium* qu'étaient établies toutes les pièces qui la composaient ; aussi est-il décoré avec tout le luxe imaginable par des colonnes, des statues, des mosaïques, des peintures, etc., etc. ; de ces diverses décorations résultaient cinq espèces d'*atrium*, le *toscan*, le *tetrastyle*, le *corinthien*, le *testudinatum* et le *displuviatum*.

« L'*atrium toscan* était celui dont la toiture inclinée de tous côtés vers le centre de la cour, était soutenue seulement par quatre poutres se croisant à angle droit ; le milieu restait ouvert et se nommait : *compluvium*.

» L'*atrium tétrastyle* était presque semblable au toscan ; la seule différence qui existait entre eux consistait dans les colonnes ou piliers placés aux angles du *compluvium*, pour soutenir la toiture et soulager les portées des poutres aux points où elles se croisaient.

» L'*atrium corinthien* ne différait du tétrastyle que par le nombre de colonnes qui soutenaient le toit et par la grandeur du *compluvium*; il était préférable aux autres pour les grandes habitations et les palais, parce qu'il donnait plus d'air aux appartements qui l'entouraient.

» L'*atrium testudinatum* était celui où le toit ne faisait point de *compluvium* ou espace découvert ; on ne pouvait guère l'employer que dans des endroits d'une médiocre étendue.

» L'*atrium displuviatum* avait les toits inclinés de manière à déverser ses eaux au dehors de la maison, au lieu de les conduire à l'intérieur. (¹) »

Celui de la maison de Salluste était d'ordre toscan ; le petit bassin en marbre, situé au-dessous du *compluvium* pour recevoir les eaux versées par les pentes des toits, s'appelait l'*impluvium*; au-dessous était une citerne ayant, à l'une des extrémités de l'*impluvium*, une élégante margelle en marbre, d'où l'on puisait l'eau dont on avait besoin. Dans les maisons des riches particuliers cette margelle était remplacée par une fontaine dont la décoration variait. Chez Salluste, c'était un piédestal sur lequel une biche en bronze versait constamment dans l'*impluvium* une eau limpide dont la fraîcheur donnait un charme de plus à cette partie essentielle des habitations romaines ; quelquefois, au lieu du piédestal, c'était une co-

---

(1) Consideratione architectoniche del signor D. Nicola d'Apuzzo. Napoli, 1831.

lonne en marbre, supportant une statue au-dessous de laquelle des rafraîchissoirs en marbre, établis dans le sol même, servaient à mettre les vins qu'on devait donner au repas.

L'*atrium* était, en quelque sorte, le portique ou promenoir des maisons particulières; on tenait à ce qu'il fût le plus vaste possible et, à cet effet, on l'agrandissait à son extrémité, sur sa largeur, par deux salles ouvertes, que leur position faisait appeler les ailes, *alœ ;* la localité ne permettait, quelquefois, d'en faire qu'une seule.

On remarquera que, dans les maisons, toutes les parties qui ont une destination spéciale sont toujours commises à la garde d'un esclave, auquel une loge est réservée à cet effet.

Ainsi, la première pièce, à gauche en entrant dans l'*atrium*, destinée à cet usage, précédait l'*Exedra*, où le patron, dans un jour de gala, recevait ses amis, leur donnait une fête ou un repas dans l'hiver ; les deux petites pièces qui suivent et une troisième, dans la même position, du côté opposé, ouvertes sur l'*atrium*, étaient des chambres destinées aux hôtes du maître de la maison ; ces réduits, ordinairement voûtés, ne recevaient le jour que par une ouverture établie sur la porte qui les fermait. Les chambres à coucher d'hiver, *Hibernacula*, étaient au premier étage assez généralement ; leur entrée, toujours précédée de la loge pour l'esclave gardien, était au fond de l'aile gauche où l'on voit encore l'escalier.

Continuons à visiter la partie publique de la

maison et examinons les appartements dont se compose le fond de l'*atrium*.

La grande pièce, entièrement ouverte, qui fait face à la porte d'entrée et dont le sol est plus élevé d'une marche que celui de l'*atrium*, était ce que les anciens nommaient le *tablinum*, espèce de salon de compagnie, éclairé par une immense fenêtre sur le portique intérieur ; c'est dans cette pièce que le patron recevait ses amis et les clients qui venaient lui parler d'affaires ; cette destination rendait indispensable un grand luxe de décoration, et c'est là, en effet, que l'on trouve toujours les plus belles mosaïques et les plus belles peintures.

Les Romains d'une illustre naissance conservaient religieusement les images de leurs aïeux dans la *Pinacothéque*, sanctuaire qui devait naturellement se trouver dans la partie privée de la maison ; mais les anciens laissaient, comme nous, une porte ouverte à leurs faiblesses, et celle que l'on voit à gauche du *tablinum* n'était probablement pas fermée les jours de réception ; car elle conduisait à cette galerie dont l'illustration était souvent le seul titre de gloire de l'orgueilleux patron, mais qui servait d'aliment à la fumée de l'encens que ses clients venaient lui offrir [1].

L'espèce de niche, située à gauche du *tablinum*, est le *lararium*, où l'on plaçait les divinités domestiques protectrices de la maison ; des peintures en

---

(1) *Fumosarum imaginum* (Cicéron, in. L. C. Pisonem).

harmonie avec cette destination décoraient ordinairement ce lieu ; c'étaient des sacrifices aux dieux Lares, des offrandes, des libations ; le laraire était souvent placé à l'entrée de la maison dans le *protyrum* même. La forme du laraire était indéterminée ; c'était un autel, une niche, une colonne ; quelquefois une simple console sur laquelle on déposait les offrandes ou une lampe.

La porte qui fait symétrie au *lararium* s'ouvrait sur un passage (*fauces*), qui conduisait à la partie privée de la maison. Visitons, avant d'y entrer, la petite pièce à côté : c'est la bibliothèque qui renfermait les manuscrits ; c'est une des grandes de Pompéi, et cependant, en étendant les bras, on touche les murs opposés ; quelle extension l'invention de l'imprimerie n'a-t-elle pas donnée à cette partie de nos appartements modernes ! Les manuscrits roulés étaient renfermés dans des armoires placées le long des murs et sur le milieu, dans une autre dont on pouvait faire le tour. Malgré que l'incendie ait dévoré ces armoires, on en distinguait cependant la forme et la hauteur. « Les premiers
» manuscrits qu'on découvrit furent pris pour
» des charbons et jetés dans les décombres ; mais
» l'ordre dans lequel ils étaient rangés, les uns sur
» les autres, excita l'attention, et l'on pensa que ce
» pouvait bien n'être pas simplement du bois
» brûlé ; bientôt on y découvrit des caractères et
» on les recueillit avec soin. Plusieurs de ces
» manuscrits étaient liés ensemble et renfermés
» dans des papiers plus grossiers, appelés *empori*-

» *tica;* c'étaient probablement des ouvrages en
» plusieurs volumes. » (¹)

Ces manuscrits, recueillis en grand nombre tant à Herculanum qu'à Pompéi, sont conservés avec soin au musée de Naples ; leur dimension ainsi que la grosseur des rouleaux varient beaucoup ; ils sont ridés comme des cornes de bouc, noirs ou gris foncé, et, quoique ayant l'air de ne faire qu'un seul bloc, on distingue leur enroulement ; ils sont écrits en grec, d'un côté seulement, et par colonnes de dix centimètres de large, ce qui les fait ressembler à des vers, séparé par un espace non écrit de deux centimètres. Après 40 ou 44 lignes de longueur, ces groupes de colonnes sont encadrés par une ligne rouge, et cela continue de la même manière jusqu'à l'extrémité du rouleau, dont la longueur totale est de 10 à 12 mètres ; les lettres sont plus noires que le papyrus et semblent en saillie.

Traversons le passage qui conduit à la partie privée de l'habitation, nous trouvons, à droite, la loge de l'esclave qui en surveillait l'entrée ; nous voilà sous un portique orné de colonnes en tuf, revêtues de stuc bleu et uni à la base, blanc et cannelé à l'extrémité, avec des chapiteaux doriques, peints d'une manière bizarre, qui supportaient une tente ; des rideaux, dont on voit les attaches, formaient, dans l'intervalle des colonnes, un obstacle aux rayons du soleil ; la pinacothèque que nous avons déjà vue était ouverte sous ce portique

---

(1) Winkelmann, *Herculanum*, p. 70.

et servait *d'œcus cizicenus,* salon de réunion pour les femmes, ainsi que de *triclinium,* ou salle à manger pour l'hiver. Après le petit escalier à droite, qui conduisait aux chambres à coucher, on trouve, au fond d'un corridor, la cuisine, *culina,* avec son fourneau; c'est la partie de la maison la plus dégradée ; on n'y voit plus les peintures qui décoraient les murs : c'étaient ordinairement du gibier, des comestibles de toute espèce, des sacrifices aux dieux Lares, etc., etc.

Il y avait toujours, de ce côté de l'habitation, une issue particulière, commise à la garde d'un esclave ; elle était destinée aux gens de service et au maître, lorsqu'il voulait éviter ses clients (1).

Montons les quelques marches qui sont à l'autre extrémité du portique : nous voilà dans le *Xystus* ou parterre, orné de verdure, de fleurs, de plantes odoriférantes, rafraîchi par une fontaine, dont les eaux jaillissantes coulaient dans un bassin et circulaient ensuite autour du parterre dans des canaux de marbre, pour se jeter plus loin dans des citernes appropriées aux usages domestiques. Rien ne manquait à cet élysée pour en faire un séjour de délices. Voyez, à l'autre extrémité, ce cabinet de verdure qu'ombrageait jadis une treille chargée de fruits : c'était le *triclinium* d'été, ainsi appelé parce que c'était sur trois côtés seulement qu'étaient placés autour du *monopodium,* les lits sur lesquels on se couchait pour manger. Ces sièges

---

(1) *Atria servantem postico falle clientem* (Horace, livre I, épitre 5).

et cette table semblent encore vous inviter à les utiliser, et j'avoue que je cédai à cette invitation, mais, hélas! ce ne fut point en Sybarite; mes esclaves n'avaient point couvert de duvet ces dures couchettes de pierre; un mauvais pain de seigle payé chèrement au *custode* et un verre de vin aigri, composèrent mon modeste festin; j'offris, sans regret, un sacrifice à Bacchus sur l'autel des libations encore debout à côté de la table et, comme un dôme de verdure ne garantissait plus ma tête de l'ardeur du soleil, je descendis dans le jardin placé à côté du *triclinium*, pour visiter le fourneau où l'on préparait les boissons chaudes dont les anciens faisaient usage pendant le repas, et que l'on avait eu soin de placer tout près de la salle de bain, pour le rendre doublement utile; cette dernière salle était éclairée par une fenêtre donnant sur le jardin. En examinant attentivement sa construction, on s'aperçoit qu'elle date d'une époque plus récente, par les colonnes qui sont encore encastrées dans son mur et qui prouvent que, dans le plan primitif, l'architecte avait fait contourner le portique du côté du petit jardin. Bien d'autres changements de la même nature peuvent se remarquer dans cette maison. Les murs, tant du parterre que du jardin, étaient décorés de peintures représentant des paysages, des oiseaux, des fleurs, etc.

Les chambres à coucher, *cubicula*, du premier étage, n'existent plus ici; mais je compléterai ma description des maisons particulières de Pompéi en prenant pour modèle celles d'une autre habitation. Elles sont fort petites, généralement voûtées, quelques-unes ont des alcôves en forme de niche; les peintures, dont elles sont ornées, sont analogues à leur destination ; il en est qui sont décorées d'une petite chapelle appelée *sacrarium*, où l'on plaçait certains lares protecteurs de la famille, des lampes, des vases ou d'autres objets sacrés : elles étaient éclairées par un flanc percé au haut du mur et qui n'avait pas plus de vingt centimètres de hauteur ; une vitre est encore conservée à l'une de ces ouvertures. On a vraiment lieu de s'étonner de voir, sous un climat si chaud, des chambres si petites, si peu aérées; mais il faut se rappeler que la vie des anciens se passait au forum, sous les portiques, dans les Xystes et les spectacles, et que ce n'était que pour prendre du repos que l'on se retirait dans sa chambre. Quelques lits étaient en bronze, d'autres en bois; chez les personnes peu fortunées, ils consistaient en une petite élévation en pierres de vingt centimètres de haut, sur laquelle on étendait quelques couvertures.

Dans nos mœurs, nos habitudes et nos climats, l'absence de cheminées nous paraîtrait un grave inconvénient; mais les Romains cherchaient à se garantir bien plus de la chaleur que du froid, et l'on trouve, même aujourd'hui, fort peu de cheminées dans les maisons de Naples.

Nous n'avons pas encore visité, dans la maison de Salluste, cette partie, à droite, dont l'entrée se trouve dans l'*atrium*. Pénétrons dans ce séjour mystérieux consacré à la plus chaste des déesses ; l'argus chargé d'en écarter l'indiscret n'est pas dans sa cellule, et le profane n'a plus à craindre d'attirer sur sa tête le châtiment dont semble le menacer le tableau qui se présente à sa vue : Diane, surprise au bain et punissant la téméraire curiosité d'Actéon, ne prédit-elle pas le même sort à l'imprudent qui oserait franchir l'enceinte du *Venereum*, que le maître a consacré à ses jouissances particulières ? Toutes les peintures qui décorent ce séjour de délices invitent au plaisir ! C'est Vénus et l'Amour, un Faune relevant doucement la tunique d'une nymphe endormie, Bacchus et l'Amour, Apollon et Daphné lascivement groupés ; et tout cela sur un fond noir, sous un portique soutenu par huit colonnes de couleur pourpre, au milieu duquel une eau limpide, coulant dans des canaux de marbre blanc, conserve la fraîcheur d'un gazon toujours vert ; au fond, deux cabinets de repos richement décorés ; à droite, une salle de festin ouverte sous le portique ; au-dessus des colonnes, une terrasse couverte de fleurs odoriférantes, d'où le regard s'étendait sur cette mer, ces montagnes, ces vallons, ces îles, ces côtes luxuriantes que la nature semblait avoir créés tout exprès, dit l'auteur des *Lettres sur l'Italie*, pour délasser les Romains de la conquête de l'univers, ou pour la leur faire oublier. Afin que ce séjour mystérieux n'eût aucune communication avec les autres parties de l'habitation, il y avait, à gauche, une petite cuisine avec son fourneau et un cabinet d'aisances. Telle était la disposition de ce *gynécée*, où la maîtresse de Salluste, dans son empressement à fuir le danger, oublia ses pénates, un vase à parfum, un bracelet, un pendant d'oreille[1], ses bagues ornées de pierres gravées, un miroir en métal et trente-deux pièces d'or, prix d'un abandon chèrement acquis ce jour-là, car la malheureuse, en fuyant, accompagnée de trois esclaves, trouva la mort sur le seuil de cette porte secrète où quelques instants plus tôt elle était venue chercher le plaisir !

(1) Le buste, moulé par les cendres du Vésuve, est au musée et indique qu'il appartenait à une jeune fille.

TEMPLE DE JUPITER, CURIA OU AERARIUM

Rien ne s'oppose à ce que ce bâtiment, dont la place révèle l'importance, ait pu être dédié à une divinité principale et servir, en même temps, de lieu d'assemblée aux décurions, et de dépôt au trésor public. Sa forme, son emplacement, la richesse de son architecture, la découverte, dans l'intérieur, d'une tête colossale de Jupiter et d'une autre d'Esculape, son fils, ont dû servir d'appui à la première opinion, tandis que la disposition d'un porche très-vaste, de la plate-forme ou tribune entre les deux escaliers, ainsi que l'isolement complet de l'édifice, qui permettait un plus grand concours de citoyens, ont pu convenir parfaitement aux assemblées des décurions et aux harangues tenues du haut du *pulpitum*. Disons encore que les trois petites chambres voûtées, au fond de la *cella*, ont paru servir d'archives pour les actes de l'autorité, ou de dépôt pour le trésor public. La solidité de cette partie de la construction, l'obscurité et l'isolement de ses chambres, ont dû ajouter du poids à cette hypothèse appuyée, en outre, sur la présence de deux soldats qu'on présume avoir été préposés à la garde du trésor, au moment de l'éruption, et dont on a trouvé les squelettes au pied du porche. Un de ces squelettes était partagé en deux par la chute d'une des colonnes du temple.

Il n'y a donc aucun scrupule à adopter l'une des opinions que nous venons de mentionner.

Ce monument, découvert en 1816 et 1817, est construit en pierres et en laves recouvertes d'un ciment très-dur ou stuc; il est placé à l'une des extrémités du forum de Pompéi, de la même manière que l'était notre Maison-Carrée par rapport au forum de Nîmes. On croit que le monument était hypèthre, c'est-à-dire que le milieu de la *cella* était à découvert.

On trouva dans les ruines deux pieds en marbre d'une dimension colossale, un cadran solaire, un groupe de vingt centimètres de hauteur, représentant un vieillard tenant un enfant par la main et une femme portant son petit enfant dans les bras; c'était là probablement un *ex-voto*; on trouva aussi une belle tête de vieillard en marbre, un bras et plusieurs fragments, tous de grandeur colossale.

Le sol de la cella montre un encadrement en mosaïque; les traces des gonds de la porte sont encore visibles. Derrière les trois chambres voûtées se trouve un escalier qui a pu conduire à une tribune placée au-dessus de ces chambres ; l'inscription suivante fut trouvée dans la cella :

SP. TVRRANIVS - L - F - SP - N - L - PRON - FAB.
PROCVLVS - GELLIANVS
PRAIF - FABR - II - PRAIF - CVRATORVM - ALVEI
TIBERIS - PRAIF - PRO - PR - I - D - IN - VRBE - LAVINIO
PATER - PATRATVS - POPVLI - LAVRENTIS - FOEDERIS
EX LIBRIS - SIBVLLINIS - PERCVTIENDI - CVM - P - R
SACRORVM - PRINCIPIORVM - P - R - QVIRIT-NOMINISQVE
LATINI - QVAI - APVD - LAVRENTIS - COLVNTVR - FLAM
DIALIS - FLAM - MART - SALIVS - PRAISVL - AVGVR - PONT
PRAIF - COHORT - GAITVL - TR - MIL - LEG - X
LOC - D - D - D

« Spurius Turanius Proculus Gellianus, fils de
» Lucius, petit-fils de Spurius, arrière-petit-fils
» de Lucius, de la tribu de Fabia, préfet des ou-
» vriers pour la seconde fois, préfet des curateurs
» du lit du Tibre, préfet et propréteur pour ren-
» dre la justice dans la cité de Lavinium, père
» patrice du peuple de Laurente, pour signer les
» alliances, selon les livres Sibyllins, avec le pré-
» teur des principes sacrés du peuple romain des
» Quirites et du nom latin, qui sont honorés dans
» la cité de Laurente, flamine de Jupiter, de Mars,
» Salien, Présul, Augure, Pontife, préfet de la
» Cohorte des Gétules et tribun militaire de la
» X^e légion. Emplacement donné par décret des
» Décurions. »

BASILIQUE DE POMPÉI

Le Forum, appelé par les grecs Agora, était un lieu destiné à la vente des denrées, et en même temps le point de réunion où les habitants venaient débattre les grands intérêts publics et traiter leurs affaires particulières.

C'est sur le forum que, selon Vitruve, devaient se trouver les basiliques, l'ærarium, la curie et les prisons.

Aucune description n'avait pu donner une idée juste d'une place publique, chez les anciens, avant la découverte du forum de Pompéi ; nulle part il n'existe un ensemble aussi complet de monuments de tous les genres ; et rien ne saurait donner une idée plus avantageuse de ce que pouvait être la magnificence des anciens que cette place publique d'une des plus petites villes de province.

La forme du forum est un parallélogramme très-allongé ; il est pavé, sur toute la surface, en dalles régulières et entouré d'un portique à deux étages. Des restes de piédestaux placés dans l'enceinte et en partie encore revêtus de marbre, portaient anciennement les statues des citoyens élevés au pouvoir ou honorés par leurs vertus ; on voit encore 16 de ces piédestaux d'une égale dimension, sans compter plusieurs autres destinés à des statues équestres ou à des quadriges.

Le mur de l'enceinte extérieure du forum se compose d'édifices publics, parmi lesquels se trouve, ainsi que l'exige Vitruve, celui dont nous allons parler, la Basilique.

Ce monument forme, comme le forum, un rectangle de 60 mètres de longueur sur 25 mètres de largeur ; la façade principale est établie sur le forum et les deux grands côtés sur des rues qui aboutissent sur la même place ; découvert en 1813, cet édifice reçut immédiatement le nom de Basilique, parce que ce nom là se trouvait tracé, avec une pointe, sur plusieurs endroits des murs extérieurs ; nous ajouterons même que quelques-uns de ces noms sont écrits *Bassilica*, ce qui tendrait à démontrer qu'euphoniquement la prononciation d'une S ou de deux était la même.

Les basiliques dont l'origine est purement grecque, comme l'indique assez l'étymologie du nom et qui, selon Tite-Live, ne furent connues à Rome qu'après la première guerre de Macédoine, étaient des salles magnifiques et spacieuses attenantes au forum et destinées à l'administration des affaires publiques et de la justice. Salluste, Justinien, Apulée, Procope, nous apprennent qu'en Grèce elles servaient à la fois de tribunaux, de lieux d'assemblée et de bourse, où se réunissaient les négociants pour traiter leurs affaires.

La première basilique fut construite à Rome, par P. Cato, l'an de Rome 570. L'édifice de ce nom, à Pompéi, existait vers l'an 676, comme il paraît résulter d'une inscription rapportée par M. Bonnucci, tracée sur les murs extérieurs de la Basilique, la voici:

C. PVMIDIVS. DIPILVS. HEIC. FVIT. AD. NONAS OCTOBRIIS
M. LEPID. Q. CATVL (1)

Les basiliques furent les monuments dont les premiers chrétiens se servirent pour faire des Églises, parce qu'ils n'avaient pas été consacrés aux faux dieux.

A l'entrée de la Basilique l'on trouva les fragments d'une statue équestre en bronze doré et divers piédestaux adossés aux piliers du vestibule qui formait l'entrée de la cella et dans lequel on pénétrait par cinq portes ouvertes sur le *forum* et précédées par quatre marches.

Pénétrons dans l'intérieur de cette vaste salle. Dans le pavé en marbre était taillé un caniveau au pourtour du sol intérieur, plus bas d'une marche que le portique dont nous allons parler. Cette disposition a fait supposer que notre édifice devait être classé parmi ceux auxquels Vitruve donne le nom d'*Hypéthres*, c'est-à-dire dont une partie

(1) C. Pumidius Dipylus fut ici le 5 octobre. M. Lépidus et Q. Catulus étant consuls (77 ans avant Jésus-Christ, époque de la mort de Sylla).

de la *cella* était à découvert, et qui avaient des portiques à l'intérieur (¹).

Ce portique existe en effet dans la Basilique de Pompéi ; il se compose de grandes colonnes cannelées d'ordre corinthien, revêtues en stuc qui forme les cannelures ; il y a douze colonnes dans la longueur et quatre sur la largeur, en comptant deux fois celles des angles ; les bases attiques sont en marbre ; à l'intérieur les murs d'enceinte étaient décorés de demi-colonnes également cannelées, d'ordre ionique, correspondant aux colonnes du portique, mais ne s'élevant qu'à une certaine hauteur, pour supporter une tribune destinée au public qui voulait assister à l'audience ; les grandes colonnes isolées s'élevaient, au contaire, jusqu'à la toiture afin de soutenir les poutres qui formaient le vaste *compluvium* de la Basilique.

Sur chacun des grands côtés il y avait une grande entrée qui aboutissait dans les rues latérales ; dans l'entre-colonnement qui est vis-à-vis l'une de ces portes, on voit une margelle *(Puteal)*, qui barre le passage du portique à la grande nef (²).

Du côté opposé à l'entrée s'élève un Tribunal *rectangulaire* de deux mètres de hauteur, décoré

---

(1) Combinaison théorique si compliquée, qu'il ne serait pas facile d'en trouver l'application rigoureuse dans aucun monument de l'antiquité (Mazois vol. III).

(2) Nous ferons remarquer ici que la position de ce *putéal* est rigoureusement la même qu'elle serait à la Maison-Carrée, si les puits qui existe dans ses souterrains étaient élevés jusqu'à la surface du sol intérieur.

de six petites colonnes corinthiennes cannelées en stuc ; c'était la place destinée aux magistrats. Sous ce Tribunal est établie une pièce voûtée assez basse, dans laquelle on descend par deux petits escaliers placés sur les côtés du Tribunal ; la voûte de ce caveau est percée, de chaque côté, d'un trou circulaire de quarante centimètres de diamètre, avec grilles en fer du côté du Tribunal. On suppose que ce caveau était une prison dans laquelle on amenait les prévenus, le jour de leur jugement public, et que des greffiers, *tabullarii*, placés à ces ouvertures, transcrivaient, chacun, les réponses aux demandes que les juges adressaient aux accusés (¹). Comme il n'existe aucun escalier pour monter à ce tribunal, on a supposé qu'il était en bois et mobile et qu'on l'enlevait dès que les magistrats étaient à leur place, afin que, pendant leurs délibérations, ils pussent rester inaccessibles à toute sollicitation.

En avant du Tribunal, on remarque un grand piédestal en marbre sur lequel les parties venaient jurer de dire la vérité ; c'est là qu'on déposait aussi la clepsydre qui mesurait le temps fixé à l'avocat pour son plaidoyer.

Dans les entre-colonnements du portique, on plaçait des piédestaux richement décorés, portant des inscriptions et des statues, derrière les-

---

(1) Une disposition semblable se remarquait encore de nos jours à la salle d'inquisition du Palais-des-Papes, à Avignon ; des réparations nouvelles ont fait disparaître ces douloureux souvenirs des siècles barbares.

quelles se retiraient les parties qui voulaient faire défaut (¹).

Voici quelques-unes des inscriptions gravées sur les piédestaux de la Basilique :

```
............................. EST
...................... RNAMENTA
     A. S. ET. MVNIFICENTIAM. EIVS
 ... O. SECVNDO. PATRI. ET
 ... I. C. OLIO.HERMAE. HER. EDIBVS
 ... MARCIAE. AVGE. ET. RVSTIAE
 ... AE. ET. OLIAE. SECVNDAE
    M. EX. TESTAMENTO
```

N° 2	N° 3
P. ISTALLIVS. AGATHO	V. POPIDIVS
MINISTER. D. D	EP. F. Q
IMP. CAESARE. IX	PORTICVS
M. SILANO. COS	FACIENDAS
VATVM. PALFENO	.... OERAVIT
P. VINICIO	
IVSSV	
M. POMPONI MARCELLI	
L. VALERI FLACCI D. V. ID	

Voici encore quelques-unes des inscriptions tracées par les passants sur les murs extérieurs de cet édifice ; plusieurs sont peu lisibles; toutes ont été tracées avec une pointe ou un pinceau, et, comme dit Mazois, ni l'orthographe, ni la morale ne gagneraient à ce qu'elles fussent déchiffrées :

NON EST EX ALBO IUDEX PATRE AEGYPTIO

---

(1) *Qui retro columnas aut statuas occultat videretur latitare (Digeste).*

DAMAS AVDI

SVAVIS VINARIA SITIT; ROGO VOS VALDE SITIT

LVCRIO ET SALVS HIC FVERVNT

OPPI IMBOLIARI, FVR, FVRENCVLE

Puis plusieurs inscriptions obscènes, sous lesquelles on a écrit : *Jus multum mittit Philocratis.* Philocrate a établi des peines très-sévères (contre de pareilles indécences.)

La disposition de la Basilique de Pompéi démontre, d'une manière évidente, que tous les monuments de cette espèce n'étaient point construits sur un plan uniforme ; que le tribunal n'avait pas toujours une forme demi-circulaire, comme dans la basilique de Tano, ainsi qu'on l'avait cru jusqu'ici, et que cet argument ne devait pas être opposé à l'opinion que nous avons émise sur la destination première de notre Maison-Carrée.

LE COLISÉE

S'il n'existe aucune donnée certaine sur l'âge des amphithéâtres qui restent encore, le Colisée n'offre à ce sujet aucune incertitude ; c'est ici le premier amphithéâtre en pierre qui ait été construit par les Romains ; ce fut Auguste qui en conçut la première idée, mais il n'eut pas le temps de la mettre à exécution.

Vespasien fit dresser le plan de cet immense édifice, et le plus grand amphithéâtre du monde s'éleva pendant le viii° consulat de ce prince. Une médaille frappée dans cette circonstance porte, à son revers, l'image du Colisée, avec cette légende :

IMP. CAES. VESPASIAN. AVG. COS. VIII. P. P. (1)

Ce monument n'était point encore terminé quand l'empereur mourut ; Titus, son successeur, eut la gloire de terminer l'œuvre de son père et d'en

---

(1) Le monument figure sur les médailles de Vespasien, Titus et Domitien.

faire la dédicace par des jeux extraordinaires, où un grand nombre d'animaux de toute espèce furent sacrifiés au plaisir de la population (1). Suétone, en parlant de Titus, dit : *Amphitheatro dedicato, thermisque celeriter extructis, munus dedit apparatissimum;* et comme assez généralement, chez les Romains, la construction d'un édifice est attribuée à celui qui en fait la dédicace, l'amphithéâtre Flavien fut considéré comme l'œuvre de Titus : *Et si fama et vulgus Tito magis adjudicavit, sive favore quodam in illum, sive potius ex romano ritu, quo receptum opera censeri a dedicante* (Juste-Lipse, 22.)

Ce monument fut établi tout près de la maison de Néron, sur un vaste étang appartenant à cet empereur.

Hic ubi conspicui venerabilis amphitheatri
  Erigitur moles, stagna Neronis erant. (Martial.)

D'après Suétone, cet étang était immense : *Stagnum maris instar circumseptum aedificiis ad urbium speciem.* Cette étendue faisait dire à Cassiodore : *Hoc Titi potentia principalis divitiarum profuso flumine, cogitavit aedificium fieri, ubi caput urbium potuisset.*

D'après Suétone (2) la dédicace du Colisée aurait eu lieu la dernière année du règne de Titus ; c'est

---

(1) D'après Dion, 900 animaux sauvages furent sacrifiés, et seulement 500, s'il faut en croire Eutrope.

(2) Vie de Titus, ch. VII.

également à la même époque qu'Eusèbe(¹) indique cette solennité.

Dion semble la rapporter à l'année qui a précédé la mort de Titus, puisque, après avoir décrit les jeux qui eurent lieu dans cette circonstance, il ajoute : *In sequenti anno, dedicatis iis quœ supra dicta sunt* (²).

Les historiens rapportent que, peu de temps après la dédicace de l'amphithéâtre Flavien, des vœux publics furent offerts, dans ce monument même, pour la santé de Titus, et que ce prince mourut quelque temps après cette cérémonie, dont une inscription a conservé la date; elle porte (³) :

III.NONAS.IANVARII
MAGISTER.C.IVNIVS.TADIVS.MEFITANVS.COLLEGI
FRATRVM ARVALIVM.NOMINE.VOTA.NVNCVPAVIT
PRO SALVTE.IMP.TITI.CAESARIS

« Le troisième jour des nones de janvier, Caïus
» Junius Tadius Mefitanus, au nom du collége des
» frères Arvales, a adressé des vœux pour la santé
» de l'empereur Titus César. »

Ces vœux eurent donc lieu au commencement de décembre, et l'empereur mourut le 13 septembre de l'année suivante.

Ne résulte-t-il pas de ces faits que l'inauguration de l'amphithéâtre Flavien a eu lieu sous Titus

(1) Chronique.
(2) Dion, Liv. LXVI, p. 757.
(3) Philippe Torri, *Dell' antichita d'Antio*, p. 97.

et non sous son successeur, comme le suppose M. Ampère?([1])

Martial, en parlant de Domitien, dit, il est vrai :

*Omnis Cæsareo cedat labor amphitheatro:
Unum pro cunctis fama loquatur opus.*

Mais il ne faut voir dans ces vers que cette flatterie constante dont toute l'œuvre de Martial est remplie en faveur de Domitien ; peut-être celle-ci lui avait-elle été adressée à propos de quelques réparations affectées au Colisée ([2]).

Ce monument a son grand axe, à peu près dans la direction de l'est à l'ouest, comme l'amphitéâtre de Nimes ; sa façade extérieure est conservée sur toute la moitié nord de l'ellipse ; mais il n'existe plus rien de la partie qui concerne les gradins et leurs dispositions particulières. Il n'entre pas dans notre plan de décrire ce que nous n'avons pas vu ; nous préférons renvoyer aux auteurs qui ont cru pouvoir traiter cette question ; on peut conclure, toutefois, de l'inscription suivante, trouvée dans la campagne de Rome, qu'il y avait au moins trois précinctions dans la disposion des gradins, et que ceux de la partie supérieure étaient en bois ; voici cette inscription :

(1) *Revue des Deux Mondes*, 13 février 1857, p. 766, Histoire Romaine à Rome.

(2) *Hoc Imperatore, nullæ operæ fabricatæ sunt, Atria VIII, Horrea, Operatoria, Amphitheatrum usque ad Clypea.* Tacite. (Ant. Morcelli *de Stilo Inscriptionum* VII, p. 199-200.)

LOCA. ADSIGNATA. IN. AMPHITHEATRO
L. AELIO. PLAVTIO. LAMIA. Q. PACTVMEIO
FRONTONE. COS
ACCEPTVM. AB. LABERIO. MAXIMO. PROCVRATORE
PAEF. ANNONAE
L. VENNVLEIO. APRONIANO. MAG. CVRATORE. THYRSO. L
FRATRIBVS. ARVALIBVS. MAENIANO. I. CVN. XII
GRADIB. MARM. VIII. GRADV. I. P. V
GRAD. VIII. PED. V⌾ L F. PED. XXXXIIS. GRADV. I. VNO
PED. XXIIS. ET. MAENIANO. SVMMO
II. CVN. VI. GRADIB. MARM. IV. GRADV. I. VNO
P. XXIIS. ET. MAENIANO. SVMMO
IN. LIGNEIS. TAB. LIII. GRADIBVS. XI
GRADV. I. PED. V. ⌾ ⌾ ⌾ GRAD. XI
PED. VS. ⌾ ⌾ S) F. PED. LXIIIS⌾ S &
SVMMA. PED. CXXVIIII ⌾ ⌾ SL

Loca adsignata in amphitheatro
Lucio Aelio Plautio Lamia, Quinto Pactumeio
Frontone Consulibus;
Acceptum ab Laberio Maximo, Procuratore
Præfecto Annonæ;
Lucio Vennuleio Aproniano Magutio, Curatore Thyrso. Liberto
Fratribus Arvalibus (1) *Maeniano primo cuneo duodecimo*
Gradibus marmoreis octo; gradu primo pedes quinque,
Gradu octavo pedes quinque quadrantem semunciam sicili-
| *cum faciunt pedes XXXXII semis gradu primo uno*
Pede XXII Semis; et Maeniano summo
Secundo cuneo, sexto, gradibus marmoreis quatuor; gradu
| *primo uno pede*
Faciunt pedes XXII semis; et Maeniano summo
In ligneis, tabulatione LIII gradibus undecim
Gradu primo pedes V, trientem et semumciam, gradu unde-
. | *cimo*
Pedes V deuncem, sicilicum, faciunt pedes LXIII deuncem
| *semunciam*
Summa pedes CXXIX, deunçem semunciam

(1) Les frères Arvales, que Pline appelle *Arvorum sacerdotes*, institués par Romulus, étaient au nombre de douze; ils célébraient des fêtes pour obtenir des récoltes abondantes.

Cette inscription démontre d'une manière évidente que si la disposition matérielle des gradins en précinction avait eu pour but la distinction des classes dans la société romaine, leur subdivision en *cunei* permettait d'établir, dans ces mêmes rangs, des catégories particulières indiquées par la loi réglementaire des places dans les jeux publics; ce fait est démontré par la disposition de l'amphithéâtre de Pompéi et bien mieux encore par celui de Nîmes.

Les colléges ou corporations auxquels un *cuneus* était affecté, l'occupaient tout entier, c'est-à-dire tous les gradins de ce *cuneus*; jusqu'à présent, dans les monuments qui existent, nous n'avons remarqué ces subdivisions que sur les *cunei* du *podium*; l'inscription ci-dessus prouve cependant que les frères Arvales occupaient un certain nombre de places sur trois précinctions différentes; serait-ce là une prérogative applicable seulement à cette corporation? ou bien y avait-il, dans chaque précinction, des *cunei* réservés? Cette dernière opinion nous paraît la plus vraisemblable, d'après certaines dispositions de l'amphithéâtre de Nîmes à cet égard.

Outre les dignitaires auxquels le peuple ou les magistrats accordaient l'honneur du *bisellium* et qui, pour cela, étaient appelés *bisellarii*, il y avait sur le *podium*, à chacune des extrémités du petit axe, une loge d'honneur destinée, l'une à l'empereur et l'autre aux vestales [1]. Sur la loge

---

[1] *Virginibus Vestalibus locum in theatro separatim et contra*

impériale, appelée *suggestum* ou *cubiculum*, il y avait une espèce de trône, richement décoré, entouré d'une grille ; cette loge, exclusivement destinée à l'empereur, lorsqu'il était présent([1]), ne se retrouve qu'à l'amphithéâtre de Nîmes. Pline, dans son panégyrique, loue beaucoup Trajan d'avoir refusé le *suggestum*, afin de jouir du spectacle, comme tout le monde, sans distinction.

Parmi les honneurs que le peuple romain rendit à Jules-César, fut celui de placer *Statuam inter reges et suggestum in orchestra*([2]).

Chez les Romains les places d'honneur étaient l'*orchestra* dans les théâtres, et le *podium* dans les amphithéâtres ; cette destination commune a fait supposer à quelques auteurs modernes([3]) qu'on pouvait appliquer indifféremment le nom d'*orchestra* ou de *podium*, lorsqu'il s'agissait des places de distinction, dans l'un ou l'autre de ces établissements([4]).

Cette erreur pourrait faire supposer que l'*orchestra* proprement dite comprenait quelques-uns des premiers gradins dans son enceinte, tandis qu'en réalité cette partie du théâtre n'était que

---

prætoris tribunal dedit. — Prudence dit également : *An quoniam podii in parte sedentes spectant.* (Cont. Symm. II. 1008.)

(1) Jules César se servit le premier d'un *suggestum*, fait comme un lit de table *(triclinium)* ; on lui donna, pour cette raison, le nom de *Pulvinar* ; ses successeurs s'en servirent toujours depuis au théâtre. (Mongès art. *Suggestum*.)

(2) Suet. *in Augusto*.

(3) Juste Lipse. — Mazzochi et plusieurs autres.

(4) Voyez Fontana ; Amphit. Flav., p. 95.

l'espace demi-circulaire circonscrit par le premier gradin du théâtre; en un mot, ce que, de nos jours, nous appelons le parterre; le nom d'*orchestra* vient de la destination que les Grecs lui avaient donnée dans le principe; aucun des anciens historiens n'a appliqué la qualification d'*orchestra* à une partie quelconque de l'amphithéâtre. Dion, pour exprimer l'amphithéâtre, le théâtre et le cirque (¹) se sert des expressions *theatro venatorio*, *orchestra* et *hippodromo*; saint Jean Chrysostome, dans son homélie 25, au peuple d'Antioche, dit aussi *hippodromo* et *orchestra*, pour désigner le cirque et le théâtre.

L'état de dégradation où se trouve aujourd'hui le Colisée rendra toujours fort incertaines toutes les restaurations qu'on proposerait de sa *cavea*. S'il faut en croire Publius Victor, il pouvait contenir 87,000 personnes assises; d'après Nilly, le *podium* avait 24 gradins, la seconde précinction 16, et la troisième avait ses gradins, dont il n'indique pas le nombre, en marbre et en bois(²).

(1) Dion, *in Nerone*.
(2) *Sopra il podio comenciavano le gradinate per gli spettatori; le porte che vi davano l'ingresso chiamavansi vomitorj, perche, da esse, la multitudine del popolo pareva esser vomita. Le suddette gradinate erano divise in questo anfiteatro in tre ordini anticamente detti Meniani o precinzioni; il primo dei quali era di ventiquatro gradini; il secondo di sedeci ed ambedue erano di marmo. Il terzo, nella maggior parte in origine di legno, fu ristaurato da Eliogabalo et da Alessandro Severo.* (Nibby, *Itinerario di Roma, seconda giornata*).

D'après le *Moniteur* du 4 janvier 1844, l'architecte du Colisée s'appelait : Gaudentius (feuilleton de Mary Lafon).

Voyez Mémoire de l'Académie des inscriptions. Vol. 28 p. 585 relatif à la ruine du Colisée.

Comme dans tous les amphithéâtres, le plan du Colisée forme une ellipse dont le grand axe extérieur est de 187^m,770, et le petit axe de 155^m,638. Une ellipse intérieure tracée sur les mêmes axes forme l'arène proprement dite; le grand axe de cette dernière est de 76^m,122 et le petit axe de 45^m,831, d'où il résulte que l'épaisseur des constructions serait d'environ 51 mètres.

Quatre corridors sont établis dans cette épaisseur parallèlement à ces courbes et disposés de manière à distribuer, par divers escaliers, les parties supérieures du monument.

La façade, établie sur la courbe extérieure, se compose de trois étages percés, chacun, de quatre-vingts arcades séparées entre elles par une colonne engagée, d'ordre dorique au rez-de-chaussée, d'ordre ionique au premier étage, et d'ordre corinthien au troisième, avec leur entablement respectif; la hauteur de chacun d'eux est de 12^m,20.

Ces trois étages sont surmontés d'un attique d'une espèce toute particulière, dont la description exigerait de longs détails, que la vue du monument explique immédiatement. La hauteur de cet attique est de 15^m,40; il est décoré de pilastres composites à l'aplomb des colonnes engagées; des fenêtres rectangulaires surmontées de trois corbeaux en saillie sont disposées, de la manière suivante, entre ces pilastres : elles sont alternativement grandes et petites et à des hauteurs différentes; ces dernières sont percées dans le soubassement des pilastres, et les plus grandes, au milieu des cadres dont ces pilastres forment les côtés. Ces fenêtres servaient probablement à éclairer des galeries intérieures dont il n'existe plus que des traces, et les trois corbeaux qui les surmontent étaient destinés à supporter des pieux pour le service du *velarium* dont on couvrait la *cavea* pendant le spectacle. L'entablement qui couronne ce dernier ordre est fort simple et tout particulier à cet édifice dont il semble former la corniche.

Il résulte des hauteurs que nous venons d'indiquer que la façade du Colisée a 52 mètres d'élévation, c'est-à-dire 8 mètres de plus que deux fois la hauteur des Arènes de Nîmes.

Voici quelle est la mesure des colonnes corinthiennes du Colisée :

» On donne à ces colonnes, dans le haut : $0^m,830$ mil.
   —   —   dans le bas : $0^m,870$ »
» Et, par conséquent, au milieu : $0^m,850$ »
» Quant à leur hauteur, elle est égale à... $7^m,860$ mil.

» En traduisant ces mesures en pieds romains de $0^m,296$ l'un, on trouve :

» Diam^e supér., 2^p, 3^p, 1^d, = $0^m,832^m,5^m$, au lieu de $0^m,830$
» Diam^e moyen, 2^p, 3^p, 2^d, = $0^m,851^m$,   — $0^m,850$
» Diam^e infér., 2^p, 3^p, 3^d, = $0^m,869^m,5^m$, — $0^m,870$
» Hauteur de la colonne 26^p, 2^p, = $7^m,844^m$,   — $7^m,860$

» Après cela, comment ne pas voir qu'il serait

» impossible d'accepter pour module, dans un pa-
» reil monument, une longueur telle que $2^p, 3^p, 3^d$?
» Comment refuser de reconnaître surtout que
» onze fois $2^p, 3^p, 2^d$, correspondent exactement
» et en théorie à $26^p, 1^p, 1^d$, mais en pratique,
» à $26^p, 2^p$, d'où il suit d'abord que le module se
» trouve, encore une fois, sur le diamètre moyen,
» et, en second lieu, que la hauteur des colon-
» nes est égale à 22 modules ou 11 diamètres
» moyens. (¹) »

L'entablement de ce second ordre a de hauteur .... $2^m,116$
La hauteur de ses arcs est de........ $6^m,617$
Et leur largeur est de.............. $4^m,411$

Voici les dimensions de l'ordre dorique qui forme le rez-de-chaussée du monument:

La colonne a à sa partie supérieure... $0^m,817$
— à sa base, diamètre..... $0^m,885$
La hauteur totale de la colonne....... $8^m,451$
Son entablement .... $1^m,982$
La hauteur de ses arcs.............. $7^m,286$
Leur largeur...................... $4^m,411$

Le quatrième ordre qui couronne l'édifice a
Pour la hauteur du socle du pilastre.. $0^m,849$
— — de sa base........... $0^m,579$
— — du chapiteau .... $1^m,034$
— — du pilastre .... $6^m,866$

Les arceaux du rez-de-chaussée sont numérotés,

---

(1) Nouvelle théorie du module, par M. Aurès, Nimes, 1862, page 53.

sauf celui qui se trouve au nord, à l'extrémité du petit axe, entre ceux qui portent les n°ˢ XXXVIII et XXXVIIII ; cet arceau faisait face au palais de Titus, auquel il se rattachait, en quelque sorte, par un portique dont on voit les arrachements et le pavé ; on dit que les colonnes de ce portique étaient en porphyre. Les matériaux du Colisée sont en travertin. *(Lapis tiburtinis)*.

Ce qui prouve qu'il y avait encore beaucoup de bois dans ce premier amphithéâtre en pierre, c'est qu'il fut gravement endommagé par un incendie, qui eut lieu sous Antonin-le-Pieux ; le même accident arriva sous Macrin, l'an 217, et le dommage fut réparé par Septime-Sévère. Des fouilles faites sous l'arène, par les Français, en 1812, mirent à découvert de vastes souterrains, dans lesquels on trouva des colonnes, des corniches et des inscriptions, l'une desquelles nous apprend que l'an 439 de l'ère chrétienne, les siéges du *Podium* et quelques-uns des arceaux de l'édifice furent réparés par *Lampridius*, préfet de Rome.

Les Goths en commencèrent la destruction ; il fut aussi fort maltraité par la guerre civile du xɪvᵉ siècle, pendant laquelle ce monument fut considéré comme une carrière, dans laquelle les divers partis allaient chercher des matériaux pour se fortifier. Néanmoins, en 1534, il existait presque en entier ; mais, à cette époque, le pape *Paul II* fit enlever une quantité de pierres qu'il employa à la construction du pont de *Ripetta*, de la *Chancellerie*, des palais de *Farnèse* et de *Venise*, puis à la *Basilique de Saint-Pierre*.

S'il existe encore aujourd'hui, de la façade du Colisée, trente-six arceaux encore debout sur toute sa hauteur du côté du nord, c'est que Clément X, en 1675, avait déjà fait quelques réparations indiquées par une inscription qui existe sur l'entrée principale du levant, et que Pie VII, sous le pontificat duquel furent exécutés tant de travaux de consolidation des monuments antiques, fit élever cet appui gigantesque qui sert d'arc-boutant à la façade du Colisée du côté du mont *Cælius*.

La croix de bois est bien à sa place dans une enceinte où les chrétiens ont été si souvent déchirés; mais nous n'en saurions dire autant de ces niches colonnées et frontonées qui entourent l'Arène, sur l'une desquelles on lit: *Baciando la croce si acquista un anno e* XL *giorni d'indulgenza!*

LE PANTHÉON DE ROME

Les monuments les mieux conservés de l'antiquité romaine sont, sans contredit, le Panthéon de Rome, le Théâtre d'Orange, la Maison-Carrée et le Pont-du-Gard à Nimes. Dans le premier, qui est le plus ancien, l'art ne se montre plus revêtu des importations grecques ; sa forme circulaire, sa voûte sphérique, la richesse de ses ornements, l'élégance de leurs dessins et le luxe des matériaux employés à sa construction, granits, marbres, porphyres et bronzes dorés, font de cette rotonde un édifice vraiment romain ; c'est dans ses murs épais, construits en briques, que l'on remarque, pour la première fois, des arcades intérieures destinées à consolider la bâtisse et surtout à en alléger le poids sur les vides intérieurs qui, sans cette disposition, aurait écrasé les colonnes isolées dont leur ouverture était décorée.

Ce n'est plus la pureté de l'art grec; il est ici

dénaturé par des ornements presque ridicules, tels que les deux frontons superposés de la façade et les sculptures latérales que rien ne motive; à l'intérieur, par une profusion de colonnes et d'entablements inutiles qui corrompent la beauté de l'ensemble. Mais c'est là l'art romain qui cherche à se créer un caractère particulier et qui n'a pas encore acquis la perfection des progrès accomplis peu de temps après.

On a émis des doutes qui paraissent fondés sur la destination religieuse de cet édifice (1) ; ils ont été corroborés plus taid par des fouilles exécutées sur le côté opposé à l'entrée, qui ont mis à découvert de vastes ruines reconnues pour avoir fait partie des anciens Thermes d'Agrippa, dont l'édifice actuel n'aurait été qu'une des salles et peut-être même le vestibule (2).

D'après l'inscription que porte sa façade :

M. AGRIPPA L. F. COS. TERTIVM FECIT

il aurait été érigé par Marcus Agrippa, gendre d'Auguste, pendant son troisième consulat, environ 26 ans avant notre ère, et dédié, selon quelques historiens, à Mars, à Jupiter Vengeur et à Cybèle, en mémoire de la victoire remportée par Auguste contre Marc-Antoine et Cléopâtre. La consécration à Cybèle, mère de tous les dieux, a bien pu être la source du nom de Panthéon qu'on a donné à ce monument.

(1) Desgodetz ; *Edifices antiques de Rome*, p. 3.
(2) *Mariano Vasi Romano*; *itenerario di Roma*, p. 329.

Le péristyle ayant été détruit par la foudre, fut refait par les empereurs Sévère et Antonin Caracalla, ainsi que l'indiquent les inscriptions qui sont sur les faces de l'architrave, où on lit, en petits caractères, sur la bande supérieure : *Imp. Caes. Septimus Severus Pius. Pertinax Arabicus Particus Maximus. Pont. Max. Trib. Pot. XI. Cos. III. PP Procos.*

Et sur la bande du milieu :

Et Imp. Caes. M. Aurelius Antoninus Pius Felix Aug. Trib. Potest V. Cos. Procos. Pantheum Vetustate corruptum.

Cum omni cultu restituerunt.

Il est démontré pour nous que le péristyle actuel du Temple est l'œuvre de ces deux empereurs, qui ont cru embellir le monument en le restaurant à leur manière, pour lui donner peut-être aussi une destination qu'il n'avait pas dans le principe.

Par ce péristyle parasite, ils ont changé le caractère du monument ; on dirait même qu'ils ont tenu à constater cette espèce de superfétation, en laissant exister le fronton de l'ancienne façade, avec laquelle les nouvelles constructions n'ont aucune adhérence, ni aucun rapport dans leur architecture. Dans l'édifice ancien, les pilastres, en plusieurs pièces, sont en marbre blanc et cannelés, dans le nouveau péristyle, les colonnes monolithes sont en granit gris et unies ; sans être architecte on peut facilement reconnaître, par les proportions des deux frontons, quel est celui dans l'exécution duquel l'artiste s'est inspiré de l'art grec, et celui qui en indique la décadence.

Dans l'année 608, sous l'empereur Phocas, le pape Boniface IV dédia le Panthéon, sous le nom de la Sainte-Vierge et de tous les saint martyrs. Grégoire IV le dédia à tous les saints en 830.

En 1627, le pape Urbain VIII fit replacer deux colonnes et refaire deux chapiteaux qui manquaient au péristyle ; il fit enlever des terres qui cachaient les bases des colonnes et découvrir les deux marches supérieures des sept par lesquelles on montait jadis pour arriver au sol du Temple ; il fit aussi enlever les bronzes dorés qui décoraient la voûte du monument, pour en orner le baldaquin de l'église Saint-Pierre, et faire quelques canons pour le château Saint-Ange ; ce fait est constaté par les deux inscriptions suivantes qui se lisent à droite et à gauche de la porte du Temple, auquel il ajouta deux campanilles :

Pantheum ædificium toto terrarum orbe celeberrimum, ab Agrippa, Augusti genero, impie Jovi cæterisque mendacibus Diis consecratum, a Bonifacio IV. Pontifice, Deiparæ et sanctis Christi Martyribus pie dicatum, Urbanus VIII. Pont. Max. binis ad campani æris usum turribus exornavit et bona contignatione munivit.

An. Dom. 1632. Pont. IX.

Et de l'autre côté de la porte on lit :

Urbanus VIII. Pont. Max., vetustas ahenei lacunaris reliquias in Vaticanas columnas et bellica tormenta conflavit,

ut decora inutilia, et ipsi propè famæ ignota, fierent in Vaticano templo apostolici Sepulcri ornamenta, in Hadriana arce instrumenta publicæ securitatis.
An. Dom. 1632. Pontif. IX.

La forme circulaire du Panthéon a fait substituer le nom moderne de *Rotonde* à son ancienne dénomination. Le temple ne reçoit la lumière que par une ouverture circulaire pratiquée au milieu de sa voûte, d'un diamètre de 6^m,500.

En 1667, Alexandre VII fit des réparations importantes au monument.

En 1758, Benoît XIV fit repolir les colonnes du péristyle et réparer la voûte du temple, qui menaçait ruines.

Cette église possédait jadis une confrérie composée d'architectes, de peintres, de sculpteurs et d'autres personnes célèbres dans les arts; aussi voyait-on dans son sanctuaire une infinité de bustes et d'inscriptions, qui furent transportés, en 1821, au Capitole; on ne laissa dans le Panthéon que les inscriptions à la mémoire de *Raphaël* et d'*Annibal Carrache*, qu'on voit à côté de l'autel de la *Madona del Sasso* de *Lorenzino*, exécutée par ordre de Raphaël lui-même. Sous le buste de ce dernier, on lit le distique suivant, composé par le cardinal Bembo :

*Ille hic est Raphael, timuit quo sospite vinci
Rerum magna parens, et moriente mori.*

Revenons au temple antique. Sa forme est parfaitement circulaire; il a, à l'intérieur, 42^m,848 de diamètre, sans y comprendre le mur en briques dont il est entouré, qui a une épaisseur de 6^m,210, ce qui donne à la circonférence extérieure 55^m,268 de diamètre.

La cella est précédée d'un péristyle rectangulaire, dans la construction duquel nous remarquons, ainsi que nous l'avons déjà dit, deux façades bien distinctes. La plus ancienne se terminait à l'aplomb du fronton postérieur; elle présentait une grande entrée rectangulaire de 11^m,694, flanquée de deux grandes niches demi-circulaires de 5^m,791 de diamètre, séparées par quatre pilastres d'ordre corinthien en marbre blanc cannelés.

La partie du péristyle qui, selon nous, aurait été ajoutée, l'an 202 de notre ère, forme un rectangle de 33^m,119 de longueur sur 13^m,460 de largeur; il est soutenu par seize colonnes d'ordre corinthien, isolées, unies, en granit oriental gris. Le monument est octostyle, avec deux colonnes en retour de chaque côté, et deux autres à l'alignement de chacun des pieds-droits de la porte d'entrée du temple. La hauteur totale de ces colonnes, en y comprenant la base et les chapiteaux, qui sont en marbre blanc, est de 14^m,942, leur diamètre inférieur de 1^m,488 et de 1^m,598 à la partie supérieure; l'entablement a 3^m,247 de hauteur, et le tympan 3^m,247, non compris la corniche qui le couronne. On arrivait jadis au sol du péristyle par sept marches, dont cinq sont aujourd'hui enfouies sous le sol de la place.

Le tympan était décoré de bas-reliefs en bronze

doré dont il ne reste que les trous des crampons qui servaient à les fixer.

On croit que le tombeau en porphyre que l'on voit sous le péristyle, dans l'une des niches, était celui d'Agrippa.

Nous avons dit que le plan de la cella était circulaire; dans l'épaisseur de son mur d'enceinte on a établi sept grandes niches; trois sur chacun des côtés et une vis-à-vis l'entrée principale; les trois qui sont sur les axes sont demi-circulaires; les quatre autres sont presque rectangulaires; chacune de ces niches, sauf celle qui est vis-à-vis l'entrée, est décorée de deux colonnes isolées qui soutiennent l'entablement circulaire, et de deux pilastres angulaires d'ordre corinthien.

La niche du milieu est bien aussi décorée de deux colonnes en marbre, mais au lieu d'être disposées comme dans les autres, de manière à former trois divisions, ces colonnes sont placées sur les côtés, parce que, au-dessus de cette niche, comme au-dessus de la porte d'entrée, l'entablement ne continue pas; il est coupé par une grande arcade qui s'élève fort au-dessus; on pense généralement que, dans le principe, cette niche centrale n'était qu'un grand passage de communication avec les Thermes d'Agrippa, et qu'elle n'existe, comme niche, que depuis que le temple a été consacré à Dieu. Ce qui vient à l'appui de cette opinion, c'est qu'au lieu d'être simplement cannelées en rudens, comme celles des six autres niches, les colonnes sont rudentées d'une manière différente, et que l'entablement qu'elles supportent et, qui continue sur le mur demi-circulaire de la niche, n'a pas ses moulures semblables aux restes de celui qui existe sur la circonférence du temple.

Sur les douze colonnes isolées qui sont sur le devant des six niches latérales, huit sont en marbre violacé et les quatre autres en jaune antique; elles sont d'une seule pièce et leur hauteur est de $10^m,540$, en y comprenant la base et le chapiteau, ou $13^m,044$ avec leur entablement, qui est en marbre blanc, ainsi que les bases et chapiteaux.

Entre chacune des niches dont nous venons de parler, il y a une espèce d'autel faisant saillie, décoré d'un fronton soutenu par deux petites colonnes isolées, ayant un pilastre derrière elles; quatre de ces autels ont leurs colonnes cannelées, en marbre jaune antique; deux unies en porphyre et les deux autres pareillement unies en granit; les murs, ainsi que le pavé, sont plaqués en marbres de couleurs variées. Une grande quantité d'ornements, qu'on voyait autrefois dans le Panthéon, fut enlevée par l'empereur Constantin II, neveu d'Héraclius, qui les fit transporter, en Sicile, l'an 663.

L'espèce d'attique qui couronne cet ordre inférieur a $9^m,095$ de hauteur; il se compose d'un piédestal continu qui en forme le soubassement; là s'élèvent des pilastres supportant un entablement complet, ce qui fait de cette partie une espèce de second ordre. Outre les pilastres, cet attique est décoré de quatorze fenêtres rectangulaires avec cadre et corniche ; ces fenêtres sont placées au-dessus des niches et des petits autels ; celles qui sont sur ces derniers, sont murées après la largeur de leur cadre ; les autres étaient ouvertes dans le but d'éclairer, d'un jour mystérieux, les statues placées dans les six niches qui sont disposées à cet effet.

La voûte a vingt-huit demi-fuseaux, coupés par quatre bandes horizontales, de manière à former, sur chacun, cinq rangs de caissons, décorés jadis de bronzes dorés, qui ornent aujourd'hui le baldaquin de l'église Saint-Pierre.

Dans le soubassement de l'attique on lit, en gros caractères, du côté droit :

LAVS EIVS IN ECLESIA SANCTORUM

Et du côté gauche :

LAVDATE DOMINVM IN SANCTIS EIVS

L'astragale du haut des colonnes règne tout autour du temple et dans les chapelles.

Tout le corps du temple est construit en briques ; l'incrustation était en stuc ou en marbre ; dans l'épaisseur du mur, il y a des espaces vides en forme de chambrettes voûtées en niches ; il y en a trois l'une sur l'autre ; elles n'ont été établies que pour soulager la pesanteur des murs ; on entre par le dehors dans celles qui sont au rez-de-chaussée ; celles d'en haut ont leur entrée sur la corniche supérieure du dehors.

L'extérieur du temple, dont le stuc ou le placage en marbre n'existe plus, est ceint de trois corniches les unes sur les autres ; la seconde est plus grande que la première, et celle qui forme le couronnement est encore plus grande ; la plus basse de ces corniches est établie à 13^m,110 du sol ; la seconde à 23^m,549, et celle qui couronne l'édifice à 32^m,802. Toutes ces hauteurs sont prises aux extrémités des corniches.

La voûte est recouverte en plomb.

Voici les dimensions des colonnes du Panthéon, telles que M. Léonce Reynaud les donne dans son traité d'architecture :

Diamètre inférieur	1^m,460
Diamètre supérieur	1^m,291
Et, par conséquent, diamètre moyen.	1^m,375,5
Hauteur	14^m,189

Hauteur qui correspond incontestablement à 48 pieds romains de 0^m,296 l'un, soit 14^m,208.

« Quant aux dimensions horizontales des colon-
» nes, elles ne peuvent être traduites en mesures
» antiques que de la manière suivante :

Diamètre inférieur	4^P, 3^p, 3^d,	= 1^m,4615	au lieu de	1^m,460
Diamètre supér.	4^P, 1^p, 1^d,	= 1^m,2765	—	1^m,291
Diamètre moyen	4^P, 2^p, 2^d,	= 1^m,3690	—	1^m,3755

» Et, comme dix fois et 1/2 4^P, 2^p, 2^d, donnent
» 48^P, 2^p, 1^d, et que la colonne, pour une pareille
» dimension, ne peut être réglée qu'en nombre
» rond de pieds, nous croyons qu'il faut consi-
» dérer la hauteur de 48 pieds comme déduite du

» diamètre moyen, plutôt que de celui de la base
» qui ne donnerait que 46ᵖ, 1ᵖ, 2ᵈ, beaucoup trop
» éloignée de la hauteur réelle » (¹).

(1) *Nouvelle Théorie du Module,* par M. Aurès, 1862, p. 53.

COLONNE TRAJANE ET FORUM A ROME

C'est ici l'un des monuments les plus remarquables de la magnificence romaine ; après dix-huit siècles d'existence, ce monument est encore d'une conservation parfaite.

Cette colonne est couverte, sur toute sa hauteur, de bas-reliefs représentant les victoires que remporta sur *Décébale*, roi des *Daces*, l'empereur *Trajan*, dans sa première et dans sa seconde expédition contre ces peuples, l'an 101 de l'ère chrétienne.

Cet admirable trophée, que Trajan avait fait élever lui-même, au milieu de son Forum et qu'il ne vit pas terminer, fut dédié à ce prince par le Sénat et le peuple romain, comme l'indique l'inscription suivante, gravée au-dessus de la porte ouverte sur le piédestal du monument ; on y lit :

SENATVS. POPVLVSQVE. ROMANVS
IMP. CAESARI. DIVI. NERVAE. F. NERVAE
TRAIANO. AVG. GERM. DACICO. PONTIF.
MAXIMO. TRIB. POT. XVII. IMP. VI. COS. VI. P. P
AD. DECLARANDVM. QVANTAE. ALTITVDINIS
MONS. ET. LOCVS. TANTIS. RVDERIBVS. SIT. EGESTVS

« Cette inscription nous apprend que, pour
» créer son Forum et sa Basilique, Trajan supprima
» une colline qui unissait le Capitole au Quirinal,
» et il voulut que la colonne qu'il élevait indi-
» quât par sa hauteur l'abaissement du sol, qui
» était de 100 pieds. La Colonne Trajane a juste
» cent pieds romains ([1]). C'est un gigantesque éta-
» lon métrique. On s'en est servi pour déterminer
» avec précision le mille romain, et, par là, on a
» retrouvé des localités voisines de Rome dont la
» distance était indiquée par les auteurs. Les iné-
» galités naturelles aplanies, une destination utile
» unie à la perfection des matériaux et à la beauté
» de l'art, on conviendra que tout cela est bien
» romain.

» La Colonne et la Basilique Trajanes, le Forum
» Trajan furent l'œuvre d'un architecte grec,
» nommé Apollodore. On reconnaît la perfection
» de l'art grec dans la construction de la Colonne
» et dans la manière dont se joignent les tambours
» de marbre superposés, à l'intérieur desquels
» est taillé l'escalier. L'idée première du monu-
» ment est peut-être grecque, comme l'architecte ;
» celui-ci peut l'avoir empruntée à une colonne qui
» portait à Alexandrie le nom de *Paneion ;* mais le
» Paneion servait seulement à voir ce qui se pas-
» sait dans la ville ; nulle pensée guerrière et

---

[1] « Suivant l'étalon qui est au Capitole, d'après lequel nous
» donnerons les mesures de la Colonne Trajane, cet étalon corres-
» pond à 0^{m}29480. »

» triomphale ne s'y joignait, et c'est là ce qui fait
» si romain le monument d'Apollodore (¹). »

Trajan devait mourir en Cilicie, sans voir l'œuvre de son Forum terminée ; sa cendre seule devait y rentrer, pour aller prendre sa place sous la Colonne à la fois triomphale et sépulcrale qu'il s'était bâtie.

« La Colonne Trajane a donné le premier exemple et a été le type, plusieurs fois reproduit, des colonnes triomphales, de la Colonne Antonine, à Rome, de celle de la place Vendôme, à Paris. L'idée de ce monument est pleine de grandeur. D'un soubassement, sur lequel sont figurés des trophées, s'élance une colonne en marbre autour de laquelle s'enroulent des bas-reliefs représentant les principaux événements des guerres de Trajan, dans la vallée du Danube, et cette suite de bas-reliefs historiques vient aboutir au sommet de la colonne, où était placée la statue impériale. On peut juger de l'effet majestueux que produisait cette statue, par celle de Saint-Pierre, que Sixte V a fait mettre à sa place. Les 23 tours, que forme la spirale continue des bas-reliefs, montaient vers l'empereur victorieux, comme l'hommage du monde, et venaient mourir à ses pieds. Les bas-reliefs de la Colonne Trajane sont comme divers chapitres de la vie militaire du successeur de *Nerva*, qui semblent un grand livre roulé à la manière antique, *volumen*, et contiennent comme un récit monumental

---

(1) J.-J. Ampère : *Histoire romaine à Rome*.

de ses conquêtes, dans un pays que les armes françaises ont récemment visité, quand elles ont rencontré, vers la *Dobrouscha, le mur de Trajan* (¹). »

Vingt-quatre tableaux sculptés, ajoute M. J.-J. Ampère, forment comme une épopée historique en vingt-quatre chants; ils ont été gravés et dessinés avec beaucoup d'exactitude, en 1650, par *Pietro Pauli Bartoli*, et le sujet de chacun a été, pour l'antiquaire *Alphonse Ciaccone*, l'objet d'une savante interprétation latine.

Nous avions bien l'intention de reproduire sur notre modèle les bas-reliefs qui font l'objet de cette épopée; mais, fatigués sans doute par la clarté de plus de quinze lustres, nos yeux nous font défaut, et, dans l'intérêt de leur conservation, nous nous sommes arrêtés après trois tours de la spirale historique. Notre travail à ce sujet sera avantageusement remplacé par la traduction si claire et si concise que fait M. J.-J. Ampère du poëme tracé sur la Colonne Trajane par le ciseau d'Apollodore.

« Les vingt-quatre chants qui le composent racontent, ou plutôt font voir, d'abord le passage d'un fleuve; puis les romains abattant les arbres d'une forêt pour les besoins de l'armée et pour prévenir les embûches de l'ennemi. Vient ensuite une ambassade des Daces: les ambassadeurs portent la toge, car déjà les mœurs romaines avaient

---

(1) J.-J. Ampère: *Histoire romaine à Rome.*

pénétré chez ces peuples, par cette infiltration rapide dont on voit tant de preuves dans l'histoire, depuis Marbode, qui voulait introduire chez les Germains la discipline des conquérants et un simulacre de l'empire, jusqu'au Goth Théodoric qui devait se faire le continuateur et le restaurateur de la civilisation et de la culture latines : mais les propositions des barbares n'ont pas été acceptées, car ils égorgent leur bétail et combattent. Trajan, après une première victoire, fait respecter les femmes et les enfants. Les Daces, que leur revers n'a point intimidés, osent attaquer les Romains dans leur camp fortifié. Deux espions viennent raconter ce qu'ils ont vu. On passe un second fleuve. Un soldat romain amène un paysan, les mains liées derrière le dos, pour avoir des renseignements sur les forces ennemies et pour le faire servir lui-même d'espion. Une grande bataille est livrée. Nouveau passage de fleuve, nouvelle ambassade. Deux têtes sont portées sur deux piques, des têtes d'espions ou de traîtres. Peut-être est-ce une allusion à ce Dace qui fut envoyé pour assassiner Trajan et dont il n'est fait mention que dans l'abréviateur Zonaras. Les soldats romains irrités brûlent les maisons des Daces; ils font le camp; ils en sont sortis et on les voit attaquer l'ennemi dans ses retranchements. On reconnaît, parmi eux, des alliés barbares à leurs pantalons pareils à ceux que portent les statues de Daces prisonniers dont je parlerai bientôt. Cette fois, les Romains ont rencontré une ville à laquelle ils donnent l'assaut et dont la résistance est représentée avec une grande énergie. Un roi Dace a été pris ; il est aux pieds de Trajan ; mais ses sujets ne se rendent pas pour cela et ils brûlent leur ville. Quelques-uns semblent prendre du poison. Le blé que les romains ont pu sauver est apporté dans le camp. Trajan fait à ses soldats la distribution de vivres appelée *congiaire*.

» Après cet avantage, les romains coupent des arbres et se fortifient de nouveau ; ils radoubent leurs bâtiments pour pénétrer plus avant, ou se ménager une retraite par le fleuve ; l'ennemi fait un dernier effort et vient encore une fois les attaquer dans leur camp : il est repoussé. Découragés enfin, les chefs apportent des présents et demandent la paix, tandis que la cavalerie romaine poursuit les fuyards dispersés dans la forêt. La tête du roi Décébale est montrée aux soldats dans le camp, comme elle sera bientôt montrée dans le Forum romain. Enfin, une dernière scène vive et pathétique, représente les barbares se retirant devant le vainqueur et entraînant leurs troupeaux dans une région de montagnes, comme l'indique un torrent, loin des lieux habités ; on en est averti par la présence de diverses bêtes sauvages. Un homme et une femme qui fuient se retournent ; ils regardent sans doute une dernière fois du côté où étaient leur village détruit, leur maison brûlée, leur pays envahi et asservi ; c'est ainsi que les derniers Musulmans exilés de Grenade, se retournaient pour contempler la riante Vega, de ce point qu'ils appellent encore aujourd'hui *Soupir du Maure*.

» Les bas-reliefs narratifs de la Colonne Trajane nous donnent le spectacle d'une expédition romaine et nous font faire, pour ainsi dire, cette campagne avec Trajan. Nous voyons comment on jetait sur un fleuve un pont de bateaux liés deux à deux; comment on palissadait le camp avec des planches taillées en pointe; comment on s'avançait à l'assaut, en faisant la tortue, c'est-à-dire chaque soldat se couvrant de son bouclier, de manière que tous les boucliers rapprochés, formassent un toit qui protégeait les assaillants contre les projectiles de l'ennemi ; on pousse contre une muraille un bélier qui a vraiment une tête de bélier ; des balistes, placées sur des chars, lancent des traits; c'est une véritable artillerie à cheval. Les anciens lançaient aussi des globes de feu, dont la nature n'est pas très-bien connue, et des balles de plomb, au moyen des frondes. Les frondeurs étaient de vrais tirailleurs. On exagère donc un peu, sans parler des flèches et des javelots, quand on dit que, dans l'antiquité, on se battait toujours corps à corps; ce qui est vrai, c'est que l'arme blanche était l'arme importante et décisive, et que le reste était accessoire. Enfin, les sculptures de la Colonne Trajane sont elles-mêmes une expression puissante de l'énergie guerrière ranimée dans l'empire par l'exemple d'un prince vraiment guerrier. Ce n'est point l'exquise pureté des cavaliers du Parthénon, mais c'est la vigueur et la sévérité de l'art romain ([1]). »

Nous terminons cet article en donnant les mesures de la Colonne Trajane prises au pied romain antique par J.-J. de Rossi, architecte, d'après l'étalon gravé sur marbre au Capitole, divisé en 12 onces et l'once 5 minutes; ce pied romain antique correspond à $0^m,2962$ du mètre français.

Le monument se compose de 34 blocs de marbre; la base en a 8, le tore 1, le fût de la colonne 25, le chapiteau 1, le piédestal supérieur 1.

		Pieds	Onces	
	Piédestal			
	Socle du piédestal......	2	1	
	Base..................	2	4	
	Dé	10	3	18^p
	Corniche.............	1	1	
Mesures verticales	Scotie	2	3	
	Colonne			
	Plinthe et base.........	5	6	
	Fût et astragale	90	6	100^p
	Chapiteau	4		
	Dessus			
	Piédestal supérieur.....	8	6	
	Base de la statue.......	8		$29^p\ 6^o$
	Statue de saint Pierre...	13		

[1] J.-J. Ampère. *Histoire Romaine à Rome.*

		Pieds	Onces	Minutes
Mesures horizontales	Plinthe du piédestal inférieur..............	21	»	»
	Base.................	20	8	2
	Dé	18	4	2
	Tore de la colonne.....	17	»	»
	Colonne à sa base......	12	1	2 1/2
	Marches intérieures.....	2	6	»
	Epaisseur de la colonne.	2	»	4
	Chandelle centrale......	3	»	»
	Haut de la colonne sous l'astragale...........	10	6	»
	Piédestal supérieur.....	9	1	2 1/2
	Tailloir du chapiteau....	14	3	»

THÉATRE DE MARCELLUS A ROME

D'après Pline et d'autres auteurs (1), Auguste fut dans l'usage d'attribuer à ses proches quelques-uns des monuments qu'il fit construire ; c'est de là que dérivèrent les noms des portiques de Caïus et de Lucius, de Livie, d'Octavie, du Théâtre de Marcellus, et peut-être doit-on en dire autant du Panthéon d'Agrippa. Le Théâtre de Marcellus n'a maintenant que deux ordres d'architecture ; quelques auteurs prétendent que les sénateurs voulurent ajouter deux autres ordres par dessus, afin de l'égaler au Colisée.

Marcus Claudius Marcellus, fils d'Octavie, sœur d'Auguste, né l'an 707 de Rome, épousa Julie, fille d'Octave, alors âgée de quinze ans ; il mourut l'an 731, dans la vingt-quatrième année de son âge ; il fut vivement regretté de tous, à cause de ses rares qualités, et particulièrement par Auguste;

(1) Suétone, *in Aug.* Ch. XXIX, § 11. — Dion, Liv, LIII.

on n'a d'autre portrait de lui que celui que nous en a laissé le poète latin(1).

Après sa mort, Auguste mit la main à la construction de notre théâtre, et l'inauguration en fut très-somptueuse (2). Pline dit que la dédicace eut lieu l'an de Rome 713, au 4 mai (3). Dion décrit la pompe de cette solennité, dans laquelle furent tuées 600 bêtes féroces venues d'Afrique, et ajoute qu'à l'occasion de la mort de Marcellus, Auguste avait ordonné que sa statue, en or, serait placée, couverte d'une couronne du même métal, sur la chaise curule, au milieu des magistrats qui présidaient aux jeux (4).

Les écrivains ne sont pas d'accord sur le nombre de personnes que ce théâtre pouvait contenir; les uns font monter ce nombre à 80 mille, d'autres à 60 et 40 mille personnes; le manuscrit du Vatican (5) ne l'indique que comme contenant 20 mille personnes. Il serait d'autant plus difficile de déterminer ce nombre aujourd'hui, que cet édifice est presque entièrement enfoui dans le palais Orsini (6) et que, selon toute apparence, il y avait quelques parties de ce théâtre en bois, puisqu'il fut l'objet de plusieurs incendies.

Il semble que Livie a voulu que l'on sût perpé-

---

(1) Virgile, Liv. VI, v. 862.
(2) Dion, Cassius, L. LIII, Ch. 30.
(3) Pline, Liv. VIII, Ch. 7.
(4) Dion, Liv. LIII, Ch. 30.
(5) Manuscrit n° 3227.
(6) Actuellement le palais des ducs de Gravina.

tuellement qu'Auguste avait fait construire ce théâtre, puisqu'elle avait fait placer tout auprès une statue d'Auguste, en inscrivant son nom avant celui de Tibère, ce dont cet empereur fut offensé [1].

Du temps de Vespasien la scène de ce Théâtre avait beaucoup souffert et la musique ancienne y fut rétablie alors [2].

Fortement endommagé, plus tard, par un incendie, Alexandre Sévère résolut de le rétablir, mais il n'exécuta pas son projet [3].

Au onzième siècle le Théâtre de Marcellus devint une forteresse ; c'est là que mourut, enfermé, le pontife Urbain II [4] ; ensuite il passa au pouvoir des Lavelli qui donnèrent à ce lieu le nom de Mont-Lavelli, et ils en firent le palais de Balthazar Peruzzi ; enfin il appartint à la famille des princes Orsini, duc de Gravina, qui le possède aujourd'hui.

Le Théâtre de Marcellus est situé près du pont Fabricien, appelé maintenant *di quatro capi ;* il montre, par ce qui existe, à quel point était poussée la magnificence et la science architectoniques au beau siècle d'Auguste.

Ce qui se voit encore de l'antique édifice appartient à la portion demi-circulaire qui soutenait les gradins ; elle consiste en une portion du cercle

---

[1] Tacite, annal. L. III. 64.
[2] Suet. in. Vesp, ch. XIX et XX.
[3] Lamprid. in Alexandro Sev. Ch. 44.
[4] Nibby, annotations de Nardini.

extérieur, dont il reste deux ordres d'arcades séparées, à l'extérieur, par des colonnes en saillie d'un peu plus du demi-diamètre, avec leur entablement continu, tant à l'ordre inférieur, qui est dorique, qu'à l'ordre supérieur, qui est ionique ; le premier de ces ordres est enterré de plus de trois mètres ; ses colonnes sont sans bases et reposent sur le sol, élevé lui-même d'une marche. Le second ordre ionique pose sur l'entablement du premier et a un stylobate en avancement, au-dessous de chaque colonne, dont les bases sont attiques et qui sont couronnées d'un entablement continu ; peut-être qu'au-dessus de ce second ordre il s'en élevait un troisième, car l'établissement des gradins semble exiger plus de hauteur que n'en comporte le monument tel qu'on le voit.

Toutes les constructions de l'enceinte extérieure sont en superbes pierres de travertin ; la seconde enceinte n'a, en travertin, que les chapiteaux, les impostes et les voussoirs des arceaux ; le reste est construit en moëllons d'appareil.

La scène étant totalement détruite ou entièrement couverte de ruines sur lesquelles de nouveaux édifices ont été construits, on ne peut avoir aucune donnée sur sa forme, sa décoration ou sur les matériaux qui la composaient ; il reste seulement, sur l'un des côtés de la scène, une colonne en demi-relief attachée à une portion de mur qui porte la même moulure que le chapiteau de la colonne, le tout construit en travertin, et qui pourrait bien avoir appartenu à la grande entrée latérale du *proscenium*.

Le monument appartient aujourd'hui à une famille puissante qui n'a aucun goût pour les arts, et ne veut permettre aucune recherche de la part de ceux qui les cultivent, de sorte qu'il est de plus en plus difficile d'étudier les diverses parties de ce théâtre.

Par les mesures déduites du segment de cercle qui reste visible, on a pu conclure que le diamètre de l'édifice total était de 127 mètres, c'est-à-dire plus long de 22 mètres que la façade de notre Théâtre d'Orange.

Ce qui reste actuellement visible sur la circonférence extérieure consiste en quatorze piliers et treize arcades ; ces piliers ont chacun une largeur de $2^m,138$ et une épaisseur de $2^m,205$; l'ouverture des arceaux est de $2^m,800$; ils aboutissaient à un premier portique dont la largeur est de $2^m,655$. Les piliers intérieurs ont une largeur de $1^m,815$; il en reste encore vingt-cinq qui forment la seconde ligne circulaire des constructions ; ces piliers sont liés, du côté intérieur, à des murs supportant des voûtes canonnières pareilles à celles de l'Amphithéâtre de Nimes, dont la disposition est absolument la même.

L'ordre dorique du rez-de-chaussée à $9^m,514$ de hauteur, dont $7^m,60$ pour la colonne ; elle a, à sa base, $0^m,976$.

L'ordre ionique a $9^m,429$, non compris le stylobate qui a $1^m,228$ — la colonne, y compris sa base et son chapiteau, a 7ᵐ,158 de hauteur; son diamètre inférieur est de 0ᵐ,892, l'entablement a 1ᵐ,945 de haut.

Les architectes considèrent ces deux ordres comme le plus bel exemple d'architecture, comme combinaison, simplicité et exécution.

« Le diamètre inférieur des colonnes est égal à 812ᵐ soit 2ᴾ 3ᵖ = 814ᵐ
» Le diamètre supérieur   id.   672ᵐ   2ᴾ 1ᵖ = 666ᵐ
» Le diamètre moyen ou module id.   742ᵐ   2ᴾ 2ᵖ = 740ᵐ

» et la hauteur des colonnes a 7ᵐ,099.

» Par conséquent il est permis d'admettre que
» cette hauteur correspond, en théorie, à 9 diamè-
» tres 1/2, soit 25ᴾ 3ᵖ, et en pratique à 24ᴾ = 7ᵐ,104
» au lieu de 7ᵐ,099 (différence 5ᵐᵐ) et qu'ainsi le
» le module coïncide toujours avec le diamètre
» *moyen*.

» On a trouvé, pour la colonne dorique du même
» théâtre, une hauteur théorique de 26ᴾ 1ᵖ 3ᵈ ré-
» duite pratiquement à 26ᴾ 1ᵖ, tandis que nous
» trouvons actuellement pour la colonne ionique
» une hauteur théorique de 25ᴾ 3ᵖ *élevée* pratique-
» ment à 24ᴾ, de telle sorte que ces deux tempé-
» raments se compensent finalement l'un par l'au-
» tre, à un dactyle près ([1]). »

([1]) Extrait de la nouvelle théorie du Module dans les monuments antiques, par M. Aurès, page 48. — En conservant au pied romain la valeur de 296ᵐ.

TEMPLE D'ANTONIN ET FAUSTINE A ROME

Vers l'année 168 de l'ère chrétienne, le Sénat fit ériger ce temple, en mémoire d'Antonin-le-Pieux et de Faustine, sa femme. Si les ruines des monuments antiques sont pour nous l'école et l'histoire des arts, cet édifice, remarquable par la grandeur de sa construction et l'élégance de ses ornements, en est un des meilleurs modèles, et la certitude de l'époque de sa construction, nous prouve combien les arts fleurissaient encore sous Marc-Aurèle, et cependant les historiens n'ont fait aucune mention de ce temple. Ce silence doit nous donner une idée de la grandeur romaine, puisqu'un édifice aussi somptueux n'a pas même été jugé digne d'une mention.

Un historien parle cependant d'un temple qui aurait été dédié seulement à Faustine, dans la IVe région, tandis que l'inscription de celui-ci porte positivement, sur sa frise, la dédicace à Antonin et à Faustine (¹) :

DIVO.ANTONINO ET
DIVAE.FAVSTINAE.S.C

d'après cela, quelques savants ont supposé que ce temple fut dédié à Faustine par le Sénat, du vivant d'Antonin et que, plus tard, il fut aussi dédié à Antonin par Marc-Aurèle et Lucius Vérus, lorsqu'à la tribune ils prononcèrent l'éloge de leurs parents, bien que, chez le peuple, la dénomination de temple de Faustine restât toujours (²).

Il existe de ce temple les deux côtés et le pronaos tout entier, formé de dix colonnes monolithes d'ordre corinthien; le marbre de ces colonnes est l'ancien *Caristio*, marbre qui se tire d'une des Cyclades, appelée à cause de cela, par Stace et Lucain *Saxosa*(³); ce marbre, à cause de sa couleur, est comparé par le même poète à l'onde de la mer; l'usage de faire travailler ce marbre pour des colonnes a été introduit par Auguste, suivant les érudits, et il fut appelé, à cause de cela, marbre *Augustale* ou *Augustio*.

Dans ce temple, les sculptures de la frise méritent attention; elles sont d'un travail élégant et bien entendu. On y voit divers griffons ayant entre eux un vase ou candélabre et d'autres can-

---

(1) Jul. Capit in Marc-Aurel phil 38. T. I, p. 319.

(2) Cette princesse mourut la troisième année du règne d'Antonin.

(3) Stace; Theb vii, v. 370.

délabres plus petits; ces griffons ne sont pas tous sculptés avec la même perfection, mais du même dessin, ayant les jambes un peu basses et même courtes, si on les compare à ceux qui sont le plus près des candélabres. Bien que le griffon soit consacré à Apollon, on le regardait cependant comme le gardien des choses précieuses [1]; c'est pour ce motif qu'on le voit toujours sur les urnes et les cippes tumulaires, comme gardiens de choses sacrées; sur notre frise ils sont sensés garder les parfums sacrés qui brûlent dans les vases et candélabres, en l'honneur de la princesse déifiée, ainsi qu'on les voit bien souvent autour des autels des dieux.

Ce vaste temple est, avec raison, considéré comme un des plus beaux restes de l'antiquité romaine; cette beauté ne résulte pas de sa masse, quoique ce soit un des plus grands, mais du mérite de ses belles proportions et de l'élégance d'exécution des dix superbes colonnes d'une seule pièce, dont se compose le pronaos de ce temple. La cella manque presque en entier, et il a été impossible d'en retracer le contour, malgré les recherches qui ont été faites, par des fouilles, dans les caves et les souterrains qui l'avoisinent. La ruine entière de la partie intérieure et la destruction du fronton, sont des faits non moins déplorables que de voir ce superbe monument encore enseveli sous huit mètres de terre, presque le tiers de sa hauteur.

[1] Pomponius Mela; L. II, Ch. 1.

L'entre-colonnement du milieu a 0ᵐ,270 de plus que les autres ; les murs latéraux sont inégalement conservés et leurs matériaux ont servi à la construction de l'église de *Saint-Laurent-de-Miranda*, qu'on a construite dans la Cella (1). Les fouilles faites par les Français, sur la façade, ont mis à découvert la carcasse du grand embasement sur lequel reposent les colonnes et auquel on montait au moyen d'un escalier spacieux, dont on ne voit que de misérables restes.

Les colonnes ont 1ᵐ,458 de diamètre à la base, et 14ᵐ,21 de hauteur, base et chapiteau compris.

Les lettres de l'inscription devaient être en bronze et entaillées dans le marbre où elles étaient, en outre, fixées par des tenons; cette double précaution permet aujourd'hui de lire l'inscription, quoique les lettres de bronze soient enlevées; il n'en est pas ainsi pour notre Maison-Carrée, où nous n'avons de l'inscription que les trous dans lesquels étaient fixés les tenons des lettres.

Il n'existe de l'ante que son chapiteau en place; sa largeur est égale au diamètre des colonnes à leur base, ce qui prouve que ces antes étaient sans diminution sur toute leur hauteur. La corniche, l'architrave, les bases et les chapiteaux sont en marbre grec; toutes les sculptures sont d'un beau style et exécutées avec le plus grand soin.

(1) L'an 1622.

L'édifice moderne, bâti en 1622, au milieu de cette belle ruine, a été une fâcheuse idée, à moins qu'on n'ait eu l'intention de montrer, par ce pastiche en façade, combien l'art antique devait subir d'outrages !

TEMPLE DE LA CONCORDE OU CURIA A ROME

La façade d'un temple que l'on trouve à droite en descendant du Capitole, est vulgairement appelé Temple de la Concorde ou Curia, à cause des assemblées du Sénat et du peuple qui s'y tenaient quelquefois pour délibérer sur les affaires de la République ; on croit généralement que ce temple fut érigé par L. Camillus, en mémoire de la paix conclue entre les patriciens et le peuple. Détruit ensuite par un incendie, qui eut lieu sous Vitellius, il fut reconstruit par le Sénat, comme l indique l'inscription qu'on lit sur son fronton.

SENATVS.POPVLVSQVE.ROMANVS
INCENDIO.CONSVMPTVM.RESTITVIT

Il ne reste maintenant de ce temple que sa façade exastyle et une colonne en retour sur chacun de ses côtés ; ces huit colonnes, d'ordre ionique, en granit oriental, sont couronnées de leur entablement et d'une partie du fronton.

Les colonnes sont unies et en trois pièces; elles ont, à la base, 1ᵐ,359 de diamètre; celle de l'angle droit est un peu plus petite, tandis que celle qui est en retour, de ce même côté, est plus forte; leur hauteur est de treize mètres, y compris la base et le chapiteau, qui est en marbre. L'entre-colonnement du milieu est un peu plus large que les autres.

Les chapiteaux sont bizarres; c'est un composé de dorique et d'ionique de mauvais goût, et les bases offrent cela de particulier que, sauf celles des angles, elles sont toutes sans plinthes. Entre les joints des bases et des chapiteaux avec les colonnes, il y a des plaques en plomb; la frise et l'architrave sont d'une seule pièce; sur le côté gauche, l'architrave n'est pas profilée. Au-dessus de l'entablement, il y a des arcs en décharge, à l'aplomb des entre-colonnements, pour soulager la pesanteur du tympan, qui est en briques. Les vingt-deux modillons qui décorent la corniche sur la façade sont espacés de manière à placer un vide à l'aplomb de chacune des colonnes.

Le Sénat tenait quelquefois ses audiences dans ce temple; Cicéron l'y rassembla, à cause de la conjuration de *Catilina*. Cet édifice fut restauré par *Tibère* et par *Vespasien*. Au vııı° siècle, on en réunit une partie à l'église de *Sergius*. Lors de la conquête de Charles V, ce temple, ainsi que l'église de *Sergius*, étaient tellement détruits qu'on n'en retrouva les fondements que pendant les fouilles exécutées en **1817**.

Nous devons faire remarquer qu'il résulte de ce que l'architrave est placée à-plomb du bas du fût des colonnes, qu'elle porte à faux sur le nu du haut, à cause de la diminution. A l'intérieur du péristyle, la frise est richement ornée de guirlandes de fleurs et de fleurons.

TEMPLE DE JUPITER TONNANT A ROME

Sur le penchant du mont Capitolin, à côté du temple que nous venons de décrire, on voit trois colonnes angulaires dont l'œil découvre d'abord les membres larges, les proportions grandioses, le travail simple et pur et l'élégance ; elles offrent le type le plus parfait de l'architecture romaine à sa plus belle époque ; ces élégantes colonnes supportent encore leur entablement. Ces beaux restes ont été attribués, par tous les explorateurs de l'ancienne Rome, au Temple de Jupiter Tonnant.

Auguste se trouvant en Espagne, lors de son expédition contre les Calabres, qu'il soumit à la domination romaine, et voyageant pendant la nuit, eut sa litière légèrement atteinte par la foudre qui tua l'esclave qui marchait devant pour l'éclairer (1) ; il fit vœu, dans cette circonstance, d'élever un

(1) *Tonante Jovi ædem consecravit liberatus periculo cum expeditione Cantabrica per nocturnum iter, lecticam ejus fulgur perstrinxisset, servumque prelucentem exanimasset (Suet. in Aug.)*

temple à Jupiter Tonnant. La situation de ce temple est parfaitement indiquée par Publius Victor (1), qui dit clairement *Aedes Jovis Tonantis ab Augusto d. d. in clivo Capitolino;* précisément à l'endroit où cette admirable ruine se trouve située.

Dion raconte (2) plusieurs prodiges survenus à l'occasion de ce temple ; lorsque Auguste le dédia, la cérémonie fut accompagnée de coups de tonnerre. Le même auteur, ainsi que Suétone, disent encore que, dans un songe que fit Auguste dans cette circonstance, Jupiter Capitolin lui apparut pour lui faire des reproches sur la construction gigantesque de ce temple, sur le culte assidu qu'on y rendait, et sur le concours considérable de peuple qui le visitait journellement et qui faisait presque oublier le culte des dieux tutélaires de Rome.

L'empereur, tremblant, s'excusa en disant qu'il avait entendu construire la loge du portier de Jupiter-Capitolin, et, à cause de cela, il fit mettre au nouveau Temple des sonnettes, usage pratiqué chez les Romains pour les portiers de nuit.

La statue de Jupiter, qui était dans ce temple, avait été exécutée en bronze précieux par *Leocare;* elle était regardée comme sa plus belle œuvre (3).

Ce sculpteur vivait dans la 102e Olympiade ; il fut l'émule de Scopas, de Briassi et de Timothée, qui furent tous les trois employés à exécuter le cé-

---

(1) Pub. Vict. Reg. VIII.
(2) Dion Cassin, L. LIV, p. 513.
(3) Pline, hist., XXXIV, ch. VIII.

lèbre sépulcre de Mausole, que fit construire Arthémise.

Il y avait aussi devant notre temple les statues de Castor et Pollux, ouvrage d'Egie (¹).

Dans le fameux fragment des marbres d'Ancyre il y a une inscription qui indique, parmi les ouvrages d'Auguste,

AEDES.IN.CAPITOLIO.IOVIS FERETRII
ET.IOVIS.TONANTIS (2)

Muratori a publié un fragment intéressant de calendrier, existant dans la ville d'Aquilée, qui rappelle le jour de la dédicace de notre temple, qui fut, sans doute, le premier septembre; elle porte : (³)

D.K.SEPT.N.IOVI.TONANTI.IN.CAPITOLIO

Quant aux lettres ESTITVER, qui existent encore sur la frise de ce temple, elles ne peuvent être relatives qu'à une réparation exécutée après quelque bouleversement, car ces lettres ne peuvent signifier que *restituerunt*.

Quelques auteurs attribuent ces restaurations à Sévère et à Antonin Caracala. L'histoire dit, en effet, que ces empereurs se piquèrent de réparer les édifices qui, de leur temps, se trouvaient dégradés (⁴). Cette opinion est encore confirmée

---

(1) Pline, hist., XXXIV, ch. XIII.
(2) Pline, hist. ch. CCXXXII, pl. IVᵉ.
(3) Trésor des inscrip., G.L.B., Chiff. 11.
(4) Spartien, Sévère, Emp. Ch. 123.

par la manière dont est située l'inscription des restaurateurs, qui est semblable à celle qui fut exécutée, par ces mêmes princes, dans les restaurations du Panthéon et du portique d'Octavie.

Sous le rapport de l'art et de l'érudition, les scupltures latérales et leur beau travail sont dignes d'admiration; on y trouve, parfaitement conservés, des bucranes entourés de bandelettes sacrées, le vase, le couteau, l'aspersoir, la patère, la hache, la massue, le bonnet sacerdotal; objets relatifs aux sacrifices qui avaient lieu dans les temples. Nous devons dire toutefois que de pareils ornements ne se retrouvent pas sculptés sur la frise d'autres temples, mais bien sur les médailles.

Combien est admirable, sous le rapport de l'art, la petite portion qui existe encore de ce temple et combien on doit gémir en le trouvant si complètement détruit dans toutes ses parties. Pour découvrir ces trois colonnes, qui, en 1815, étaient encore enterrées presque jusqu'à leur entablement, on fit une grande tranchée au moyen de laquelle on arriva jusqu'à l'ancien pavé du forum, afin d'en déblayer les fondations et reconnaître au moins quelle était la forme de ce monument. Eh bien! ces recherches furent vaines; les fondations se trouvèrent même détruites par l'avidité et la barbarie après le XIV° siècle, ainsi que l'atteste une inscription gravée en 1527 sur le temple même par André Falvius, portant : *Cujus marmora paulo supra nostram aetatem, sicut pleraque alia, in calcis usum decocta transiere.* La pression de la terre avait fait dévier ces colonnes de la perpendiculaire, mais après que la tranchée eut été terminée, elles furent avec beaucoup de soin rétablies dans leur aplomb.

L'embasement, en travertin, est extrêmement détruit. Dans la seule partie qui reste de la façade, on trouve, dans les entre-colonnements, entre les massifs des bases des colonnes, cinq marches en marbre [1], usage peu employé par les anciens architectes, mais réclamé quelquefois par la nécessité.

Tout l'ouvrage est en marbre grec, le travail de l'entablement, les sculptures des moulures et des chapiteaux appartiennent à un ciseau habile; le délié des ornements à jour est vraiment sublime, et ceux de la frise principalement n'ont rien de commun avec les autres monuments antiques.

L'état actuel de ce temple ne permet pas de déterminer s'il avait six ou huit colonnes sur sa façade. On peut assurer, toutefois, qu'il était picnostyle, les entre-colonnements étant d'un diamètre et demi, comme le fixe Vitruve (Livre III, Ch. 11.)

La hauteur des colonnes est de 15^m,770, en y comprenant la base et le chapiteau.

---

[1] Cet exemple a été suivi par M. Bourdon, architecte au Palais de Justice de Nîmes; seulement M. Bourdon a eu tort de couper les angles des plinthes.

TEMPLE DE LA FORTUNE VIRILE A ROME

Ce Temple était l'un des plus beaux et des plus anciens de Rome. Servius Tullius VI°, roi de Rome, reconnaissant envers la Fortune, qui, de simple esclave qu'il était, l'avait élevé sur le trône, lui érigea, près de la rive du Tibre, un temple sous la dénomination de la Fortune Virile. Cet édifice ayant été détruit par un incendie, après lequel on dit que la statue de Servius Tullius, qui était en bois doré, se trouva seule avoir été préservée du feu, le reste ayant été consommé, cet édifice fut reconstruit, sous la République, d'une manière fort économique, car il est en pierres du pays. Anciennement il était revêtu d'un stuc fin et très-dur, pour cacher la porosité des pierres.

Il forme un rectangle entouré de dix-huit colonnes, en travertin, cannelées d'ordre ionique; il est tétrastyle et précédé d'un pronaos à six colonnes isolées ; celles qui sont autour de la Cella sont encastrées par moitié dans le mur, comme le sont celles de la Maison-Carrée de Nimes ; l'entre-colonnement du milieu est plus large que les autres ; la longueur de l'édifice est de 17^m,760 et sa largeur de 9^m,318. Les colonnes ont 8^m,245 y compris la base et le chapiteau ; ce dernier présente cette particularité que les chapiteaux des angles ont les deux faces de volutes jointes ensemble, ce qui fait que tout autour du temple, les chapiteaux présentent leurs faces ; dans la frise il y a des guirlandes soutenues par des enfants, des candélabres et des bucranes. Toutes ces choses sont disposées de telle manière que dessus chaque colonne il y a un enfant, dans le milieu des entrecolonnements une tête de bœuf, et entre chacun des enfants et la tête de bœuf un candélabre ; à la corniche du fronton les ornements sont à-plomb ; les murs faits en bossages représentent des pierres en liaison.

Les colonnes sont établies sur un soubassement massif auquel on montait par des marches sur toute la largeur du péristyle. Sous le pontificat de Jean VIII, vers l'année 872, ce monument fut converti en église dédiée à la Vierge ; mais, depuis Pie V, en 1566, il est devenu église Arménienne et s'appelle aujourd'hui l'église de Sainte-Marie l'Egyptienne.

Le mur, où se trouvait la porte, a été abattu pour y ouvrir une grande arcade, qui fait que le dedans du temple et le pronaos ne font à présent qu'une seule pièce, les entre-colonnements ayant été fermés par des murs en briques.

Les colonnes ont vingt cannelures ; le temple est prostyle, pseudo-périptère ; il n'est pas régulièrement orienté ; la pauvreté des matériaux employés dans certaines parties de sa construction, travertin, péperin et tuf, la saillie extrême de plusieurs membres de l'entablement et la hauteur du soubassement, n'indiquent point le monument primitif, mais un édifice d'époques différentes ; plusieurs des ornements qui le décorent dénotent, il est vrai, par leur recherche et la minutie de quelques profils, une époque plus avancée ; mais il faut remarquer que ces ornements sont en stuc et dus, sans doute, à une restauration postérieure ; il ne faut pas s'attendre d'ailleurs à trouver ici la pureté du travail grec ; les monuments de Rome n'étaient point indigènes, étant importés et imités pour la plupart, ne sont pas aussi intéressants pour l'histoire de l'art dans leurs détails ; mais le Temple de la Fortune Virile n'en est pas moins intéressant à considérer, après le Temple de Minerve Poliade, à Athènes, d'Apollon à Milet et de Bacchus à Téos, comme un exemple rare de l'ordre ionique.

« L'entre-axe central correspond à 10,^{p} 4^0 Romains soit 3^m,060

» Les entre-axes latéraux — à 10,^{p} 2^0 — — 3^m,010

» Le diamètre supérieur des colonnes, qui est
» de 860^{mm}, correspond en mesures romaines
» à 2^p, 11^0 = 863^{mm}.

» Le diamètre inférieur, qui est égal à 971^{mm},
» correspond, à son tour, à 3^p, 3^0 = 963^{mm}.

» D'où l'on conclut, pour le diamètre moyen :
» d'après les mesures directes, 915^{mm},5 ou bien,
» en exprimant cette dernière longueur, en me-
» sures romaines, 3^p, 1° = 915^{mm}.

» Cela posé, il est facile de voir que la lon-
» gueur totale de la façade, mesurée *au milieu de*
» *la hauteur des colonnes*, comprend, pour les trois
» entre-axes, 30^p, 8° = 9^m,080, et pour un diamè-
» tre moyen, 3^p, 1° = 0^m,913 (c'est-à-dire le mo-
» dule) ([1]). »

L'ancien Temple de la Fortune (*Fors, Fortuna*), élevé par Servius, était sur la rive droite du Tibre, à 6 milles au-dessous de Rome. C'est par une fausse interprétation qu'on a donné au temple actuel le nom de Fortune Virile ([2]). La fête de la Fortune Virile se célébrait le 1er avril.

C'étaient les femmes qui honoraient la fortune virile; elles s'enfermaient dans une salle échauffée par des tuyaux à vapeur ([3]); là, elles se dépouillaient de leurs vêtements, et, après avoir brûlé de l'encens en l'honneur de la fortune virile, lui demandaient de cacher à leurs époux tous leurs défauts corporels. Ovide ajoute malicieusement : « Et la déesse implorée le fait pour quelques grains d'encens » ayant l'air de croire que les femmes romaines s'arrangeaient pour que cette demande

---

(1) Nouvelle théorie du module déduite du texte même de Vitruve, par M. Aurès, ingénieur en chef du département du Gard, page 43, an. 1862.

(2) *Histoire romaine à Rome*, Ampère, p. 191, vol. 2.

(3) Ovide ; fast. IV, p. 146. *Calida qui locus humet aqua*.

fut toujours exaucée, et que ce qu'elles ne voulaient pas trahir fût toujours caché (¹).

Ce jour-là les femmes du commun allaient se baigner dans les bains des hommes, couronnées de myrte. On voit que dans tout ceci, ajoute M. Ampère, il n'est pas question d'un temple de la fortune virile.

Il faut donc renoncer à nommer ainsi notre temple, un des restes les mieux conservés et les plus purs de l'architecture romaine (²).

(1) *Histoire Romaine à Rome.* Vol. II, p. 112.
(2) L'usage de tromper le 1ᵉʳ avril, conservé de nos jours, n'aurait-il pas pour origine cette offrande des dames romaines faite, dans ce but, à la Fortune Virile.

TEMPLE DE MARS-ULTOR A ROME

Il paraît qu'à Rome il y avait deux temples de *Mars-Ultor ;* un sur le Capitole (¹) et l'autre au Forum d'Auguste; ce dernier est indiqué sur une inscription d'Ancyre qui signale, parmi les ouvrages exécutés par Auguste, le temple de *Mars-Ultor* et son Forum :

PRIVATO.SOLO.DEDICATO.MARTIS.VLTORIS
TEMPLVM.FORVMQVE.AVGVSTVM (2)

Suétone dit également que ce prince construisit beaucoup de monuments magnifiques, parmi lesquels on compte le Forum avec le temple de *Mars-Ultor* (³) érigé dans la guerre contre Philippe, pour venger la mort de César, son père ; il fut ensuite

---

(1) Dion Cassius Lib LIV Caes. Aug. A.V.C. 734.

(2) Cardinali Clemente : Inscrizioni Veliterne illustrate, p. 67. Cette dédicace, selon Velleius Paterculus, aurait eu lieu l'an 752, au XIIIe consulat d'Auguste et de C. Caninius Gallus. (L. II, chap. 100.)

(3) Suet, in Aug. Cap. 29.

destiné aux assemblées du Sénat, pour ordonner la guerre ou le triomphe ; c'était aussi de là que partaient ceux qui étaient désignés comme gouverneurs de provinces, et enfin, c'était là aussi que déposaient leurs trophées ceux qui retournaient vainqueurs d'une bataille. Ce vœu d'Auguste est également consigné dans les fastes d'Ovide [1].

Pline rapporte que deux des statues de métal de Corinthe, qui soutenaient la tente d'Alexandre-le-Grand, étaient placées au-devant du temple de Mars-Ultor [2].

C'est ce même temple dont Martial dit [3] :

Ultoris prima Martis in œde sedit

Il semble ici que le poète indique un premier et un second temple de Mars-Ultor ; le premier serait celui qu'Auguste aurait construit dans son Forum après la bataille de Philippe ; le second, celui qui était élevé sur le Capitole lors de la restitution des enseignes romaines par le roi des Parthes, ce qui eut lieu postérieurement à la guerre indiquée. Voilà donc l'existence de deux temples dédiés à Mars-Ultor encore établie ; et cette existence une fois établie, il ne peut plus y avoir de doute sur la situation de celui que nous avons sous les yeux.

Le marbre d'Ancyre, déjà cité, semble placer, dans le même lieu, le Forum d'Auguste et le temple Mars-Ultor ; Suétone dit également : *Forum cum*

---

(1) Ovide; fastes V, v. 567.
(2) Hist. nat., lib. XXXIV, c. 8.
(3) Lib. VII, ep. 50, v. 4.

aede Martis-Ultoris, il ajoute encore qu'Auguste se contenta de la petitesse de son Forum sans vouloir toucher aux propriétés particulières; exemple admirable de modération chez ce prince qui, créant un Forum pour donner au peuple plus d'espace, lors des suffrages pour les juges, s'abstint néanmoins d'exécuter ce projet d'utilité générale, au détriment des particuliers auxquels il causait ce dommage (¹).

Publius Victor, dans sa description de la VIII° région, s'exprime en ces termes : *Forum Augusti cum aede Martis-Ultoris*.

Pline décrit, dans ce Forum, deux peintures remarquables d'Apelles ; dans l'une se trouvaient Castor et Pollux, avec la Victoire et Alexandre-le-Grand ; dans l'autre, l'image de la guerre, les mains liées derrière le dos et Alexandre dans un char de triomphe. Auguste dédia ces peintures singulières avec beaucoup de modestie, dans la partie la plus célèbre de son Forum (²), ce qui peut faire penser qu'il les plaça au Temple de Mars-Ultor, ou sur tout autre point, puisque les forum eux-mêmes étaient consacrés avec grande cérémonie (³).

Deux arcs de triomphe en l'honneur de Germanicus et de Drusus, et les statues de ces deux Césars ornaient aussi le Forum d'Auguste (⁴).

(1) Suet. in Aug. Ch. 29.
(2) Hist. Nat. L. XXXX, ch. 10.
(3) Tacit. L. 11, ch. 64.
(4) Suet. in Aug., ch. XXXI — à la fin.

Ce Forum fut restauré par l'empereur Hadrien, d'après Lampride ; ce prince le répara en même temps que le Panthéon, les sept salles, la Basilique de Neptune et les bains d'Agrippa ; il ne voulut pas même que son nom parût dans ces réparations.

A la base méridionale du mont Quirinal, à l'endroit où commence le mont Capitolin, le Forum d'Auguste fut construit par cet empereur ; d'après Pline il était magnifique et merveilleux ; c'est là qu'il fit construire le fameux Temple de Mars-Ultor dont nous voyons les admirables restes, sur lesquels a été construite l'église de Saint-André !

On ignore le nom de l'architecte qui a construit ce superbe monument colossal, qui, par son élégance et ses proportions parfaitement combinées ne le cède à aucun autre ; homme d'un grand génie et d'un talent remarquable il sut masquer l'irrégularité de son terrain, sans nuire aux maisons des particuliers, que le prince avait ordonné de conserver.

On avait cru que le marbre de ce monument était grec ; mais les observations les plus exactes ont prouvé qu'il n'y avait été employé que le meilleur marbre de Lunense, comme à celui du Temple de Jupiter Tonnant, édifice construit par le même empereur, sur le penchant du Capitole.

Par les trois colonnes et le peu qui reste du mur de la Cella, on peut comprendre que ce temple était adossé au grand mur d'enceinte du Forum ; ce mur est tout construit en gros quartiers de pierre Albane ou péperin, appareillés alternativement par une rangée posée en long et l'autre en large, sans chaux, mais si parfaitement joints qu'ils ne pourraient pas être mieux exécutés avec le marbre le plus fin. Ce qui reste a fait supposer aux architectes que ce temple a dû être octostyle et périptère, ayant sur ses côtés un rang de colonnes isolées.

La base de la colonne est attique ; elle a de hauteur $1^m,014$;

Le fût de la colonne est cannelé de 24 cannelures ; elle a de hauteur $14^m,741$; son diamètre inférieur est de $1^m,750$, le diamètre supérieur de $1^m,546$.

Le chapiteau a $1^m,989$.

Ce qui donne à la hauteur totale de la colonne $17^m,745$, élévation presque colossale.

La hauteur de l'architrave est de $1^m,299$; il n'existe rien de la frise ; les pierres du plafond du portique latéral sont cependant restées à leur place.

On a laissé à découvert les fouilles faites au pied des colonnes près de l'arc appelé *dei Pautani*. La largeur du portique est à peu près égale à celle des entre-colonnements. Le portique se réunissait à l'enceinte par une portion de pilastres à l'extérieur et deux demi-pilastres sous le portique, l'un desquels était adossé au mur de la Cella.

Tous les détails de ce temple sont admirables.

TEMPLE de JUPITER STATOR ou la GRÆCOSTASIS,

A ROME

Il y a plus de trois siècles que les savants s'occupent à retrouver la Rome antique, cherchant à donner aux ruines et aux lieux leurs noms anciens. La sollicitude de l'autorité a quelquefois favorisé leurs recherches à cet égard, et beaucoup d'anciens monuments ont été consolidés, en 1807, par ordre de Pie VII, jaloux de veiller à la conservation et à la splendeur des beaux restes de l'antiquité.

On sait que le sol des villes anciennes tend constamment à s'exhausser, soit par les effets naturels du temps, soit par ceux des révolutions civiles qui détruisent les cités pour les reconstruire plus tard sur leurs propres ruines; mais dans les fouilles faites à Rome, pour arriver au sol de son ancien Forum, on s'est surtout étonné de rencontrer les restes de tant de monuments placés d'une manière si peu régulière, non-seulement quant à leurs niveaux respectifs, mais surtout par la direction de leurs axes à laquelle le hasard semble seul avoir présidé.

Voici ce que dit M. Beugnot [1], à propos de cette dernière considération :

« Le choix et l'emplacement d'un temple, la consécration de cet emplacement et la disposition de l'édifice étaient autant d'actes de religion d'une haute importance, dans lesquels intervenaient le souverain pontife et le collége des augures. Un temple était-il détruit, on devait le reconstruire sur un plan exactement semblable à celui dont on avait fait primitivement usage; tout changement, toute amélioration étaient prohibés; de là provient l'impossibilité où l'on fut de soumettre à un alignement les édifices sacrés du Forum; chacun des temples de Rome rattachait son origine à quelque fait relatif à l'histoire nationale. Ces idées de consécration religieuse, ces souvenirs de l'ancienne gloire parlaient encore à l'imagination des Romains au sixième siècle. Sans doute leurs églises recevaient seules leurs prières, et ils ne regardaient les temples que comme des tombeaux; mais ils vénéraient ces tombeaux, ne souffraient pas qu'on les profanât, et ne reconnaissaient qu'au temps seul le droit de les détruire. »

Les antiquaires ne sont pas d'accord entre eux sur le nom et la destination de cet édifice que nous croyons être un temple, dont on voit assez

---

[1] Beugnot, t. 20, 299. Musée de Vienne, p. 761.

bien la disposition par rapport aux édifices antiques qui l'entourent, et le niveau sur lequel il est établi indique la partie la plus basse du Forum.

On pouvait espérer que les fouilles faites au pied de nos trois colonnes, pendant les années 1816 à 1818, jetteraient quelques lumières sur l'édifice auquel elles avaient appartenu; mais si l'art a retiré de grands avantages de ces recherches, la science en a obtenu peu de fruits. Ces fouilles ont montré un escalier latéral à gauche; quatorze marches aboutissant à un palier où l'on retrouvait le grand emmarchement de la façade, par lequel on arrivait à l'entrée du monument: l'antique pavé du Forum, en dalles polygonales de travertin et laves; les fondations des murs de la *cella*; l'emmarchement et le sol antique du côté de la façade du temple. Vingt-sept marches conduisaient au sol antique du *pronaos*, dont la largeur a pu être déterminée, et l'on a pu conclure qu'elle appartenait à un temple octostyle; sur le côté gauche de l'édifice on a trouvé trois bases des colonnes correspondantes à celles qui existent du côté droit; elles ont $1^m,690$ de largeur; entre ces bases on a trouvé, en place, les seuils de l'entrée de cellules pratiquées sous les entre-colonnements. Les marches étaient en marbre; plusieurs fragments ont été trouvés à leur place.

Une fouille que fit faire M. le comte de Blacas, ambassadeur de France à Rome, a indiqué le retour du massif sous la *cella* et déterminé le nombre de treize colonnes sur les flancs du temple.

Ainsi l'on est assuré que ce monument était *périptère, octostyle* et du genre de ceux auxquels Vitruve donne le nom de *picnostyle*.

Ces trois colonnes, considérées avec raison, par les architectes, comme le modèle le plus parfait de l'ordre corinthien, appartiennent évidemment à la plus brillante époque de l'art romain, c'est-à-dire à un monument du siècle d'Auguste; mais quelle fut la destination première de ce monument? C'est encore un problème historique qui a déjà eu bien des solutions qui, toutes, ne sont malheureusement établies que sur des conjectures; car, à ce sujet, il n'y a rien à recueillir chez les rhéteurs, les historiens ou les poètes. On a d'abord voulu voir, dans ces trois colonnes, les restes du portique érigé par Caligula pour joindre le Palatin au Capitole [1].

Un auteur du XII° siècle, y a vu les restes du temple de Vulcain [2], qui était dans cette situation [3], faisant face au temple des Vestales dont, en effet, on a retrouvé tout près les anciennes ruines.

Le plus grand nombre voit, par l'emplacement de ces trois admirables colonnes, dans le Forum romain, au pied du mont Palatin [4], le temple élevé par Romulus à Jupiter Stator [5], à l'occasion

---

[1] *Cose maravigliose di Roma.*
[2] *De mirabilibus Romæ novæ et veteris.* L'Albertino.
[3] Sesto Rofo — Pomponius Letus.
[4] Cicéron — Tite-Live — Ovide.
[5] Palladio — Marlianus *(Urbis Romæ topographia,* p. 29.)

de la bataille qui eut lieu sur ce point même, contre les Sabins, écrasés par le retour spontané de l'armée romaine que l'ennemi, dans un premier choc, avait momentanément ébranlée ; aucun de ces érudits ne suppose cependant que ces trois colonnes, encore debout, aient jamais fait partie du temple primitif; on sait qu'il avait été reconstruit déjà, au temps de la République, par Attilius Régulus, l'an 459 de Rome, 267 avant Jésus-Christ (1); puis sans doute plus tard sous Auguste, époque indiquée par le caractère de ces belles ruines.

Quelques érudits veulent y voir le *Comice* qui, d'après les anciens auteurs, se trouvait situé, comme le sont nos trois colonnes, près du temple de la Concorde (2).

Guattani, dans sa Rome antique (3), ne partage pas cette idée et pense que ces colonnes appartiennent à la *Curie* construite par Tullus Hostilius, qui fut restaurée par Sylla, ensuite brûlée avec le corps de Claudius, et rétablie plus tard par Jules César, à la mémoire de Navius Augure, sous le nom de *Curie Julienne*; mais sa construction ayant été interrompue par la mort de César, elle fut, d'après l'ordre du peuple, achevée sous Auguste et consacrée par lui.

(1) Mariano ; Itineraria di Roma, p. 109.
(2) Nardini (Roma 1817. T. II. p. 152.) Venuti (T. I p. 56).
(3) Rome antique. T. I, p. 24. Dans une édition de 1544 à Venise, on lit : *Porticus Julia erat in foro Romano, ubi nunc surgunt tres columnæ marmoreæ.*

Divers auteurs modernes ([1]), veulent reconnaître dans ces beaux restes, ceux du temple de Castor et Pollux, érigé par Postumius, à cause de leur apparition, près du lac Régille, au moment d'une victoire remportée contre les Latins, temple reconstruit plus tard sur le même emplacement. Ces auteurs appuient leur opinion sur le plan de Rome, conservé au Capitole, sur lequel le temple de Castor et Pollux, se trouve placé à côté du temple de Vesta, comme le serait, en effet, nos trois colonnes, si, comme on croit l'avoir démontré, l'ancien temple de Vesta se trouvait sur la place qu'occupe en ce moment l'église de Sainte-Marie Libératrice. Ces savants appuyent aussi leur opinion sur bien d'autres motifs que nous croyons inutiles de rapporter ici.

La plus grande partie de ces opinions diverses nous paraît avoir été victorieusement réfutée par MM. Joseph Valadier et Visconti ([2]).

L'opinion la plus récente sur la destination première du monument auquel se rattachaient nos trois colonnes, est qu'elles appartenaient à l'édifice qu'on appelait la *Græcostasis*, construit tout exprès pour la réception des ambassadeurs, dès le temps de Pyrrhus. Du vivant de Pline, la Græ-

---

[1] Uggeri. *Edifices de Rome antique*, déblayés et réparés par Pie VII. Vol. unique, p. 57. — Fea, *Prodomo di nuove osservazioni e scoperte sulle antichità di Roma*, p. 14. — Piranesi, *Antichità di Roma*. T. II, p. 34. N° 284.

[2] Raccolta delle più insigni fabbriche di Roma anticha; Roma 1826.

costasis était fort déchue de sa première splendeur, mais l'empereur Antonin Pie, la fit réparer magnifiquement (1).

A travers tant de conjectures diverses, nous ne croyons rien de plus sage que de n'en rejeter aucune et de conclure, avec Palladio et Desgodetz, que si l'on ignore à quel édifice avaient appartenu ces élégantes colonnes, il sera toujours certain que, dans tous les temps, elles doivent être considérées comme un des monuments les plus beaux de l'architecture antique chez les romains.

La largeur de la façade, prise à l'embasement que les fouilles ont mise à découvert, est de 30 mètres. La hauteur du stylobate est de $6^m,684$ au-dessous des colonnes, qui reposaient elles-mêmes sur deux gradins qui tournaient sur les côtés, lesquels, joints à un troisième, à-l'aplomb des plinthes, formaient une élévation de trois gradins d'une proportion un peu plus grande que les autres, qui relevaient le temple au-dessus du plan de l'embasement; ils étaient indispensables, afin que les bases des colonnes ne fussent pas cachées par la saillie de la corniche supérieure du stylobate si fort élevé.

La carcasse, qui supportait le grand escalier en marbre, s'avance de $7^m,472$ au-devant du temple, et la partie qui supportait les marches latérales ne

---

(1) L'auteur de l'*Histoire Romaine à Rome*, pense que ces trois colonnes ont fait partie du temple de Castor. (Vol. XI, page 320.) Peut-être appartenaient-elles au comitium décrit par le même auteur. (Vol. XI, page 317.)

s'avançait qu'à 3ᵐ,247. L'escalier latéral avait 12 marches, et celui de la façade en avait le double, ce qui, joint aux trois gradins qui régnaient tout autour du temple sous les bases des colonnes, formait en tout vingt-sept marches pour monter à la hauteur de 6ᵐ,684, qu'il y avait du sol extérieur à celui des colonnes.

On ne saurait trop dire quelle fut la circonstance particulière qui présida à l'établissement insolite de ces marches latérales.

Une autre particularité que présente cet édifice et dont il est difficile d'expliquer le motif, c'est que, sur toute l'épaisseur des portiques latéraux, le dessous des entre-colonnements forme des vides recouverts par de petites voûtes pour supporter le sol de ces portiques. Ces réduits ont une largeur de 1ᵐ,949 et une hauteur de 2ᵐ,923 ; ils étaient, sur le devant, fermés par des grilles, dont on voit encore les scellements ; à quoi pouvaient servir ces espèces de cages ?

La base des colonnes a 0ᵐ,761 de hauteur ; elle est corinthienne.

Le fût a de hauteur 14ᵐ,844, son diamètre inférieur est de 1ᵐ,454, et le diamètre supérieur 1ᵐ,291.

Le chapiteau a 1ᵐ,616 de hauteur ; il est fort riche d'ornements, supérieurement sculpté, et passe, par sa forme et ses proportions, pour un modèle parfait de l'ordre corinthien ; le rang des caulicoles est vraiment grandiose ; celles qui sont sous le fleuron, où il est d'usage de les faire plus petites que celles des angles, ont été tenues de la même grandeur, ce qui doit faire comprendre que leurs spirales s'enlacent d'une manière fort gracieuse, pratique singulière, mais favorable pour rendre distinctes les parties petites, malgré leur éloignement : une autre singularité se trouve dans l'abaque de ce chapiteau, c'est que la rosace a une saillie plus forte qu'à l'ordinaire, puisqu'elle dépasse la ligne tirée d'un angle à l'autre de l'abaque ; avec cette saillie, la rosace est plus inclinée et se présente presque en face à celui qui la regarde dessous, et elle en paraît plus grande sans cependant en sembler plus massive. On peut dire, en général, que l'architecte a été ingénieux en suppléant aux inconvénients que présentaient la grande hauteur et la distance de l'œil, relativement à la régularité qu'on a l'habitude de remarquer dans la perspective ; il a aussi introduit dans les feuilles une certaine variété qui orne tout le chapiteau, rompt la monotonie et plaît à l'œil. Pour cela, les feuilles sont de trois sortes : les deux ordres de feuilles grandes, c'est-à-dire celles des caulicoles et le fleuron sont d'acanthe, taillées en forme de feuilles d'olivier ; les feuilles qui entourent la volute en dessous ressemblent à des feuilles de laurier ; finalement, les petits calices, desquels sortent les feuilles qui ornent tout le front de l'abaque, sont d'acanthe ordinaire, gracieusement développées en arabesque. Ce chapiteau extraordinaire est connu en architecture sous la dénomination de chapiteau du Stator (¹).

L'architrave a de hauteur 1^m,050; la division des trois faces, au lieu d'être réglée de telle sorte que de toute sa hauteur étant divisée en douze parties, la face inférieure en garde trois, celle du milieu, quatre, et la supérieure cinq (²), a été divisée ici de manière à rendre la face du milieu et la face supérieure égales entre elles. La cimaise et les chapelets qui ornent ces faces sont d'un goût exquis et si purs d'exécution qu'on les croirait faits en cire plutôt qu'en marbre. La face du milieu a une petite cimaise ornée de feuilles lisses, dans le genre de celles qui sortent de la tige avant la fleur ; dans le plan de cette face, il y a des rubans serpentants, obliquement rangés, formant entre eux des espaces triangulaires remplis par une tige dont les feuilles sortent du calice et sont alternativement l'une d'acanthe, l'autre de feuilles lisses, appelées vulgairement feuilles d'eau ; la feuille d'acanthe s'étend en haut, et la feuille lisse dans le sens contraire, plus rétrécie et moins grande ; de la première naissent deux caulicoles, une de chaque côté, qui se divisent elles-mêmes en deux plus petites ; l'une de celles-ci se termine par une espèce de gland, l'autre par une rosette, après avoir coupé le ruban serpentant ; ce ruban lui-même a ses deux extrémités terminées par une rosette à quatre feuilles.

(1) M. Paul Colin a imité le chapiteau du Stator dans l'exécution du Palais de Justice de Nîmes.
(2) Vitruve, L. III, Ch. III, p. 120,

Quoique la sculpture de cette frise soit parfaitement exécutée, on pourrait se demander pourquoi elle a été faite et ce que peuvent avoir d'agréable tant de détails à cette distance? Dans le fait, une telle bizarrerie n'a été imitée nulle part.

Le soffite de l'architrave consiste en un rectangle creusé et encadré d'oves ; il y a, au milieu de ce carré, un ouvrage très-gracieux en feuilles d'acanthe; sous une rosace placée au milieu du champ, naissent huit branches de caulicoles, quatre desquelles, plus petites, se dirigent en droite ligne, chacune au milieu du rectangle, et quatre plus grandes s'étendent vers les angles, après avoir rempli avec le contour de leurs feuilles tous les vides des deux côtés, en terminant chacune leur contour par une rosace plus petite.

La frise, qui est toute unie, a 1^m,057 de hauteur; on doit noter que dans la construction de cette frise, pour plus de solidité, et pour ne pas charger l'architrave et l'écraser de leur poids, les pierres qui la composent ont été taillées en plate-bande, c'est-à-dire en coins; un des petits, formant coussinet, pose à plomb sur la colonne où se trouve le côté le plus large, le plus étroit étant par-dessus ; l'autre pierre, plus longue, répond aux entre-colonnements et comme elle est taillée en sens contraire, elle est interposée entre les deux premières et reste suspendue, par sa juxta-position, comme la clef d'un arceau, sans fatiguer par son poids l'architrave qui ne la supporte pas.

La corniche, dont les sculptures répondent à

toutes les autres parties de cet admirable monument, est formée de deux rangs de pierres ; la plus basse porte la cimaise de la frise et les denticules avec leur cimaise; la partie supérieure sert pour les modillons, larmier et cimaise, et pour le dernier membre consistant en une gueule droite; il est d'usage, dans les corniches latérales d'un temple, de les orner, comme on l'a fait ici, avec des têtes de lion pour l'écoulement des eaux; parce que, d'après Vitruve, (¹) celles qui correspondent directement à l'aplomb des colonnes, étant faites avec la gueule ouverte, semblaient vomir l'eau de la pluie (²).

(1) Vitr. L. III, C. III, p. 124.
(2) Pour les détails de ce monument, voyez l'ouvrage de Valadier et Visconti, Rome 1826.

TEMPLE DE VESTA A ROME

Ce temple, auquel il ne manque guère que son entablement et une de ses colonnes (¹), est un des plus beaux restes de la grandeur des anciens, sous le rapport de son architecture qui indique le plus beau temps de l'art romain. Un temple qui n'a, dans ses ornements, aucun symbole positif, qui ne porte aucune inscription, qu'aucun auteur ancien n'a décrit, ne peut recevoir une dénomination que par conjecture.

Les opinions des antiquaires sur ce temple peuvent se réduire à cinq : on l'a dédié à Portume (²) Dieu des Ports ; à Matuta ou à l'Aurore (³) ; à Hercule (⁴) ; à Volupia (⁵), déesse des plaisirs ; enfin à Vesta ou à Cybèle (⁶).

(1) Cette colonne cassée se retrouve en grande partie sous le portique circulaire du temple, sa base est en place.
(2) Publius Victor Reg. XI. *Aedis Portumari ad Pontem Aemilii.*
(3) Pomponius Lœtus. *Roma prisca et Nova Romæ*, p. 14.
(4) Raphaël Voltère. *Descriptio urbis Romæ. Cap. de Templis.*
(5) Nardini, p. 442, édit. 1771. — Varro de *lingua latina.* L. IV, p. 39.
(6) Denys d'Halicar. T. I, p. 121. — Ovide fast. L. III, v. 11.

Quatre de ces opinions nous semblent avoir été victorieusement renversées (¹). Albertino, qui écrivait en 1508, considéra la dédicace de notre temple à Vesta, comme admise par la majorité; Fabricio Varano, évêque, l'adopta : Boisard, dans l'histoire des antiquités romaines, fut du même avis et ajoute que cette dénomination était regardée de son temps comme la plus probable; Marliano la confirme par de nouvelles raisons; Ficaroni, Venuti et beaucoup d'autres ont été du même avis.

Il y avait à Rome beaucoup de temples dédiés à Vesta [2]; Numa en éleva un dans l'espace qui sépare le mont Capitolin du mont Palatin; pourquoi ne serait-ce pas le nôtre, dont la forme ronde est plus que toute autre en rapport avec cette déesse; en troisième lieu, les seuls ornements que l'on trouve dans cette ruine, sont des pommes de pin, mêlées dans les ornements des chapiteaux, qui ont une relation particulière avec Cybèle [3], qui était la terre et par conséquent la même que Vesta, à laquelle on attribue le temple. Enfin, jusqu'à ce qu'on trouve plus de certitude à désigner notre ruine sous un autre nom, tenons-nous en à celui que lui donnent les fastes les plus anciens de Rome.

C'est sur la rive gauche, près de l'endroit où débouche la *Cloaca Maxima*, que sont situés les

---

(1) Valadier et Visconti (Raccolta delle antiche fabriche di Rome).
(2) Denys d'Halicarn, t. I, p. 121.
(3) Martial, Epig. Liv. XIII; *nuces pinae* XXV.

beaux restes de ce temple ; la *cella*, de forme circulaire, est entourée d'un portique de vingt colonnes. L'ouvrage est tout en marbre de Carrare ; les colonnes, cannelées, sont en plusieurs pierres ; l'intérieur de la *cella* est en travertin ; il y a une porte et deux fenêtres. Ce monument est malheureusement fort en ruines ; il ne reste que la carcasse des marches à l'extrémité desquelles il est établi ; des vingt colonnes, il n'en reste que dix-neuf, évidemment dégradées par l'effet du feu, et beaucoup manquent d'une portion de leur chapiteau ; la *cella* est à peu près détruite à la moitié de sa hauteur ; il ne reste plus aucun vestige de l'entablement, ni de la couverture du plafond du portique ; les ornements des fenêtres manquent ; enfin la porte n'a ni son architrave ni sa corniche. Ce temple, de la même forme, et qui avait probablement aussi la même destination que celui qu'on voit à Tivoli, n'était pas posé, comme ce dernier, sur un stylobate uni, mais sur des marches établies tout autour, ainsi que le prescrit Vitruve [1]. Les fouilles exécutées au pied de ce monument ont démontré que le sol antique était à $2^m,111$ des dalles sur lesquelles reposent les colonnes, et l'on en a conclu qu'il devait y avoir neuf marches.

Les colonnes cannelées ont leur base attique sans plinthe, leur tore inférieur reposant sur le sol du portique, afin de ne pas occuper l'espace

---

[1] Vitruve, Liv. IV, Ch. VII.

des entre-colonnements et du promenoir, d'une manière choquante, par l'irrégularité que produiraient les angles des colonnes avec des plinthes rectangulaires, dans un édifice circulaire de petite dimension ; la largeur des fenêtres était de 1ᵐ,353.

Au-devant de la porte, dans l'intérieur, se trouve un pierre encastrée dans le pavé moderne, avec une moulure qui en forme l'encadrement, sur laquelle se trouve, en beaux caractères, l'inscription suivante, rappelant la mémoire d'une restauration du temple :

SIXTUS IIII PONT MAX AEDEM
HANC BEATI STEPHANI PROTO
MARTVRIS DIV INCVLTAM ET
INCOGNITAM INSTAVRAVIT
ANNO IVBILEI
OPERANTE GEORGIO DE RVVERE
SACRARVM AEDIVM VRBIS CVRATORE
(Année 1484)

La hauteur des colonnes, en y comprenant la base et le chapiteau, est de 10ᵐ,450 ; leur diamètre, au bas du fût, est de 0ᵐ941. Le diamètre de la *cella* est de 8ᵐ,541 ; son mur s'élève sur le plan du portique avec une très-grande base entrecoupée par les pieds-droits de la porte, ainsi qu'une cimaise qui est à la hauteur des pieds-droits des fenêtres auxquels cette cimaise sert de base, où plutôt servait, lorsque ces pieds-droits existaient.

Sur ce grand embasement, élevé de 2ᵐ,981, sont des rangs de pierres à double cours avec un troisième rang moins élevé, qui semble servir à lier cette construction ingénieuse et agréable à la vue; c'est dans les refends que sont cachés les assemblages des pierres.

L'entablement et le plafond du portique manquent entièrement ; on ne peut déterminer la hauteur de la porte, ni celle des fenêtres ; le seuil était en marbre. Tous les chapiteaux sont composés de trois pièces de marbre, l'une au-dessus de l'autre; la première, posée sur l'astragale, forme le premier rang de feuilles ; la seconde forme le rang du milieu, et dans la dernière sont sculptés l'abaque et les caulicoles; les angles sont pointus. Les bases sont du même marbre que les colonnes; mais le joint n'est pas placé au bas de la colonne, il fait partie de cette dernière et porte le commencement des cannelures, qui sont au nombre de vingt-quatre et ont leur base demi-circulaire inclinée.

GROTTE DE LA NYMPHE ÉGÉRIE A ROME

L'an XL de la fondation de Rome, 714 années avant l'ère chrétienne, Numa Pompilius, après la mort de Talia, sa femme, s'était retiré à la campagne où il vivait dans l'isolement près de Cure, sa patrie ; sur sa grande réputation de probité les Romains lui envoyèrent une députation pour lui offrir le trône que la mort de Romulus venait de laisser vacant.

Ses premiers soins, en prenant les rênes de l'Etat, furent de chercher à corriger, par la religion, le naturel farouche du peuple qu'il était appelé à gouverner. Il institua des cérémonies sacrées, créa huit colléges de prêtres, établit le culte de Janus, bâtit le temple de Vesta dans lequel des filles, qui faisaient vœu de chasteté, furent chargées d'entretenir le feu sacré. Il divisa l'année en douze mois, et publia des lois religieuses sous lesquelles il rangea son peuple pendant les quarante-deux années de son règne [1].

---

[1] Tacite Ann. III. Ch. 26.

Pour donner à toutes ces institutions nouvelles un caractère sacré qui les rendît plus respectables, Numa eut l'art de persuader au peuple que la source en était divine et qu'elles étaient le résultat de ses conférences secrètes avec la Nymphe Egérie, organe de la volonté des dieux.

Cette fiction, si utile au gouvernement de Numa, servait aussi de prétexte à la vie retiré de ce prince, dont les journées se passaient au milieu des bois dans de prétendus entretiens avec la Nymphe inspiratrice. Ovide et Plutarque ont malheureusement détruit la poésie de ces visites mystérieuses, en supposant qu'uni secrètement avec Egérie, Numa, en s'éloignant de la société des hommes, n'avait pour but que de vivre plus tranquillement avec sa nouvelle compagne ; Denys d'Halicarnasse ajoute même que tout le monde avait pu se convaincre de l'intimité de cette liaison [1].

On pourrait supposer aussi que, dans l'obscurité des bois, ce sage vivait en sultan, puisque ce n'est pas seulement par l'organe de la Nymphe Egérie, mais, par l'entremise des Muses, qu'il devait tenir la plus grande partie de ses révélations, et plus particulièrement de la muse qu'il nommait *Tacita*, pour faire comprendre peut-être que le silence méritait aussi des autels [2].

Quoi qu'il en soit, Numa sut acquérir la confiance du peuple romain qui accepta aveuglément

---

[1] Tacite, Liv. II, ch. 15.
[2] Plutarque, p. 355.

les lois divines et les règlements présentés par lui comme l'expression de la volonté des dieux, transmis par la bouche des Nymphes.

Il consacra aux Muses les bois et les prairies où il allait s'entretenir avec elles, et les Vestales durent tous les jours, laver et arroser le sanctuaire de leur temple avec l'eau puisée à la fontaine qui jaillissait au milieu des bois ; c'est là cet Almo qu'Ovide a rendu célèbre [1].

Illic purpurea canus cum veste sacerdos
Almonis Dominum, sacraque lavit aqua.

Et c'est encore cette même fontaine qui a inspiré l'auteur des *Métamorphoses* dans l'ingénieuse fiction par laquelle il nous apprend qu'après la mort de Numa, Diane, pour faire cesser la désolation de la Nymphe, la changea en fontaine dans le petit bois même où ce prince avait, avec elle, des entretiens secrets.

Plus tard, les Romains consacrèrent ce bois et cette source à Egérie, et pendant leur grossesse, les dames romaines y vinrent offrir des sacrifices à la déesse, pour en obtenir un heureux accouchement, parce qu'elle avait le pouvoir de faire sortir l'enfant avec facilité [2] ; quelques auteurs ont voulu trouver le principe de cette croyance dans le nom même d'Egérie dont l'origine, *egerere*, signifie « faire sortir. »

[1] Fastes L. 4.
[2] Moreri.

Par une espèce de tradition, on continua à attribuer une vertu salutaire aux eaux de cette fontaine et, pendant l'été, surtout le premier dimanche de mai, la grotte et la vallée furent encore longtemps fréquentées par les Romains modernes. Aujourd'hui toute tradition semble à jamais perdue dans ces contrées ; les descendants de Cincinnatus n'ont plus de charrues et Cybèle est condamnée au célibat ; les regards se promènent tristement sur des campagnes arides qui semblent n'avoir pour toute végétation que des tombeaux, dans lesquels la cendre des vieux Romains n'a pas même été respectée ; de longues allées d'arcades en ruines, aux tiges immobiles, viennent encore attrister ce sombre paysage que la mort paraît avoir choisi pour planter des enseignes. Des vaches, d'une nature et d'une couleur sauvages, quelques rares paysans armés sont les seuls êtres vivants qu'on rencontre à regret dans ces lieux ; le nom de la Nymphe législatrice est à peine connu, l'Almo d'Ovide porte la sale dénomination d'*Aquataccio,* la vallée des Muses a changé ce nom poétique contre celui de *Caffarelli,* le temple de Bacchus qui la domine s'appelle aujourd'hui *Chiesa St-Urbano,* et l'on ne trouve là que le sanctuaire du dieu *Ridiculus* qui ait été jugé indigne du baptême chrétien.

C'est en sortant de la porte Capène que Juvénal et son ami arrivent :

Hic ubi nocturnæ Numa constituebat amicæ.

Et c'est aujourd'hui par la porte Saint-Laurent, qui est la même que la porte Capène, qu'on arrive à la vallée d'Egérie. Le poète, en exprimant ses regrets de ne plus trouver la nymphe dans la parure simple que la nature lui avait primitivement donnée, nous apprend que déjà, dans le premier siècle, le luxe impérial s'était introduit jusque dans la mystérieuse grotte.

*In vallem Egeriæ descendimus, et speluncas
Dissimiles veris : quanto præstantius esset
Numen aquæ, viridi si margine clauderet undas
Herba nec ingenuum violarent marmora tophum!*

Il est donc évident que, du temps de Numa, cette grotte dans le tuf était telle que la nature l'avait formée, et que ces constructions réticulées, ces niches et ces marbres, dont se plaint le poète, sont l'ouvrage des siècles postérieurs ; de quelle utilité, en effet, auraient pu être ces niches au temps de ce roi législateur, qui prétendait que l'entendement seul pouvait comprendre la divinité et que c'était un sacrilége de vouloir représenter les choses divines sous des formes terrestres, lui qui défendit aux Romains d'avoir jamais dans leurs temples les images des dieux, en peinture ou en sculpture, ce qui fut rigoureusement exécuté, car, pendant les cent soixante-dix premières années de Rome, les dieux eurent des temples et des chapelles, mais l'intérieur ne fut orné d'aucune représentation des divinités auxquelles ils étaient consacrés [1].

[1] Plutarque, p. 355.

Après Juvénal, Valérius Flaccus, poète du temps de Vespasien, assure avoir lu, sur le pavé de la même grotte, une inscription qui établissait que cette fontaine était bien celle d'Egérie, dédiée aux Muses.

Plus tard encore, Nardini s'exprime en ces termes :

In un luogo del qual ne sono padroni li Caffarelli, che con questo nome è chiamato, vi è una fontana, sotto una gran volta antica dove li Romani vi vanno l'estate a ricrearsi. Nel pavimento di essa fonte, si legge, in un epitaffio, essere questa la fonte di Egeria dedicata alle ninfe, e questa, dice l'epitaffio, la medesima fonte in cui fu convertita (1).

Ni l'un ni l'autre de ces deux auteurs ne rapporte l'inscription, mais il existe sur une pierre de la Villa Giustiniani que le Diario italiano (2) signale, comme venant de la fontaine d'Egérie, deux vers d'Ovide qui font penser à Montfaucon, que ce pourrait bien être là l'inscription dont parle Valérius.

Egeria est quæ præbet aquas, dea grata Camœnis ;
Illa Numæ conjux consiliumque fuit.

Les décorations de mauvais goût qui provoquèrent la critique de Juvénal n'existent plus, l'art disparaît tous les jours de ce mystérieux

---

(1) Nardini, Mémoires. L. III, Chap. III, p. 12.
(2) Page 153.

sanctuaire ; les marbres ont été enlevés, sa voûte antique se cache sous le lierre et la mousse, et les trois niches sans ornements, qui décorent chacun de ses côtés, laissent apercevoir, à travers leurs dégradations, le stuc qui fait la substance du roc dont elle est formée. Ainsi, quelques jours encore, et cette grotte sera rendue à sa simplicité première par le temps et par l'incurie, et la critique du poète latin ne sera bientôt plus qu'un fait historique.

La seule niche principale qui décore le fond est encore ornée d'une statue de marbre blanc à laquelle il manque la tête : du socle, sur lequel elle est à demi-couchée, s'échappent trois cascades, qui prennent leur source dans une cavité placée derrière la statue, en répandant leurs eaux dans des canaux, jadis de marbre, qui entourent le sol, pour conserver dans le délicieux asile une fraîcheur qui en fait le charme.

Les souvenirs historiques qui se rattachent à ce monument, son aspect pittoresque, la solitude du lieu, le murmure des sources qui jaillissent sur tous les points de ce sanctuaire, l'atmosphère poétique qui vous environne impriment aux sens un ravissement mélancolique, dont il est difficile de n'être pas enivré : tout ici touche le cœur, élève l'âme, émeut l'imagination, et le visiteur en extase ne voit dans la statue, qui est au-devant de lui, que l'image de la divinité, à laquelle le plus sage des rois consacra cette mystérieuse retraite. Malheureusement, à Rome plus qu'ailleurs, les extrêmes se touchent et le désappointement suit bientôt l'extase, lorsqu'un examen plus détaillé vous force à reconnaître un mâle dans les formes de cette nymphe à laquelle on était sur le point de sacrifier. Par bonheur, une idée compensatrice vint atténuer le sentiment pénible que me faisait éprouver cette transition si subite ; la nymphe avait disparu, mais le prince législateur avait pris sa place, et je crus voir dans cette statue un hommage rendu par la Rome impériale à l'auteur de ses institutions religieuses, dans le temple même où les dieux les lui avaient inspirées.

Cette grotte a 10^m,80 de profondeur sur 7^m,16 de largeur.

COLONNE PHOCAS A ROME

Cette colonne isolée, qui s'élève au pied du mont Capitolin avait, depuis plusieurs siècles, reçu des noms différents de la part des antiquaires ; elle ne pouvait appartenir à aucun des monuments voisins ; on reconnaissait seulement qu'elle avait été élevée dans un temps de décadence en l'honneur d'un empereur secondaire.

Des fouilles exécutées en 1813, sous les yeux de M. le baron Martial Daru, mirent cette colonne à découvert jusqu'à la base de son piédestal ; la largeur du plan sur lequel reposait cette base, fut regardé alors comme l'ancien sol de Rome et l'on ne creusa pas davantage. Cette erreur fut partagée par tout le monde, excepté par la duchesse de Devonshire, qui chercha à faire creuser plus bas que la dalle, et cette recherche eut pour résultat de faire voir le monument sous un aspect différent de celui où il avait d'abord paru, et l'on vit alors que la grandeur n'était pas entièrement bannie des constructions romaines, même dans les temps de barbarie.

M⁽ᵐᵉ⁾ la duchesse de Devonshire obtint du Saint-Père la permission de faire des fouilles, et le 19 décembre 1816, elle les ouvrit avec promesse de ne rien s'approprier des découvertes qu'elle pourrait faire; le gouvernement la seconda en mettant à sa disposition les ouvriers dont elle pourrait avoir besoin.

Plusieurs siècles se sont écoulés sans que l'on sût rien de relatif à cette ridicule colonne, au milieu de constructions modernes, près de l'arc de Septime Sévère dans le *Forum*. Les opinions diverses des écrivains modernes n'avaient donné aucun éclaircissement sur ce monument; lorsque enfin ce local fut débarrassé des masures qui l'encombraient, on creusa autour de cette colonne isolée, pour en découvrir l'usage et les rapports qu'elle pouvait avoir avec les autres monuments voisins, et l'on se convainquit que c'était là une colonne unique et honorifique, et les savantes remarques de M. Phil. Aurèle Visconti ont éclairé ce dont les antiquaires les plus habiles ne se doutaient nullement.

Le monument est tout en marbre grec, ainsi que les marches qui l'entourent; sa base est à 4 mètres au-dessous du sol actuel; un piédestal fort bien exécuté en moëllons, ayant 5ᵐ,50 sur chacun de ses côtés, sert à supporter la colonne; le pied du monument était formé par une rangée de marches, dont il ne reste que deux côtés(¹). L'ancien pavé du *Forum* sur lequel repose la masse entière, est en dalles de travertin et fort bien conservé. La première marche n'a pas, comme les autres, un boudin à sa partie supérieure ; ces marches ont 0ᵐ,37 de hauteur sur 0ᵐ,432 de largeur, ce qui forme une montée extrêmement rapide, usage généralement pratiqué dans les édifices anciens, surtout lorsque leur situation ne permettait pas de s'étendre ; ces marches auraient été ici au nombre de seize, ce qui donnait à cette montée une élévation de 4ᵐ,593 au-dessus du sol antique.

Sur ce plan s'élève le piédestal uni avec sa lourde cimaise, et au-dessus une espèce de plinthe qui ne fait pas partie de la colonne, ce qui donne à cette masse 3ᵐ,572, ce qui fait à peu près le quart de la colonne en y comprenant sa base et son chapiteau.

La face antérieure du piédestal porte l'inscription suivante, un peu dégradée, mais savamment restituée par M. P. Aur. Visconti, qui a lu :

✝ OPTIMO - CLEMENTIS - FELICISSIMOQVE
PRINCIPI - DOMINO - N - FOCAE - IMPERATORI
PERPETVO - A - DO - CORONATO - TRIVMPHATORI
SEMPER - AVGVSTO
SMARAGDVS - EX - PRAEPOS - SACRI - PALATII
AC - PATRICIVS - ET - EXARCHVS - ITALIAE
DEVOTVS - EIVS - CLEMENTIAE
PRO - INNVMERABILIBVS - PIETATIS - EIVS

(1) Cet usage est usité pour quelques colonnes en Grèce.

BENEFICIIS - ET - PRO - QVIETE
PROCVRATA - ITALIAE - AC - CONSERVATA - LIBERTATE
HANC - STATVAM - PIETATIS - EIVS
AVRI - SPLENDORE - MICANTEM - HVIC
SVBLIMI - COLVMNAE - AD - PERENNEM
IPSIVS - GLORIAM - IMPOSVIT - AC - DEDICAVIT
DIE - PRIMA - MENSIS - AVGVST - INDIC - VND
P̄C̄ - PIETATIS EIVS - ANNO - QVINTO

Par cette inscription, on voit qui a élevé ce monument et la statue, l'époque de son inauguration, et qu'elle a été dédiée à un Auguste, points fixés avec certitude.

Smaragdus Patricius, exarque d'Italie, fut également préposé du palais impérial; d'après les historiens il exerça deux fois les fonctions d'exarque; la première fois, en l'année 585 de l'ère vulgaire, la seconde du règne de l'empereur Maurice, avant son premier consulat, pendant sa première indiction; d'où il résulte que notre marbre ne peut appartenir à une pareille époque; et s'il conserva la charge jusqu'à l'année 588, ce n'était pas au-delà de la sixième indiction, pendant la sixième année après le consulat de Maurice.

Smaragdus devint de nouveau exarque l'an 602 de l'ère vulgaire, qui fut la dernière de Maurice et la première de l'empereur Phocas, et il se démit de sa charge dans l'année 609, huitième du règne de Phocas, après son consulat, dans le courant de la douzième indiction : de sorte que, la cinquième année après le consulat de Phocas, il était dans la onzième indiction, ainsi qu'on le lit sur notre inscription. Il résulte clairement de là que ce fut l'an 608 que ce monument fut érigé à l'honneur de l'empereur Phocas.

La croix, placée en tête d'une inscription impériale chrétienne, ne se trouve pas dans les grandes collections. Une inscription d'Atalaric, rapportée par Gruter (¹), commence aussi par la croix, ainsi que quelques diplômes royaux du huitième siècle. Ce signe sacré convient assez au caractère religieux de Smaragdus; on pense que c'est peut-être cette année-là que Phocas fit consacrer le Panthéon par le pape Boniface IV; et selon Anastase, bibliothécaire, il avait accordé deux ans auparavant, de grands priviléges à l'Eglise romaine (²); sur presque toutes les médailles de cet empereur, il y a des croix de la même forme que celle de notre inscription (³).

Le sigle $\overline{PC}$ à cause de la ligne superposée, se distingue du *Poni curavit* exprimé par les deux seules lettres PC, si fréquemment employées dans les inscriptions. Gruter nous a fait connaître ce sigle et a rapporté à cet égard deux inscriptions, l'une où se trouve *Post consulatum* en entier, l'autre où se trouve un sigle semblable au nôtre (⁴).

---

(1) Page CLXVIII. Num. 9.
(2) Muratori, T. III, p. 1. P. 135.
(3) Bandini, T. II, p. 671.
(4) Gruter, p. MXVII.

TEMPLES DE TIVOLI

A Tivoli, ville du Latium, distante d'environ dix-huit milles de Rome, on trouve les restes d'un grand nombre d'édifices antiques, dans tous les genres, construits par les Romains, qui firent leurs délices de ce séjour si séduisant par sa fraîcheur, pendant les chaleurs de l'été, par le doux murmure des eaux de l'Anio, qui se précipite en cascades, et surtout par l'aspect ravissant de ses vastes campagnes.

Parmi tous ces édifices en ruines, le mieux conservé est, sans doute, le petit temple, vulgairement appelé de Vesta, on ignore en quel temps et par qui a été construit ce beau modèle de l'architecture romaine.

Ce petit temple est dans une situation délicieuse, aux confins de la ville de Tivoli, vers le levant, à l'extrémité d'un rocher qui domine le torrent où l'Anio se précipite en cascade si élevée, qu'on a été obligé d'établir des murs et des voûtes sur lesquelles a été construit l'escalier du temple même.

Ce temple, de forme ronde, est du genre de ceux qu'on appelle périptères ; le grand stylobate qui forme son plan le classe néanmoins dans les monoptères (1).

L'entablement, le portique, les colonnes, le revêtement de la base, le seuil, les pieds-droits et la corniche de la porte et de la fenêtre, sont en pierres du pays, dites travertin, qui, étant polies, ressemblent à du marbre.

Le diamètre de la cella est de $7^m,269$; la hauteur de la colonne, y compris la base et le chapiteau, est de $7^m,132$.

Des dix-huit colonnes qui formaient le portique du temple, il n'en existe plus que dix; leur diamètre est de $0^m,754$, et l'entre-colonnement de $1^m,486$.

La largeur de ce portique, c'est-à-dire l'espace compris entre le mur de la *cella* et le vif des colonnes, est de $1^m,657$.

Ce qui reste du massif qui supportait l'escalier par lequel on montait au temple est formé de fragments irréguliers de tuf, cimentés avec de la chaux, mais on ne peut déterminer, ni la largeur de cet escalier, ni celle du palier auquel il conduisait ; on doit cependant présumer qu'il était d'une dimension égale à celle de l'entre-colonnement du milieu.

(1) Vitr. L. IV, Ch. VII.

L'entablement a 1ᵐ,237 ; la frise est ornée de têtes de taureaux avec des bandelettes et des guirlandes composées de fruits et de feuillages.

Il y a, au-dessus de la corniche, un petit socle formé par l'épaisseur des dalles qui forment le plafond ; il ne reste aucun vestige de la couverture.

Le sol intérieur est élevé de deux marches au-dessus du portique.

La porte a 4ᵐ,726 d'ouverture et 5ᵐ,478 de hauteur ; elle est plus étroite à sa partie supérieure qu'au bas.

La hauteur des fenêtres est de 2ᵐ,968 et leur largeur de 1ᵐ,041. Celle qui existe est élégamment encadrée et couronnée d'un gracieux entablement.

L'élégante cannelure des colonnes et la forme ronde de l'édifice ont été considérées comme des symboles se rapportant à Vesta, mère des dieux, qui représente la Terre ; les taureaux rappellent la culture de la terre, et les fruits, les épis, les pavots sculptés sur la frise désignent aussi sa fertilité.

D'après les mythologistes les plus distingués, deux déesses portent le nom de Vesta : l'une femme du Ciel et mère de Saturne ; l'autre vierge, fille de Saturne et de Rhéa ; et quoique la première représente la terre et l'autre le feu, l'uniformité de nom a produit une telle confusion, même chez les auteurs anciens, qu'Ovide lui-même [1] a donné

---

[1] Fast, Liv. VI, v. 267.

indifféremment à Vesta les attributs de la terre et du feu ; il en est beaucoup d'autres encore, parmi les anciens, qui confondent Vesta, la Terre et Cérès (¹), et Varron assure que le nom de Vesta a son origine dans le vêtement dont se couvre la terre.

Les temples de Vesta étaient ronds, pour indiquer la terre ; c'est la forme que, d'après Plutarque, Numa donna au premier temple qu'il éleva, à Rome, à cette déesse. C'est également ainsi qu'ils étaient chez les Grecs, qui les nommaient *toli*. Sur les médailles, les temples de Vesta sont constamment ronds. Ainsi, les monuments confirment ce que les anciens ont dit à ce sujet.

Il existe sur la partie antérieure du temple, la fin d'une inscription qui se serait terminée par le nom de L. GELLIO ; on distingue même, avant la lettre L les traces d'un E qui aurait été la dernière lettre du mot précédent, comme CVRANTE ou CVRATORE.

Piranosi, en combinant la mesure des lettres existantes avec l'espace que devaient occuper celles qui manquent, rétablit l'inscription de la manière suivante :

AEDEM.VESTAE.S.P.R.PECVNIA.
[RESTITVIT.CVRATORE.L.GELLIO.L.F

Ce qui prouverait qu'un certain Lucius Gellius, fils de Lucius, fut celui qui fit ériger ou réédifier ce temple.

(1) De natur. Deor, Ch. XXVIII.

Un Lucius Gellius, fils de Lucius, surnommé Publicola, fut consul [1] l'an de Rome 682 (72 ans avant J.-C.); il vécut longtemps [2]; il fut proconsul en Grèce [3] et s'y distingua par son amour pour la philosophie et les philosophes, dont quelquefois il écrivait les disputes ; il fut censeur et exerça avec rigueur sa magistrature. Après l'extinction de la conjuration de Catilina, Cicéron le jugea digne de la couronne civique [4] ; il pardonna à son fils de graves offenses envers lui, en le déclarant innocent devant le Sénat [5].

Le style du temple se rapporte assez à l'architecture de cette époque, et cette construction pourrait fort bien s'appliquer à cet illustre Romain.

TEMPLE DE LA SIBYLLE TIBURTINE

Le petit monument, placé d'une manière si bizarre, à côté du Temple de Vesta, est connu sous le nom du Temple de la *Sibylle Tiburtine*, il est construit en travertin ; sa forme rectangulaire et la disposition de ses colonnes engagées, le classent, comme le Temple de la Fortune-Virile à

---

[1] Almelovius, Fast. Rom. p. 98.
[2] Cicéron Brut. XLVII.
[3] Tit.-Liv.
[4] D'après Gellio, Liv. V., ch. VI.
[5] Val. Max. V, ch. 9.

Rome, ou la Maison-Carrée à Nimes, dans le genre pseudo-périptère.

Il est tétrastyle et précédé d'un péristyle de six colonnes isolées ; celles qui sont contre les murs de la *cella* sont engagées d'un peu moins que la moitié de leur diamètre ; elles sont cannelées et d'ordre ionique ; une seule a conservé son chapiteau.

Sur les côtés, les colonnes sont au nombre de six, en comptant deux fois celles des angles ; elles reposent sur un stylobate de 2 mètres d'élévation, 14 mètres de longueur et 9 mètres de largeur.

La hauteur des colonnes est de 7 mètres, en y comprenant la base et le chapiteau.

L'entablement de la couverture n'existe plus ; les habitants de Tivoli ont fait de ce temple leur église paroissiale, dédiée à saint Georges.

THÉATRE D'ORANGE

A propos du Théâtre romain d'Orange, M. L. Vitet disait, dans le *Journal des Savants*, du mois de juillet 1859 : « On peut visiter l'Italie, la Sicile, l'Archipel, l'Asie-Mineure, tout l'ancien monde grec et romain, interroger les ruines de cinquante ou soixante théâtres dont nous parlent les voyageurs, on n'en trouvera pas un qui soit à la fois aussi imposant d'aspect et aussi utile à consulter que le Théâtre d'Orange. »

« Par un hasard singulier, la partie qui, dans ces édifices, a le plus constamment souffert, qui n'apparaît, en général, qu'à fleur du sol, qui souvent même a complètement disparu, soit qu'elle fût sujette à plus de remaniements, soit que, dans certain cas, on ne la construisît qu'en bois, la scène, l'emplacement occupé par les acteurs, le théâtre lui-même, à vrai dire, s'est ici conservé dans toute sa hauteur, depuis sa base jusqu'au sommet. On peut trouver ailleurs des gradins en meilleur état ; la partie semi-circulaire destinée au public, ce que nous appelons aujourd'hui la salle de spectacle proprement dite, n'est plus qu'un amas de ruines ; rien ne subsiste des étages supérieurs, et si les premiers rangs n'ont pas été détruits, c'est qu'ils sont assis sur le roc. La muraille, au contraire, contre laquelle la scène était adossée et les constructions latérales qui la flanquaient de droite et de gauche, ce que les anciens appelaient le *postscenium*, le *proscenium*, le *parascenium* sont restés debout, comme par miracle. La masse tout entière en subsiste, il n'y manque que les vêtements décoratifs. Là, comme dans presque tous les monuments antiques, cette partie délicate a été brisée, mutilée, dérobée, mais les rares fragments qui en restent permettent de la restituer, dans son ancien état, sans grand effort d'imagination et sans abus de conjectures. »

« Est-il besoin d'insister sur le prix inestimable d'un pareil monument ; mettez de côté sa valeur archéologique ; oubliez qu'il est peut-être unique au monde et qu'il sert à éclairer un des points les plus obscurs, les plus énigmatiques de l'architecture des anciens, il n'en restera pas moins au premier rang par le grandiose des proportions, la beauté de l'appareil, les dimensions des matériaux, la fermeté du style ; chaque fois qu'il nous est arrivé de voir et de mesurer des yeux cette immense façade, notre surprise a été plus grande ; l'étonnement s'accroît quand on a la mémoire encore fraîche des monuments de l'Italie, car il n'existe, même à Rome, qu'une seule œuvre de main romaine dont la grandeur soit plus imposante encore : c'est à savoir le Colisée. Après ce géant des amphithéâtres, on peut placer hardiment le Théâtre d'Orange ([1]). Et c'est dans une chétive petite ville qu'on rencontre ce colosse ! Contraste étrange qui ajoute à la grandeur de l'édifice. »

Selon l'usage des anciens, le Théâtre d'Orange est établi sur le penchant d'une colline qui le circonscrit du côté du sud ; l'ancien cirque, dont l'hémicycle est également taillé dans la montagne, lui sert d'encadrement à l'ouest et son immense façade, placée immédiatement derrière la scène, forme une barrière à l'aquilon. L'expression dont nous venons de nous servir ne paraîtra plus exagérée, lorsqu'on saura que cette façade, à laquelle il ne manque pas une pierre, a une largeur de 103 mètres, sur une hauteur de 37 mètres, c'est-à-dire quinze mètres de plus que l'élévation de l'Amphithéâtre de Nimes.

La décoration en est des plus simples et les ornements presque nuls. Au rez-de-chaussée, vingt pilastres d'ordre dorique, couronnés d'un entablement fort simple, séparent dix-neuf ouvertures irrégulières, mais symétriquement disposées, par rapport à l'axe de l'édifice ; trois de ces ouvertures, y compris celle du milieu, sont rectangulaires et aboutissent directement sur la scène

---

([1]) M. L. Vitet aurait pu ajouter le Pont-du-Gard qui, sur une longueur de 280 mètres en a 48 de hauteur.

qu'elles divisent en trois compartiments, comme on le verra, lorsque nous parlerons de cette partie du théâtre. Les seize autres, couvertes en arcades, sont disposées de la manière suivante :

Quatre, placées deux à deux à chacune des extrémités de la façade, communiquent à deux grandes pièces qui forment les retours de la scène, parce qu'elles étaient destinées au service de cette partie du théâtre ;

Les deux suivantes, toujours en nous rapprochant du centre, des deux côtés, ne sont là que pour la forme, puisqu'elles sont murées ;

Deux arceaux, beaucoup plus petits, donnaient entrée à deux grands escaliers, établis l'un à droite, l'autre à gauche, pour conduire tant sur les gradins qu'aux divers étages de la scène ;

Enfin, les huit autres servaient d'entrée à autant de petites boutiques destinées, sans doute, à des marchands de comestibles.

Tout ce rez-de-chaussée, dont la hauteur est de 10 mètres, était abrité par un portique de 8^m,50 de largeur, qui devait toujours, selon Vitruve [1], être placé derrière la scène pour mettre les spectateurs à couvert, lorsqu'un orage venait interrompre le spectacle ; les amorces de ce portique et de sa toiture sont indiquées d'une manière incontestable sur la façade du Théâtre d'Orange, jusqu'à la hauteur de 8 mètres au-dessus de l'entablement du rez-de-chaussée.

[1] Vitruve, L. V, Ch. VIII.

Là commence un premier étage, décoré de vingt et une arcades taillées, à la profondeur de dix centimètres, dans un mur uni disposé par assises horizontales, de telle sorte que ces arcades n'ont pas de voussoirs et ne sont indiquées que par leurs archivoltes et leur pilastre, taillés sur une surface lisse, qui, dans le principe, n'avait pas été destinée à porter cette décoration ; ces arcades simulées, ainsi que les pilastres qui les séparent, ne sont pas entre eux d'une dimension rigoureusement exacte. La hauteur de cet étage, en y comprenant l'entablement, est de 8 mètres.

Le restant du mur de façade, qui couronne ce premier étage, a 11 mètres d'élévation ; voici de quelle manière l'architecte a rompu l'uniformité de cette grande surface : elle est coupée, sur sa hauteur, par deux rangs de corbeaux à 7 mètres de distance l'un de l'autre, formant deux lignes horizontales en saillie d'un mètre sur le nu du mur ; le milieu de l'intervalle, qui sépare ces deux rangs, est occupé par une corniche à gouttières, destinées à l'écoulement des eaux pluviales que recevait le toit dont la scène était couverte.

Ces corbeaux, alternativement placés à l'aplomb du milieu des arcades feintes et des pilastres qui les séparent, sont, par conséquent, au nombre de 43 sur chaque rang. Les trois premiers, du côté du levant, et les deux premiers, du côté opposé, ne sont pas percés ; les autres le sont tous, mais d'une manière différente sur chaque rang ; le plus élevé a ses trous cylindriques, tandis que ceux du rang inférieur sont en forme de cône renversé, percé à son extrémité d'une ouverture circulaire de cinq centimètres, afin que les eaux pluviales ne séjournent pas dans cette espèce d'entonnoir.

Il est plus que probable que ces corbeaux étaient destinés à recevoir les pieux auxquels devait s'attacher le *velarium*, qui couvrait les spectateurs, et dont la disposition nous paraît fort difficile à établir ; nous devons dire, toutefois, que lorsqu'on voudra étudier quel est, à cet égard, le système applicable au Théâtre d'Orange, on devra nécessairement tenir compte des observations suivantes.

Pour que les énormes poteaux destinés à retenir le *velarium* pussent, en traversant les corbeaux les plus élevés, venir s'appuyer sur les corbeaux inférieurs, il fallait indispensablement échancrer la corniche à gouttières qui dépassait leur aplomb ; eh bien ! cette opération n'a été exécutée que sur les six premiers corbeaux percés qui se trouvent aux extrémités de chaque rang.

Faut-il conclure de cette particularité que l'opération de ces échancrures n'a pas été terminée et que, par conséquent, on ne s'est jamais servi d'une tente sur le Théâtre d'Orange ? Ou bien doit-on chercher à en déduire le mécanisme par les données matérielles qui existent ? C'est ce que vient de faire un de nos savants architectes, dans un grand ouvrage fort remarquable à tous égards [1].

(1) Caristie : *Monuments Romains d'Orange*.

Cette façade est couronnée par une corniche qui profile sur les parties latérales du Théâtre, ainsi que les entablements des divers étages.

On voit, par la description que nous venons de donner, que cette façade ne se distingue pas par la richesse de ses ornements, et cependant il est difficile de se défendre d'un sentiment d'admiration à l'aspect de ce gigantesque édifice. Aussi l'un des archéologues les plus distingués de notre époque, s'est-il écrié, en présence de ce colosse : *La grandeur n'exige pas d'ornements, c'est l'effet imposant des masses et non la délicatesse et l'exactitude des détails qu'on a cherché dans cette grande construction* (1).

Notre illustre antiquaire avait raison, et cependant tout, dans le Théâtre d'Orange, annonce la décadence de l'art.

En 1835, l'intérieur de ce Théâtre formait un des quartiers de la ville; ses murs servaient d'appui aux maisons qu'on y avait adossées; et, ce que le temps, le feu et les Vandales n'avaient pu opérer, a été fait par les misérables habitants : « *qui sont venus*, dit M. Dupin l'aîné, *se loger dans les monuments publics comme les rats et les oiseaux de proie.* » Cet honorable jurisconsulte n'eut pas de peine à démontrer « qu'il y avait plus de raison » de dépouiller des usurpateurs, pour dégager ce » qu'ils avaient souillé, que d'exproprier un pro-

---

(1) *Voyage dans le Midi de la France.*

» priétaire sans reproches, pour élever un monu-
» ment neuf sur l'emplacement qui lui appartient :

» 1° Parce que le monument antique est évi-
» demment du domaine public qui, autrefois,
» était imprescriptible ;

» 2° Que si une possession a jamais été de *mau-*
» *vaise foi*, c'est celle qui s'établit dans l'intérieur
» d'un Cirque ou sur le *proscenium* d'un Théâtre,
» quand des ruines gigantesques sont là pour ré-
» clamer sans cesse en faveur de leur origine et
» de leur destination. *Titulus perpetuo clamat.* »

Une loi fut rendue sur cette consultation et le déblaiement du Théâtre d'Orange en a été la suite.

Un architecte de la capitale, placé depuis longtemps, par ses intéressants travaux, au faîte de la science archéologique, M. Caristie, vient de faire connaître au monde savant, dans une œuvre qui n'est malheureusement pas à la portée de toutes les bourses[1], les découvertes faites au Théâtre d'Orange et la description architectonique des monuments romains que cette ville renferme.

Les dernières fouilles de ce Théâtre ont mis à découvert tout le *proscenium*, la scène, les cinq gradins inférieurs, le marchepied qui formait l'enceinte de l'*orchestra*, dont l'hémicycle avait été tracé par un rayon de 14^m,95, enfin cinq *scalariæ* qui divisent en quatre *cunei* la circonférence des gradins inférieurs.

[1] *Monuments Antiques d'Orange.*

Sur la face verticale du plus bas de ces gradins, on remarque deux inscriptions identiques, placées au milieu des deux *cunei* du centre ; elles portent :

EQ - G - III

Que l'on doit traduire par : *Equestri gradus tres;* ainsi nous apprenons qu'au Théâtre d'Orange, les trois premiers gradins étaient destinés à l'ordre équestre.

Des dalles de l'*orchestra* sont encore en place, ce qui a permis de se convaincre que le *pulpitum* était élevé de 1^m,785 au-dessus du sol ; la scène avait 61^m,20 de largeur sur 12^m,20 de profondeur ; elle était décorée de trois ordres d'architecture qui sont encore visibles.

« Ainsi, la règle antique, dit M. Vitet, était de faire la scène de cinq à six fois plus large que profonde ; chez nous, il n'est pas un Théâtre dont la scène ne soit au moins deux ou trois fois plus profonde que large.

» Voilà une différence radicale qui ne pouvait manquer d'avoir des conséquences. Cette manière diamétralement opposée de concevoir la structure de la scène, devait se reproduire dans l'action dramatique elle-même et dans le mode de représentation (1).

» Pour bien se figurer ce qu'était la scène chez les anciens, on n'a qu'à regarder ce qu'il en reste chez nous, lorsque la toile est baissée. L'espace

---

(1) Voyez le résultat de nos recherches à ce sujet, dans les mémoires de l'Académie du Gard de l'année 1861.

compris entre la rampe et le rideau d'une part, et de l'autre, entre les loges d'avant-scène, voilà, toute proportion gardée, ce qui correspondait au *pulpitum* antique.

» Dès-lors, il va sans dire que tout effet de perspective, non-seulement dans les décorations, mais dans la position des acteurs et des choristes devenait impossible. Chez nous la mise en scène est toujours calculée dans le sens de la profondeur de la scène; elle veut être vue de face; chez les anciens elle procédait dans le sens opposé, et, par conséquent, de profil. Nous cherchons à montrer les choses en ronde bosse, pour ainsi dire; les anciens les faisaient voir comme en bas-relief, se conformant au peu de profondeur et à la forme allongée de l'espace où ils agissaient [1]. »

Malgré l'état de ruine où se trouve aujourd'hui, à Orange, la partie réservée aux spectateurs, ce que les Romains appelaient proprement *le théâtre*, il est facile de reconnaître, par les amorces existant sur les murs intérieurs, que la *Cavea* du Théâtre d'Orange se composait de trois précinctions et du portique couvert, *cathedra*, réservée aux dames dans les théâtres romains : la colonne de ce portique appliquée contre le mur occidental existait encore au XVIe siècle ; elle a même laissé sur ce mur assez de traces pour permettre d'en mesurer les dimensions [2].

---

[1] Vitet, *Journal des Savants*, juin et juillet 1859.
[2] Pour donner l'idée de ce portique nous en avons restitué une petite partie mobile.

Sur notre Théâtre romain, comme dans tous ceux qui n'ont pas été entièrement détruits, on retrouve la scène percée de cinq portes disposées selon les prescriptions de Vitruve, trois sur le fond et deux sur les côtés (¹). Julius Pollux va nous apprendre qu'elle était la destination particulière de chacune de ces cinq ouvertures (²).

« Des trois portes qui sont sur la largeur de la scène, celle du milieu indique (selon l'occurence) un palais, ou une caverne, ou la demeure du *protagoniste*, principal personnage de la pièce ; celle de droite est réservée au second, et celle de gauche aux personnages inférieurs, ou bien un temple ruiné, quelquefois un désert. Dans la tragédie, la porte de droite est, parfois, une hôtellerie, celle de gauche, une prison. Mais dans la comédie, la tenture appliquée contre la maison (toile du fond) figure une étable pour les bêtes de somme, la porte paraît plus grande, à deux battants, on l'appelle λισιαδις (Porte charretière pour laisser passer les chars et leurs agrès.) Dans les *Acestries* du poète Antiphane, ce qui, antérieurement, était l'étable des bœufs de labour et des ânes, est devenu un atelier *(Ergasterion)*.

« Auprès de chacune des deux portes qui encadrent celle du milieu, il y en a deux autres, *sur les côtés desquelles sont disposés les trigones mobiles ;* celle de droite indiquait le dehors de la ville ; par

---
(1) Vitr. L. V. Ch. XII.
(2) Julius Pollux, édition 1608, page 203.

celle de gauche on amène ce qui vient de la ville et particulièrement du port ; c'est par cette dernière que s'introduisent les dieux marins et toutes les autres choses qui ne pourraient être supportées par des machines. Si les trigones font une conversion (¹), la destination des deux portes est immédiatement changée ; celle de droite sert à introduire ceux qui viennent des champs, du port ou de la ville, et ceux qui viennent à pied d'un autre point entrent par l'autre porte ; s'ils arrivent de l'orchestre, ils montent sur le *pulpitum* par de petits escaliers dont les marches sont appelées degrés. »

Si l'on suit le développement des anciennes murailles d'Orange, dont la trace est encore visible, on reconnaît que, même dans ses meilleurs jours, le nombre de ses habitants ne devait pas être bien considérable ; pourquoi donc lui avoir bâti, avec un tel luxe, un théâtre aussi considérable où plus de sept mille spectateurs pouvaient s'asseoir à l'aise, et à côté de lui un vaste hippodrome dont on suit encore les débris à travers les cours, les caves, les jardins des maisons sur un parcours de plus de quatre cents mètres ?

Jusqu'à ce jour on n'a étudié la scène antique qu'en se fondant sur l'idée fausse que la scène n'était pas couverte. Il serait superflu de chercher à prouver qu'il en était autrement ; on voit sur

---

(1) Probablement lors d'un changement à vue ; quant à la disposition des trigones, voyez notre opinion dans les *Mémoires de l'Académie du Gard*, année 1861.

les murs du Théâtre d'Orange toutes les amorces d'une couverture stable et M. Caristie vient de publier une savante description de la charpente sur laquelle reposait cette toiture (1).

Nous terminons cette description du Théâtre d'Orange en disant avec M. L. Vitet : Quoique romain et même provincial, ce monument est d'une conservation si prodigieuse, il a des dimensions si colossales que les savants étrangers pourront bien nous l'envier, mais non lui refuser d'être le type le plus rare, le plus précieux, le plus complet que puisse, en aucun pays, consulter l'archéologue ou l'architecte jaloux d'étudier à fond une scène antique (2).

(1) *Antiquités Romaines d'Orange* — Il en était de même au Théâtre d'Aspendus, en Pamphyllie (Texier : *Voyage dans l'Asie-Mineure*.

(2) *Gazette des Beaux-Arts*, 1er octobre 1861, page 307.

PONT-DU-GARD

(PRÈS DE NIMES)

> Opus longe elaboratissimum. Et cui ambigas,
> an nullum aliud, non dico Gallia, sed Italia ipsa
> par habeat. (Itinerarium Galliæ Narbonensis,
> Isaac Pontamus, p. 52.)

Pour amener à Nimes, par un aqueduc, les fontaines d'Eure et d'Airan, situées dans le territoire d'Uzès, il fallait franchir une vallée de trois cents mètres de large, au fond de laquelle coule le Gard, et soutenir, à quarante-huit mètres au-dessus de son lit, une rivière au sommet de deux monts escarpés ; c'est là que fut construit, à vingt-deux kilomètres de Nimes, ce monument gigantesque, si étonnant par sa masse et sa légèreté, sur lequel un voyageur, saisi d'admiration, a écrit de nos jours :

> Ce pont s'abimera sur les débris du monde
> En conservant sa majesté.

PLAN ET CONSTRUCTION DE L'ÉDIFICE

Construit en pierres de taille de Sernhac, posées à sec, cet édifice se compose de trois étages superposés d'arcades à plein cintre ; le rang inférieur en a six, formées chacune de quatre arcs doubleaux sur une épaisseur de six mètres (vingt pieds romains) ; c'est sous la seconde arche, du côté de la rive gauche, que passe la rivière en temps ordinaire ; cette arche est plus grande que les autres ; la hauteur de ce premier étage est de $20^m,87$ (71 pieds romains) jusqu'au-dessus de la corniche à partir de l'eau à l'époque de l'étiage ; les voussoirs ont $1^m,60$ de hauteur.

Le second étage se compose de onze arcades correspondant parfaitement à celles de l'étage inférieur, sur lesquelles elles sont en retraite ; son épaisseur, formée de trois arcs doubleaux, n'est que de $4^m,50$ (15 pieds romains) ; la hauteur de ce second étage est de $19^m,14$ (65 pieds romains) en y comprenant la corniche.

Le rang supérieur, en retraite sur celui qui le suporte, a $7^m,50$ d'élévation (25 pieds romains) ; il est actuellement composé de 35 arcades d'une ouverture à peu près égale de $4^m,60$ à $4^m,80$ (16 pieds romains) ; les deux ou trois premiers voussoirs sont en liaison. La division de ces arcades est combinée de manière à ce que leurs pieds-droits soient toujours à l'aplomb de ceux des étages inférieurs. L'épaisseur de ce troisième étage est de trois mètres (10 pieds romains).

C'est dans cette épaisseur même, au-dessus des petits arcs, que se trouve l'aqueduc pour lequel fut construit cet immense édifice connu sous le nom de *Pont-du-Gard* (¹).

La hauteur du canal est de 1ᵐ,70 (6 pieds romains) sur une largeur de 1ᵐ,20 (4 pieds romains). Cette partie supérieure du monument est la seule construite en moëllons d'appareil et en maçonnerie ordinaire, cimentée de manière à arrêter toute filtration susceptible de nuire à la bâtisse.

Le fond de l'aqueduc est fait en voûte renversée ; tout l'intérieur est recouvert d'un ciment de cinq centimètres d'épaisseur, d'une consistance égale à celle de la pierre ; un enduit brun-rouge recouvre ce ciment.

Les murs, en moëllon d'appareil, se terminent à leur partie supérieure par deux assises de pierres de taille que couronnent de fortes dalles de 3ᵐ,60 de longueur, formant une légère saillie sur les parements latéraux.

Certaines bizarreries qu'on observe dans l'architecture du Pont-du-Gard sont journellement l'objet des questions des visiteurs ; l'irrégularité des grands arcs ; celle des piles du troisième étage ; les saillies intérieures qui règnent au cinquième ou au sixième voussoir ; les corbeaux qui

---

(1) Le radier de l'aqueduc est à 65ᵐ,33 au-dessus du niveau de la mer.

dépassent de soixante centimètres (2 pieds romains) les parements extérieurs. On se demande également pourquoi cet édifice n'est pas construit en ligne droite et forme en amont une courbe dont la flèche a plus d'un mètre de longueur ?

L'emplacement choisi par l'architecte romain pour établir le Pont-du-Gard, était le seul où il fût possible de faire passer la rivière sous une seule arche, sans être forcé d'établir une pile dans l'eau. Le cadre qu'il avait à remplir et dont il ne pouvait s'écarter, était la ligne formée par le roc sur lequel devait reposer l'édifice, en ayant égard à la rivière, qui est là de $24^m,30$ (83 pieds romains). Cette largeur aurait probablement servi de base à celle de tous les arcs du premier et du second étage, si la division qu'elle comportait eût été en rapport avec le cadre qui lui servait de limite, dans lequel il fallait aussi comprendre les piles de séparation qui, pour la régularité de l'aspect, devaient être égales entre elles, et, en effet, elles ont toutes $4^m,50$ de largeur (15 pieds romains).

Cette combinaison fut sans doute contrariée par la disposition du rocher, qui fournissait une culée naturelle au premier arc de la rive gauche, en ne lui laissant toutefois qu'une ouverture de $19^m,20$ (65 pieds romains).

Dans le tracé de son plan, l'architecte dut nécessairement se renfermer dans les limites que la nature lui avait tracées ; il donna donc $24^m,30$ d'ouverture à l'arche sous laquelle devait passer la rivière. On voit, par ses dispositions, qu'il considéra cette arche comme l'axe de son édifice, bien qu'elle ne fût pas au milieu de l'ordonnance générale.

Nous venons de voir que, par suite de la disposition du rocher, la première arche de la rive gauche ne pouvait avoir que 19^m,20 d'ouverture ; la symétrie prescrivait naturellement la même dimension pour toutes les autres, mais cette règle ne fut cependant appliquée qu'aux trois arcades placées immédiatement à droite et à gauche de l'arc principal.

Les deux collines que reliait le Pont-du-Gard n'avaient pas la même hauteur ; celle de la rive gauche était moins élevée que le second rang d'arcades, de sorte que, de ce côté, il n'y avait pas la moindre difficulté d'établir ce second rang sur la crête de la colline, en conservant aux arches l'ouverture de 19^m,20 adoptée pour les trois premières. Il n'en était point ainsi du côté de la rive droite ; la montagne se trouvait plus élevée que le monument. Immédiatement après le Pont-du-Gard, l'aqueduc conservait son niveau en suivant les sinuosités de la colline, de sorte que les constructions à faire de ce côté, après les trois arcs de 19^m,20 déjà établis, durent nécessairement être combinées d'après la ligne de rocher qui leur servait de limite.

L'espace circonscrit par cette ligne était trop considérable pour n'établir que deux arcades de 19^m,20, et trop petit pour en comporter trois ; d'autant plus que les piles des arches de cette dimension se trouvaient annihilées au rez-de-chaussée par la déclivité du terrain, et qu'il résultait de là un effet d'ensemble, qui aurait détruit cet aspect gracieux qui rend ce monument si remarquable.

Ces considérations déterminèrent probablement l'architecte à ne donner que 15^m,70 d'ouverture (53 pieds romains) aux trois arcades qui devaient remplir cet espace.

L'application de l'optique et de la perspective à la construction des monuments avait été un objet d'étude pour les anciens; leurs recherches, à ce sujet, les avaient conduits à faire les métopes des monuments doriques plus hautes que larges, afin que, vues de bas en haut, elles pussent paraître carrées, comme l'exigeaient les règles de cet ordre. Ils avaient aussi observé que dans les temples précédés du péristyle, les colonnes des angles paraissent plus minces, parce qu'elles sont plus environnées d'air; ils en augmentaient un peu le diamètre.

Des remarques analogues ont démontré que les parties des monuments qui attiraient plus particulièrement les regards étaient celles qui recevaient le plus de lumière; ainsi, dans le Pont-du-Gard, c'est plutôt sur les arcades vides que sur la bâtisse que l'on porte généralement la vue.

Cet effet d'optique a déterminé l'architecte de notre édifice à donner la même élévation à toutes les arcades, quel qu'en fût le diamètre; il n'a eu, pour cela, qu'à tenir plus élevées les impostes des arcs plus petits, et, par ce moyen, il a obtenu ce double résultat : de persuader aux yeux que les grands arceaux du Pont-du-Gard étaient tous égaux, et de conserver, par une plus grande élévation des pieds-droits, la grâce que la déclivité du terrain aurait enlevée aux arcades du rez-de-chaussée, s'il n'en avait pas diminué la largeur.

Les règles de l'harmonie voulaient aussi que les petites arcades du troisième étage fussent toutes égales et que le milieu d'un arc du troisième rang correspondît toujours au milieu de l'arc inférieur; cependant l'architecte a préféré placer un pied-droit perpendiculairement à la clé du grand arc, plutôt que de suivre une division qui eût donné un caractère lourd à cette partie du troisième étage, en détruisant la *belle harmonie et l'étonnante légèreté de ce monument* (1). C'est le même motif qui a déterminé l'architecte à ne placer que deux arcs au-dessus de la première arche du second étage, sur la rive gauche de la rivière.

Les pierres saillantes qu'on remarque à diverses hauteurs, sur les deux faces du monument, ont servi d'appui aux échafaudages nécessaires à sa construction, et, comme les parements de l'édifice n'avaient été qu'ébauchés, afin de pouvoir jouir le plus promptement possible des bienfaits de l'aqueduc, on avait conservé ces corbeaux pour faciliter plus tard la taille des pierres, dont le mi-

(1) Grangent et Durand, p. 105.

lieu était resté brut, ce qui a fait supposer que ces pierres portaient des bossages.

Pour donner une moindre portée aux cintres des grands arcs, les ouvriers romains ne les ont établis qu'après le cinquième et le sixième voussoir au-dessus de l'imposte, et pour leur servir d'appui ; ils ont laissé une saillie horizontale de 40 à 50 centimètres à deux ou trois de ces voussoirs.

On remarquera que ce n'est généralement qu'au-dessus de cette saillie que commencent les arcs doubleaux juxta-posés qui formaient l'épaisseur des arches ; ce mode de construction, il faut en convenir, présente moins de solidité que la voûte en liaison ; cependant il a presque toujours été employé par les Romains dans les travaux de même nature ; le seul avantage qu'il peut offrir, dans de grands ouvrages, tels que ceux du Pont-du-Gard et de l'Amphithéâtre, c'est de n'avoir à construire qu'une seule armature de cintre pour des arcs de même dimension ; de sorte que, posés sur des rouleaux, on n'avait qu'à les pousser en avant pour établir la travée de voûte qui devait suivre immédiatement celle qu'on venait de construire.

La légère courbe que fait, au rez-de-chaussée, le monument dans le sens de sa longueur, ne peut avoir eu pour but, comme on l'a supposé, d'opposer une résistance au courant, puisque, dans les plus fortes crues, l'eau ne s'élève jamais à la hauteur des avant-becs ; nous ne supposons pas non plus, comme on l'a dit, que les Romains aient eu l'intention de prévenir, par cette forme, les effets de la dilatation des pierres ; c'est simplement une négligence de la part des ouvriers dans la construction.

Cette courbe, presque insignifiante à l'étage inférieur, dont la longueur est de 171 mètres, devient très-sensible lorsqu'on arrive à la hauteur du troisième étage, non-seulement à cause de son développement, qui est de 270 mètres, mais parce qu'elle se trouve augmentée par l'effet d'un surplomb dont nous indiquerons bientôt la véritable cause.

Pour terminer la description du Pont-du-Gard, nous devons ajouter qu'au-dessus de la pile qui sépare la troisième de la quatrième arcade du second étage, sur la face sud-est, on remarque un priape en bas-relief, représentant quatre phallus différents, de grosseur et de position ; à l'un d'eux pend une sonnette ; comme tout cela repose sur deux pattes, les habitants du pays appellent cette figure *le lièvre*. Un phallus unique se voit encore sur la clef occidentale de l'arcade où passe la rivière, mais ce relief est tellement fruste, que c'est à peine si l'on en distingue la forme.

Quelques auteurs parlent aussi d'une tête voilée représentant la déesse Isis, sculptée sur l'édifice, mais ils n'en indiquent pas la place, non plus que celle des trois lettres A, E, A qu'ils disent y être gravées. Deyron ([1]) explique ces dernières par *Aqua*

---

[1] *Antiquités de la Ville de Nîmes*, p. 18.

Emissa Amphitheatro ; d'autres veulent qu'elles signifient *Agrippa Est Auctor* ou *Antoninus Est Auctor.* C'est vainement que nous avons cherché sur l'édifice ces trois lettres et la tête d'Isis; si elles existent, en effet, on doit supposer qu'elles se trouvent sur la partie du monument contre laquelle a été adossé le pont moderne dont nous parlerons tout à l'heure; on a dit encore qu'on lisait sur le monument le nom de VERANIVS [1], qui serait celui de l'architecte qui a construit l'édifice.

Dans sa construction première, le Pont-du-Gard avait des avant-becs, mais il n'avait pas, comme aujourd'hui, des arrière-becs [2].

Cette construction, qui étonne, tant par son importance que par la hardiesse de son exécution, n'était cependant qu'une petite partie de cet immense aqueduc, dont le simple itinéraire effraie l'imagination; tantôt il gravit les montagnes ou s'y fraye un chemin dans le roc; tantôt il longe les côteaux, suspendu çà et là sur des arcades semblables à celles du troisième rang du Pont-du-Gard, suivant toutes les sinuosités du sol pour conserver son niveau; ici il perce les collines et ressort par les gorges étroites qu'il franchit encore sur des arcades; là il traverse un étang, aujourd'hui desséché; ailleurs, sur une longueur de quatre mille mètres, il est encore plein jusqu'à

---

(1) *Histoire du Languedoc.* Vol. I, p. 123.
(2) *Histoire de Nîmes* par Gautier, p. 19.

sa voûte, d'une eau courante qui sert à l'arrosage de plusieurs jardins potagers; il passe sous des métairies, à travers des villages bâtis sur ses voûtes; enfin, après un parcours de cinquante-deux mille mètres, il conduit à Nimes, à un niveau beaucoup plus élevé que celui de la Fontaine, les sources abondantes d'Eure et d'Airan, renommées par l'excellence et la salubrité de leurs eaux, qui étaient distribuées dans les divers quartiers de la ville, par le *Castellum dividiculum* que nous nous proposons de décrire.

On avait tout lieu de croire qu'après un parcours de cinquante-deux mille mètres, l'aqueduc romain se terminait, à la Fontaine, où l'on en découvrit les dernières traces; mais ce n'était encore là qu'une partie de ce travail de géant. A l'occasion d'un nivellement entrepris pour amener à Nimes des eaux plus abondantes, notre ami, M. Benjamin Valz, reconnut un nouvel aqueduc qui, jusqu'alors, n'avait été considéré que comme une simple déviation de la branche principale; opinion erronée qui a été la source d'une infinité d'erreurs sur la direction réelle de l'aqueduc.

Rattachant ces deux canaux l'un à l'autre par des nivellements sur plusieurs points, M. Valz se convainquit bientôt que leur pente était en sens inverse, et que, si le premier avait pour objet d'amener les eaux d'Uzès à Nimes, ce dernier, au contraire, bien que suivant en apparence la même direction, conduisait ces mêmes eaux de Nimes au village de Marguerittes; nous disons : ces mêmes eaux, afin qu'on ne suppose pas que ce pouvait être celles de la Fontaine de Nimes, dont le niveau était à deux mètres au-dessous de ce canal *rétrograde* que supportait ce pont à trois arches que nous avons vu sur le bassin même de notre source.

Mais, demandera-t-on, quel pouvait être le but de ce dernier canal? et pourquoi était-on venu chercher à Nimes, pour les conduire à Marguerittes, des eaux qu'il était si facile de se procurer sur ce point même, en les déviant simplement de l'aqueduc principal?

Voici comment M. Benjamin Valz explique ce fait, par l'organe de M. Jules Teissier [1] : Le nom de Marguerittes ou Perle, ne semble-t-il pas indiquer le lieu de plaisance d'un personnage puissant, qui aurait eu le crédit d'obtenir la jouissance des eaux superflues et la construction, à ses frais, de cet aqueduc rétrograde? Toutefois, les droits de la cité devaient être respectés; l'aqueduc principal ayant été construit pour Nimes, c'est à Nimes que les eaux devaient se rendre; l'excédant seul pouvait être concédé. Ainsi s'explique suffisamment pourquoi les eaux n'avaient pas été prises dans l'aqueduc supérieur, quoiqu'il passât tout près de Marguerittes.

On remarque que cette seconde branche a été mal soignée dans sa construction; on n'y trouve ni enduits, ni peintures, ni sédiments; il n'y a

---

[1] *Confidences du dieu Nemausus.*

même point de murs dans les endroits où il est creusé dans l'argile, ce qui nous fait penser qu'il n'a jamais fonctionné, ou, comme le supposait M. Jules Teissier, qu'une circonstance importante vint interrompre brusquement les travaux.

HISTORIQUE DU MONUMENT

Aucun document historique ne nous apprend quel fut l'auteur de cette œuvre colossale. Le goût qu'avait Agrippa pour les travaux de ce genre, son titre de *curator perpetuus aquarum*, l'utilité et les avantages *que retirait la ville de cet aqueduc, les deux inscriptions* dont nous avons parlé, portant *M. Agrippa*, sont les motifs sur lesquels se fonde l'opinion, généralement admise, que cet ouvrage a été, de la part du gendre d'Auguste, un témoignage de bienveillance en faveur d'une colonie fondée par son bienfaiteur. Si cette conjecture était vraie, elle rapporterait la construction de ce monument à l'époque du séjour d'Agrippa dans les Gaules, c'est-à-dire vers l'an 735 de Rome, 19 ans avant Jésus-Christ.

M. Jules Teissier suppose que ce pourrait bien être à *Domitius Afer,* célèbre orateur Nimois, maître de Quintilien, que la ville de Nimes était redevable des faveurs que les nymphes d'Eure et d'Airan lui accordèrent pendant plusieurs siècles.

Les travaux d'art que fit exécuter l'empereur Hadrien dans la ville de Nimes, doivent faire supposer que, sous son règne, la construction de l'aqueduc prit une nouvelle vigueur et que ce fut, sous son successeur Antonin, que se termina ce grand ouvrage, dont le Pont-du-Gard n'est qu'une admirable dépendance. Nous croyons ne pouvoir faire rien de mieux que de renvoyer, au savant ouvrage de M. Jules Teissier (*de Nimes et ses Eaux*), les personnes qui veulent connaître tout ce qui se rapporte au grand aqueduc romain de Nimes.

Ce regrettable ami de la science nous a démontré que depuis longtemps, sans que nous nous en fussions douté, l'aqueduc romain nous racontait lui-même l'histoire des quinze derniers siècles de sa vieillesse ; mais, jusqu'à ce jour, personne n'avait su comprendre l'antique langage que nous a traduit notre ingénieux observateur. Plus de lacune désormais dans la longue existence du colosse romain, sa naissance, sa virilité, sa vieillesse, sa décrépitude et sa sépulture sont maintenant des faits que notre histoire locale peut enregistrer dans ses annales.

Voici le peu qu'on connaît des destinées du Pont-du-Gard, depuis le temps où l'incurie des hommes l'a destitué de ses fonctions d'utilité publique. Le 6 mars 1450, Charles VII le visita et y fit faire quelques réparations nécessitées par des inondations récentes ; cent trente années plus tard, le duc de Crussol y reçut Charles IX, et lui fit offrir des confitures par des jeunes filles, en costume de Nymphes, qui sortirent instantanément d'une grotte située entre le Pont-du-Gard et le château de Saint-Privat, espèce de forteresse que le monarque allait visiter, dans laquelle, disait-on, se tramaient la plupart des entreprises et conspirations de ceux qui professaient la nouvelle religion (¹).

Avant cette époque — et non point du temps du duc de Rohan, comme l'ont avancé MM. Grangent et Durand — des échancrures avaient été pratiquées dans les pilastres du second étage, pour faire un chemin de pied où des mulets chargés pouvaient passer ; à cet effet on avait échancré tous les pieds-droits des arcs du second étage, du côté de l'ouest, sur un tiers de leur épaisseur, à une hauteur d'environ trois mètres ; on démolit en même temps une partie du massif du premier rang, sous chaque pied-droit ainsi mutilé, pour y engager des constructions en encorbellement, dont quelques-unes existaient encore en 1855, et donner ainsi plus de largeur à ce nouveau passage (²).

Pour prouver que MM. Grangent et Durand sont tombés dans une erreur grave sur l'époque où ces échancrures ont été faites, nous citerons le passage suivant, écrit en 1559, par notre vieil historien Poldo d'Albenas.

« Puisque nous avons fait mention du Pont-du-
» Gard, faut entendre qu'il sert maintenant de

---

(1) Ménard V. VII, p. 400. Voyez le dessin de ce pont, vol. VII, p. 128.

(2) Poldo d'Albenas donne également le dessin de ce pont à cette époque.

» pont, principalement le premier étage, lequel a
» été entrecoupé et les pilastres sont tous éber-
» chés d'un côté, tellement qu'un mulet y peut
» passer tout chargé ; et ce a été fait pour la
» comodité des gens du païs et pour abréger le
» chemin de deux lieues ou environ. »

Ces échancrures étaient donc faites plus d'un siècle avant les trop malheureuses guerres de religion en Languedoc. Ce n'est donc point, comme le disent les auteurs que nous venons de citer, *le duc de Rohan qui fut l'auteur de cette entreprise inouïe.*

Cet état de choses avait fini par ébranler l'édifice et provoquer, du côté d'amont, un surplomb qui semble aujourd'hui faire décrire à l'édifice une courbe très-prononcée, à partir du premier étage, tandis que cette courbe est fort peu sensible au rez-de-chaussée.

Cette situation alarmante fixa l'attention de M. de Baville, intendant du Languedoc ; il envoya, en 1699, l'architecte Daviller et l'abbé Laurens, pour déterminer les réparations que réclamait la conservation du monument ; les Etats du Languedoc délibérèrent en 1700 que l'on remplirait les coupures faites aux pieds-droits des arcs du second pont.

Toutes les raisons de commodité qui, d'après Poldo d'Albenas, avaient provoqué ces coupures n'avaient pas changé, ou plutôt étaient devenues plus urgentes, à cause des intérêts de plus en plus nombreux qui réclamaient un passage sur le Gard ;

les États de la province délibérèrent, le 22 janvier 1745, d'adosser un pont contre l'édifice romain ; de cette manière on le consolidait et l'on mettait les voyageurs à même de contempler ce bel aqueduc qu'ils trouvaient sur leur passage ; la première pierre de ce pont fut solennellement posée, le 18 juin de la même année, et l'ouvrage fut entièrement terminé en 1747. Une médaille, frappée à cette occasion, représente l'ancien et le nouveau pont avec cette légende : *Nunc Utilius,* maintenant plus utile ; c'est vrai, dit M. D. Nisard, « mais
» on est forcé ; maintenant moins beau. Il ne
» peut se rien voir de plus disgracieux que cette
» énorme excroissance de pierre qui est collée au
» premier rang et qui, en donnant une base monstrueuse à l'édifice, gâte son plus beau caractère,
» qui est la légèreté. Il faut passer du côté opposé
» à ce pont de raccord pour jouir de toute la
» beauté du monument, outre que la couleur des
» pierres est plus belle et le ton plus chaud de ce
» côté d'amont que du côté d'aval. » L'exergue de la médaille porte : *Commit. Occit.* avec le millésime 1747.

Une plaque de marbre, placée sur le nouveau pont, fut détruite en 1793 ; elle portait :

AQVÆDVCTVM STRVXERVNT
ROMANI
PONTEM ADDIDIT
OCCITANIA
ANNO M. DCC. XLV
CVRA. D. HENR. PITOT REGIÆ SCIEN. ACADEMIÆ

Sous la première pierre, qui est celle de l'arrière-bec de la pile la plus proche du bord méridional de la rivière, on mit une plaque de cuivre, sur laquelle est gravée l'inscription suivante :

Anno Domini M. DCC. XLIII. die januarii XXII. Illustrissimo et reverendissimo Ioanne Ludovico de Bertons de Crillon, Narbonensium archiepiscopo et primate, regii ordinis Sancti Spiritus commendatore, comitiorum præside. Hic pontem adstructum iri generalia Occitanorum comitia
Decreverant.

Mensis vero junii die 18, *prima hujus fundamenta jacta sunt, Præsentibus illustrissimis publicorum ædificiorum curatoribus DD. Francisco de Villeneuve, Vivariensium episcopo, Ludovico de Calvisson, marchione, barone comitiano, Francisco Privat de S. Rome, tertii ordinis comitiorum legato ; necnon coram DD. Joanne-Antonio du Vidal de Montferrier, generalium*
Provinciæ procuratorum ; antiquissimo Stephano de Guilleminet, comitiorum librario et scriba, et Henrico Pitot, publicorum in Nemausensi et Bellicadrensi regione ædificiorum rectore, Londinensis ac Parisiensis scientiarum
Academiæ Socio.

Il y a quelques années que des travaux d'urgence ont été exécutés au Pont-du-Gard ; à cette époque, la nature fut mise à contribution pour embellir cette merveille de l'art; une espèce de jardin anglais, dans lequel les points de vue sont artistement ménagés, fournit aux voyageurs la faculté de contempler cet immense édifice dans toutes ses parties, et, après en avoir parcouru la longueur, au lieu d'un précipice, qu'on trouvait naguère à son extrémité septentrionale, on peut descendre maintenant sur le sommet de la colline par un escalier tournant, que l'architecte a artistement caché dans l'épaisseur de la dernière pile (1).

Sur les plans de M. Laisné, architecte du gouvernement, de grands travaux de consolidation viennent d'être exécutés au Pont-du-Gard, et, cette fois, l'artiste n'est point sorti des limites qu'on doit se proposer dans toute restauration.

M. Laisné appartient à la bonne école ; il a fait, pour ce monument, ce que le regrettable M. Caristie a exécuté avec tant d'intelligence à l'Arc-de-Triomphe d'Orange : des restaurations indispensables ; l'aspect pittoresque de l'édifice a bien un peu souffert, mais il est désormais à l'abri de tout danger, et le temps usera vainement sa faulx sur ses vieux murs.

La corniche du premier rang d'arcades a été rétablie avec un rare talent ; tout en conservant cette superfétation que le XVIII° siècle fit appliquer à l'édifice romain, afin de justifier la légende de sa médaille *nunc utilius*, M. Laisné a eu le bon esprit de séparer la construction antique par un canal de 60 centimètres, qui laisse apercevoir la cor-

(1) Ces premiers travaux ont été exécutés par M. Questel, architecte du château de Versailles.

niche et une partie de la face orientale, cachée par le pont moderne; de cette manière, l'épaisseur du monument primitif se trouve indiquée et ne peut plus être confondue avec l'œuvre des Etats du Languedoc, en 1747, surtout si le gouvernement fait rétablir l'inscription effacée, par les vandales de 93, sur le marbre qui existe encore à sa place (¹).

Honneur à l'architecte qui comprend ainsi sa mission! Grâce aux travaux si habilement combinés de M. Laisné, les artistes et les archéologues pourront longtemps encore répéter avec le savant Isaac Pontanus : *Opus hoc longe elaborantissimum et cui ambigas an nullum aliud, non dico Gallia sed Italia ipsa par habeat* (Itinerarium Galliæ Narbonensis, p. 52.)

Après avoir terminé ces beaux travaux de consolidation, M. Laisné a fait placer sur la face orientale de l'aqueduc cette inscription :

Cet aqueduc, construit par les Romains,
Pour conduire à Nimes les eaux de la fontaine d'Eure,
Réparé par les Etats du Languedoc, en 1702,
A été consolidé et restauré en 1855,
Par les ordres de l'empereur Napoléon III
Et par les soins du ministre d'État.
  Ch. Questel et Ch. Laisné, *architectes.*

Nous disions, en 1834 (²): que Nimes ne demande

---

(1) Voir le *Courrier du Gard* du 6 novembre 1850.
(2) Nisard; *Histoire de Nimes*, p. 136.

qu'à la fontaine d'Eure l'eau qui lui manque ; nous verrions avec bonheur, disions-nous, la réalisation de ce projet, le seul exécutable, si la France, véritable propriétaire de ce magnifique héritage des Romains, ne vient pas en aide à la cité.

Nous terminons en disant avec M. Emile Causse :

« Que l'administration mette la main à l'œu-
» vre! Que l'aqueduc renaisse comme au jour de
» sa création!

» La dépense ne doit pas paraître un obstacle ;
» peut-on faire un plus bel usage de la fortune
» publique? Est-il un capital mieux employé que
» celui qui doit se reproduire un million de fois
» sous la forme de jouissance, de salubrité, d'uti-
» lité industrielle?

» Ne nous laissons pas dominer par cette idée
» que nous grévons le présent au profit de l'ave-
» nir; loin de nous cet égoïsme mesquin et indi-
» gne de notre cité! L'homme, qui n'est qu'un
» point dans le temps, ne doit-il vivre que pour
» lui? Ses regards ne doivent-ils jamais se porter
» sur l'avenir? Faut-il qu'une génération qui
» s'éteint emporte ses œuvres dans la tombe? Si
» ceux qui nous ont précédés s'étaient renfermés
» dans cette étroite personnalité, auraient-ils ré-
» pandu avec tant de profusion, autour de nous,
» ces monuments qui font notre admiration et
» notre orgueil? Héritiers de ces créations bril-
» lantes, devons-nous répudier les nobles pensées

» qui les ont inspirées? Un sentiment de recon-
» naissance ne s'élèvera-t-il pas aussi dans l'âme
» de ceux qui remueront un jour notre pous-
» sière? »

CASTELLUM DIVIDICULUM A NIMES

A peu près sur le côteau où l'on a bâti la citadelle, on voyait, autrefois, dit Ménard (¹), un réservoir dans lequel portait une partie de ses eaux, l'aqueduc de la fontaine d'Eure; ce réservoir, dont l'historien ne parle que par ouï-dire, nous l'avons retrouvé, en 1844, contre les murs de la citadelle, dans une maison particulière, rue de la Lampèze.

Ces monuments, commandés par la nécessité, furent d'abord construits dans l'unique but de distribuer, dans divers quartiers d'une ville, l'eau amenée par les aqueducs; on les appelait alors *dividicula ;* plus tard, ils contribuèrent à l'embellissement des villes et l'on croit que ce fut en raison de leur dimension et de leur somptuosité qu'on leur donna le nom de *Castella ;* d'autres pensent que ce nom leur a été donné de ce qu'ils

---

(1) Ménard, vol. VII, p. 132.

sont toujours placés sur un point élevé, comme des chateaux-forts (¹).

Il y avait deux espèces de *Castella* : ceux qu'on appelait *limaria*, piscines épuratoires, dans lesquelles se déposaient les limons ou les substances qui pouvaient altérer la limpidité de l'eau, et ceux qu'on désignait sous le nom de *Castella dividicula*, d'où les eaux étaient divisées suivant leur destination et leurs divers emplois; celui qu'on voit à Nimes, est évidemment de cette dernière espèce.

Comme ces monuments étaient d'une grande importance chez les Romains, au point de vue de l'utilité publique et de l'administration que comportait leur établissement, nous croyons devoir rapporter ici ce qu'en a dit Frontin, si bien résumé dans l'ouvrage de Desobry que nous copions ici (²) :

« Chaque aqueduc aboutit et se déverse dans un ou plusieurs bassins, en maçonnerie, appelés Châteaux (³); là ont lieu leurs principaux départs; ils s'opèrent au moyen de *calices* posés sur des tuyaux distributeurs (⁴), qui sont maintenus d'un diamètre égal pendant une longueur de cinquante pieds (⁵); les tuyaux sont en plomb et les calices en airain (⁶), parce que cette dernière matière,

---

(1) Pline dit que, pendant son édilité, Agrippa fit construire cent trente *Castella*.
(2) *Rome au siècle d'Auguste*, L. LXVII, p. 90 et suiv., vol. 3.
(3) Frontin; aqued. 27, 106, 112.
(4) Frontin; aqued., p. 119.
(5) Soit 14ᵐ,818. — Frontin, p. 105, 106, 112.
(6) Frontin, p. 112.

très-dure, empêche qu'on altère les orifices, soit en les élargissant soit en les resserrant; leur hauteur est de douze doigts (¹); leur diamètre varie suivant l'importance de la concession (²), et se trouve indiqué par un timbre, de même que celui du tuyau auquel chaque calice correspond (³); tous sont immergés à une profondeur égale (⁴).

» De petits tuyaux appelés *points* (*Puncta*) (⁵), s'embranchent sur ces maîtresses conduites pour les concessions privées (⁶), ce qui nécessite une comptabilité minutieuse et une surveillance perpétuelle, pour que chacun jouisse de son droit et n'usurpe rien sur le public. La concession donne droit à un jet continu.

» Cette administration se compose de plusieurs sortes d'ouvriers et d'agents, au nombre de deux cent quarante environ. Il y a des *campagnards* (*villici*) (⁷), gardes des sources; des *castellaires* (*castellarii*) gardiens des châteaux; des *inspecteurs ambulants* (*circuitores*); des *silicaires* (*silicarii*) ou paveurs; des *couvreurs* (*tectores*) ou faiseurs d'enduits; des *aigayeurs* (*aquari*) chargés d'établir les prises d'eau dans les châteaux; *les niveleurs* (*libratores*), qui posent les calices et les tuyaux au départ des prises d'eau; des *mesureurs* (*metitores*),

---

(1) 228 millimètres, Frontin 36.
(2) Il y en avait de différents modules. Frontin 31, 34, 37.
(3) Frontin 112.
(4) Frontin 113.
(5) Frontin 115.
(6) Frontin 113.
(7) Frontin, de aqued., p. 117.

qui règlent la distribution dans chaque quartier; enfin les *pointeurs* (¹), fixant sur les gros tuyaux les petits tuyaux d'embranchement, appelés *points*, devant chaque maison qui achète une concession (²). »

Le *castellum* de Nimes est situé à peu près au niveau du sol actuel, dans la rue de la Lampèze ; il se compose d'un bassin circulaire, ayant six mètres de diamètre, pavé d'un glacis composé de chaux vive et de briques concassées, qui le rendent, encore aujourd'hui, d'une consistance égale à celle de la pierre la plus dure. Dans l'épaisseur de ce glacis, à peu près vers le centre, on avait gravé une inscription dont il n'existe maintenant qu'une longueur de vingt centimètres, sur laquelle on lit très distinctement en lettres de trois centimètres de hauteur :

........MTN DVAC..... (3)

La profondeur de ce bassin est de 1ᵐ,40 ; le mur qui l'entoure est couronné de dalles qui forment autour de lui un marchepied de 1ᵐ,47 de largeur, garanti autrefois, du côté du bassin, par une balustrade scellée dans une rainure qui existe tout autour. Ce marchepied est entouré d'un mur circulaire de 2ᵐ,30 de hauteur, construit en moëllons d'appareil, recouvert intérieurement d'un ciment

---

(1) Frontin, de aqued. 9, 25, 75, 79. 91, 103, 114, 115.
(2) Frontin, de aqued. 9, 25, 75, 79, 91, 103, 114, 115.
(3) Le radier de ce bassin est à 58ᵐ,94 au-dessus du niveau de la mer.

très-dur, de cinq centimètres d'épaisseur. La blancheur de cet enduit est relevée par une bordure peinte à fresque, qui consiste en une bande verte de 30 centimètres de large, surmontée d'une bande rouge de 8 centimètres. Le champ du mur était décoré de peintures représentant des dauphins et autres poissons, mais l'humidité et l'action de la lumière ont détruit les couleurs, de sorte qu'il n'existe plus que le trait du style dont se servit le peintre pour tracer son dessin.

Au-dessus de ce mur d'enceinte s'élevait une décoration de colonnes isolées, unies, d'ordre corinthien, couronnées d'une corniche circulaire très-ornée, d'un beau travail. Des fragments de bases, de fûts et d'entablement, tous en pierres de Lens, trouvés dans ce bassin, ne pouvaient laisser aucun doute sur l'existence de cette décoration primitive. La grande quantité de tuiles romaines, mêlées dans ces débris, prouve que ces colonnes supportaient une toiture qui couronnait l'édifice.

A l'extérieur, le mur d'enceinte ne suivait pas la courbe de la paroi opposée; il formait, au contraire, une espèce de stylobate carré, dans lequel se trouvait circonscrit le château circulaire que nous décrivons. La porte d'entrée, large de 1^m,20, était du côté du nord; le seuil est à sa place; on y voit la trace des gonds d'une porte à deux ventaux et celle du verrou qui arrêtait le ventail fixe. On arrivait à cette porte par un petit corridor à angle droit, dont l'entrée était au couchant de l'édifice.

À la hauteur de 56 centimètres du fond du bassin, son mur d'enceinte est percé de dix ouvertures circulaires de $0^m,40$ de diamètre, séparées par un espace de même largeur. C'est là qu'étaient placés les calices et les tuyaux de plomb dont nous avons parlé. Ces dix ouvertures traversaient le mur dans toute son épaisseur; elles ne sont établies que du côté du sud-ouest, direction vers laquelle était située la plus grande partie de la ville antique.

Elles aboutissaient deux à deux dans cinq canaux séparés de manière que l'eau du bassin pouvait être distribuée par dixième dans les divers quartiers où arrivaient ces conduits. On voit encore, dans l'un de ces trous, un tuyau de $0^m,96$ de circonférence et de 8 centimètres d'épaisseur, formé par le dépôt successif des eaux qui ont coulé dans l'endroit où se trouvait ce cylindre en tuf. Comme il est d'un diamètre moindre que celui des ouvertures, il y a apparence qu'il a dû se former dans une des *maîtresses-conduites* qui tenait à l'un de calices du *Castellum*. On s'est emparé du tuyau qui était en plomb, laissant à sa place le tuyau tufeux qu'on n'avait aucun intérêt à soustraire.

Sur le sol même du bassin, à $0^m,30$ de son pourtour, du côté des dix ouvertures dont nous parlons, il existe trois autres bouches de même dimension, placées à $0^m,20$ d'intervalle les unes des autres, débouchant toutes les trois dans un même canal établi immédiatement au-dessous.

Trois tiges de fer, perpendiculairement scellées à la circonférence de chacun de ces trous, servaient de guide à des clapets, au moyen desquels ces trous, à double rainure, étaient hermétiquement fermés, lorsqu'on laissait tomber les clapets. Pour faciliter le soulèvement de ces tampons, lorsque le bassin était plein, on avait établi, sur le marchepied qui le contourne, un système de levier dont on voit encore le scellement vis-à-vis chacun de ces trois trous. Lorsqu'ils étaient fermés, l'eau ne pouvait plus s'échapper que par les dix ouvertures supérieures rangées sur un même niveau, à la hauteur de 0^m,30 du fond, ou par celles de ces ouvertures qu'on laissait ouvertes. Le canal dans lequel se dégorgeaient les trois bouches établies sur le sol, était la continuation du grand acqueduc et en avait les dimensions ; il se dirigeait vers les bains, dans le *baptisterium*, dont nous aurons à faire la description ; il pouvait également servir à conduire dans l'amphithéâtre les eaux nécessaires aux naumachies [1].

En avant de ces trois ouvertures on voit, dans le sol même du bassin, une ligne de trous établie sur une courbe dont les extrémités vont se rapprochant de la circonférence jusqu'à 0^m,45 de distance ; ces trous ont servi à sceller une barrière en bronze ayant pour but d'opposer une résistance au courant, afin que les eaux ne se précipitassent pas dans le canal inférieur avec une

---

[1] *Histoire du Languedoc*, vol. I, p. 122.

impétuosité à laquelle il n'aurait pas résisté. Cette espèce d'appareil se nomme aujourd'hui une *cuvette de jaugeage*.

A son arrivée au *Castellum*, l'aqueduc alimentaire conservait sa largeur de 1ᵐ,20 et une hauteur de 2 mètres au-dessous de sa voûte ; il communiquait au bassin par une ouverture carrée de 1ᵐ,20, recouverte en dalles sur toute l'épaisseur de sa construction.

La première dalle de ce recouvrement se trouve percée, sur la largeur de l'ouverture, de six trous de 5 centimètres d'équarrissage, laissant entre eux sept intervalles égaux ; cette disposition nous avait d'abord fait supposer qu'ils avaient été destinés à recevoir une grille pour empêcher qu'on ne passât du canal d'amenée dans le réservoir ; un examen plus attentif nous a démontré que ces trous n'avaient pas leurs correspondants sur le sol de l'aqueduc; qu'on ne voyait, sur ses côtés, aucune trace de scellement et que, d'après cela, les six ouvertures placées sur le marchepied devaient avoir une destination différente de celle que nous lui avions supposée.

Sur chacun des jambages de l'aqueduc on remarque une rainure de 8 centimètres de large, correspondant, par sa partie supérieure, à une ouverture ronde, percée dans le marchepied, et par sa partie inférieure à une rainure de 3 centimètres de large creusée dans le sol de l'aqueduc sur toute sa largeur.

Cette disposition indique évidemment l'existence d'une vanne destinée à fermer l'aqueduc dans certaines circonstances, et en effet, un dépôt calcaire formé sur les murs latéraux du canal d'amenée, prouve que l'eau s'y élevait à 50 centimètres plus haut que la partie supérieure du bassin, ce qui ne pouvait guère avoir lieu que tout autant qu'elle était retenue à sa sortie.

La vanne était manœuvrée par deux tiges dont on voit les trous dans la pierre de recouvrement à l'aplomb des rainures, mais cette pierre débordant la vanne et n'ayant pas une entaille qui lui permît de passer, il en résultait qu'elle ne pouvait avoir de mouvement possible d'ascension que sur une moitié de l'aqueduc ; il fallait donc, pour obstruer complètement l'ouverture, qu'il existât une plaque fixe de métal derrière ou devant laquelle la plaque mobile s'élevait ou baissait à volonté.

Le simple examen de la petite rainure tracée sur le sol de l'aqueduc, prouve que la partie inférieure de la vanne y était fortement scellée avec du plomb, dont il reste des traces sur toute la largeur de l'ouverture ; on voit même par le sédiment, que cette demi-vanne fixe devait avoir 60 centimètres de hauteur ; l'autre partie mobile, d'une hauteur égale, s'élevait ou s'abaissait derrière la partie fixe, selon qu'on voulait arrêter ou laisser couler l'eau de l'aqueduc.

Il résulte de cette disposition que la partie du canal d'amenée qui précédait le château-d'eau, était destinée, sur une longueur quelconque, à servir de piscine épuratoire ou *limarium*, dans laquelle se déposaient les substances qui pouvaient altérer la limpidité de l'eau, afin qu'elle arrivât toujours claire dans le *castellum dividiculum*.

Ces diverses considérations nous amènent à penser que la grille s'élevait au-dessus du marche-pied circulaire, lorsqu'on faisait opérer un mouvement d'ascension à la partie mobile de la vanne.

Au reste, ce mécanisme n'était plus utilisé longtemps avant que l'aqueduc cessât de fonctionner ; ce fait est prouvé par les inscrustations tufeuses qui se sont attachées au-dessous des dalles de recouvrement, sur une épaisseur de 20 centimètres à l'endroit même où venait s'appuyer la vanne mobile ; cet état de demi-abandon d'un monument « si utile, prouve, dit M. Jules Tessier, ce
» dont nous avons déjà découvert tant d'indices,
» que bien longtemps avant l'arrivée des barba-
» res, tout était à Nimes dans un état de déca-
» dence. Plusieurs époques sont indiquées par ce
» monument.

» Age de la plus grande prospérité de Nimes
» où il fut construit.

» Age de décadence, où il servait encore, mais
» négligé dans ses diverses parties, grilles et van-
» nes usées, soustraites et non remplacées.

» Epoque des barbares où la toiture, les colon-
» nes furent renversées, les dalles brisées, les
» réservoirs fouillés, les tuyaux de plomb enle-
» vés, où l'on ne laissa que les moules intérieurs
» en tuf, dont quelques-uns même furent remis
» en place comme par dérision.

» Enfin les derniers outrages datent du mo-
» ment de la construction de la citadelle (1688)
» où les tristes restes du monument furent rava-
» lés au niveau des glacis. »

Dans le tuf de l'un des aqueducs de distribution il s'est trouvé un grand nombre de médailles de Vespasien; Domitien et Antonin, et une plaque de plomb, en forme d'écriteau, retenue par deux boulons à ses extrémités, sur laquelle on lit : ISPANA, indiquant sans doute le quartier vers lequel était dirigée l'eau du canal dans lequel elle a été découverte. Si des fouilles ultérieures faites sur cet emplacement exhumaient d'autres plaques analogues, nous connaîtrions par elles le nom des divers quartiers de l'antique *Nemausus*.

NYMPHÉE ET HORREUM A NIMES

La symétrie qui existe entre les diverses constructions dont se composaient les anciens bains de Nimes, et le monument vulgairement appelé le Temple de Diane fait supposer, avec raison, que ce dernier n'était, dans le principe, qu'un appendice de ce vaste établissement. La façade primitive du Temple a été détruite, et l'intérieur n'est aujourd'hui qu'une imposante ruine, où cependant l'artiste peut trouver encore tous les éléments de son élégante décoration.

Les bains antiques de Nimes étaient circonscrits par la nature, dans une vaste enceinte demi-circulaire, que ferme le côteau de la Tourmagne à l'est, à l'ouest et au nord de cet édifice. C'est contre la partie occidentale de ce côteau qu'est situé le monument que nous allons décrire.

Ce monument, comme tous ceux que les Romains nous ont laissés, est construit en pierres de taille des carrières de Baruthel, de Roquemaillère et de Lens, posées à sec sur leur lit de couche.

Son plan se compose d'une *cella* rectangulaire de 9^m,55 de largeur sur une longueur de 14^m,80, et de deux galeries latérales, larges de 2^m,50, qui ont leur entrée dans les angles du fond de la *cella* et se prolongent jusqu'à sa façade ; celle de droite est entièrement conservée ; il n'existe de la seconde que les fondations et le soubassement du mur, qui faisait parpaing entre elle et la *cella*. On entre dans le temple par une arcade à plein cintre de 3^m,60 d'ouverture, et l'on trouve, sur les trois murs restés debout à l'intérieur, tous les éléments de la décoration première. Elle se composait de douze niches rectangulaires, placées à 1^m,80 du sol ; cinq sur chacun des côtés et une à droite et à gauche de l'entrée principale. Ces dernières sont couronnées de demi-frontons triangulaires d'un goût assez bizarre, et les dix autres, dont cinq seulement existent encore, par des frontons alternativement triangulaires et en segment de cercle. L'intérieur de ces niches était orné de bas-reliefs en marbre blanc et de pilastres sculptés supportant un petit entablement, sur lequel reposait le fronton.

Cette ornementation est relevée par seize colonnes d'ordre composite, placées dans les angles de la *cella*, de chaque côté de la porte, entre chaque niche et en avant de l'autel principal dont nous allons parler ; leur base attique reposait sur des piédestaux formant saillie sur le stylobate intérieur et portant les mêmes moulures que lui.

Le fût est monolithe ; ces colonnes ont 0^m,49 de diamètre sur 4^m,95 de hauteur, en y comprenant la base et le chapiteau ; trois d'entre elles sont encore en place.

Les chapiteaux sont exécutés avec pureté et élégance ; la cloche est entourée de feuilles d'eau, qui recouvrent deux rangs de feuilles d'acanthe ; le tailloir à volutes coniques est peut-être un peu trop chargé d'ornements.

L'entablement en saillie que supporte cet ordre est d'une grande simplicité et d'un très-bon goût ; la corniche denticulaire est d'un profil très-pur ; l'architrave a trois bandes couronnées d'un simple filet ; un bossage laissé à la frise peut faire supposer qu'elle était destinée à recevoir plus tard des ornements.

Le fond de la *cella* est occupé par trois renfoncements qui exigent une description particulière ; celui du milieu, placé à la hauteur des douze niches, a une largeur de 2 mètres sur une profondeur de 3^m,60 ; sa position et l'élégance de ses ornements disent assez que c'était là le *sacrum,* ou la place de la divinité principale du lieu.

En indiquant la position des seize colonnes qui décoraient l'intérieur du temple, nous avons dit qu'il y en avait deux placées sur les côtés de l'autel principal ; elles n'existent plus aujourd'hui, mais on voit, par la disposition de leurs piédestaux, qu'elles étaient entièrement isolées et formaient même un avant-corps, sur lequel l'entablement général retournait en saillie ; un fronton en segment de cercle couronnait cette décoration. Les refends sculptés sur le mur du fond, au-dessus de l'entablement, portent les amorces de ce fronton ; il paraît qu'il existait encore en 1559, d'après le dessin que le plus ancien historien de Nimes nous a conservé de ce *bastiment tel qu'il s'y voit pour le jourd'hui dans le pourtrait qui en est tel* (¹).

L'intérieur du sacrum était en harmonie avec l'élégance de sa partie antérieure ; quatre pilastres monolithes et rectangulaires, placées deux à deux derrière chaque colonne, servaient d'encadrement à la statue ; les deux premiers, entièrement isolés, avaient leurs quatre faces égales deux à deux et lisses ; ils supportaient le mur du fond de la *cella* ; les deux autres, moins larges sur leurs faces latérales, n'étaient, à proprement parler, que les antes d'un petit mur, formé d'une seule pierre, qui les rattachait au fond de la niche par une de leurs faces ; les trois autres portaient, sur toute la hauteur du fût, un encadrement orné de moulures, avec une baguette en saillie au milieu du champ.

Les chapiteaux des antes ne sont pas les mêmes que ceux des pilastres ; ils diffèrent tant par la forme que par les dimensions. Purs de profils et riches d'ornementation, ils ont un caractère qui leur est particulier ; on voit que, dans son œuvre, l'artiste ne s'est inspiré que de son caprice et de

---

(1) Poldo d'Albenas, p. 84. Polladio, p. 312.

sa fantaisie; hâtons-nous de dire que ce romantisme architectural est d'un effet si gracieux que le classique le plus austère pardonnera volontiers cette bizarrerie.

D'après ce que nous venons de dire, le Sacrum était divisé en deux parties distinctes : dans le fond, la niche proprement dite où devait être placée la statue, et sur le devant un autel formait, aux pieds de la divinité, l'espace rectangulaire compris entre les quatre pilastres.

Deux plafonds différents, richement sculptés dans une seule pierre, et soutenus par des entablements particuliers, autres que celui du temple, recouvraient chacune des parties du sacrum; le plafond antérieur était plus élevé d'un mètre que celui du fond; pour racheter cette différence de hauteur, on avait établi, sur le devant, un second entablement immédiatement au-dessus du premier. Il résulte de ce singulier assemblage une décoration bizarre, contraire à toutes les règles de l'art, et par cela, une nouvelle preuve que ce monument n'appartient pas à la belle époque de l'architecture romaine.

Les renfoncements latéraux, élevés jusqu'à l'entablement du temple, avaient une profondeur de $8^m,50$; ils se divisaient dans le sens de cette profondeur, en deux parties distinctes : la première n'était, pour ainsi dire, qu'un vestibule carré, élevé de trois marches au-dessus du sol, recouvert d'un superbe plafond monolithe, richement sculpté, mais d'un dessin plus varié que celui du sacrum. L'un des côtés de ce vestibule était ouvert sur l'autel principal, et l'autre donnait accès, au moyen de six marches, dans les galeries latérales. Le mur du fond de ces renfoncements était occupé par une niche carrée, établie à 1^m,50 au-dessus du stylobate général; ces niches se terminaient par un mur de larges dalles dont il ne reste que l'encastrement.

La *cella* était couverte d'une voûte à plein cintre en pierres de taille, formée de dix arcs doubleaux alternativement en saillie et en retraite de 40 centimètres les uns sur les autres, correspondant au milieu des colonnes et des niches.

L'intérieur est éclairé par une large fenêtre carrée, placée au-dessus de la porte d'entrée et s'élevant jusqu'à la voûte.

Le pavé était en marbres de diverses couleurs, dont il restait encore, en 1846, quelques fragments en place.

Lorsque, des vestibules du fond, on pénétrait dans les galeries latérales, après avoir monté les six marches que nous avons indiquées, on trouvait d'abord un palier carré, puis quatre marches immédiatement suivies d'un plan incliné; par ces divers modes d'ascension, empreints encore sur les murs latéraux, on atteignait une large arcade ouverte, à 7 mètres du sol, sur le mur opposé à celui de la *cella*.

Les deux galeries étaient couvertes par trois travées horizontales de voûtes à plein cintre, formées, chacune, de trois et quatre arcs doubleaux afin de conserver, au-dessous, une élévation en harmonie avec l'inclinaison de la rampe; ces trois travées sont placées à des hauteurs différentes, de telle sorte que la travée la plus haute est aussi la plus rapprochée de la façade et la seule qui soit au niveau de la grande voûte du temple.

Une fenêtre, décorée de pilastres et d'un petit entablement, donnait du jour à ces galeries, du côté de la façade.

Des pierres de taille de 5 mètres de longueur sur 70 centimètres d'équarrissage, creusées en canal et disposées entre les voûtes comme le seraient des noues, étaient destinées à l'écoulement des eaux pluviales, dirigées du devant au derrière du temple, puis se retournant sur les côtés.

HISTORIQUE DU MONUMENT

On a largement exploité le champ qu'ouvre aux conjectures la destination première, encore incertaine, de l'édifice connu jusqu'au commencement du XVIIe siècle, sous le seul nom de temple de la Fontaine.

Tour à tour dédié à Diane, à Vesta, à Apollon, aux dieux infernaux [1], selon l'idée de chacun, ce monument a été considéré, en dernier lieu, comme le Panthéon nimois [2].

(1) Rulman, Palladio, Dayron.
(2) Grangent et Durand, *Monuments Romains du Midi de la France*.

Ces opinions diverses ont toutes été victorieusement réfutées, et les ressources que la tradition pourrait nous fournir, sur la destination de notre temple, sont aussi nulles que nos archives ; c'est le monument qui peut seul raconter l'histoire de ses premières années ; *ce mode d'investigation n'a rien d'arbitraire ni de chimérique ; il constitue une science encore à son début* (¹) ; c'est en faisant une excursion sur ce nouveau domaine que nous croyons être parvenu à reconnaître, dans les dispositions insolites qui donnent à cet édifice un caractère tout particulier, un véritable Nymphée consacré à *Nemausus*, personnification de la Fontaine de Nimes, et aux nymphes qui composaient la cour de cette divinité topique (²).

Le Nymphée de Nimes a dû conserver sa destination première jusque vers le commencement du cinquième siècle, époque probable de la destruction des monuments romains de notre ville par les Visigoths, qui en étaient devenus possesseurs ; il faut reconnaître, néanmoins, que l'existence historique de cet édifice ne date, en réalité,

---

(1) Vitet, *Revue des Deux Mondes*.

(2) D'après le poète Ausone, la fontaine Divona de Bordeaux, avait été considérée, ainsi que celle de Nimes, comme la divinité tutélaire de cette ville. (*Religion des Gaulois*, vol. II, p. 208). — Nos conjectures à l'égard de cet édifice ont été développées dans une notice que nous avons publiée en 1852, sous le titre d'*Essai sur le Nymphée de Nimes*. — C'est autour de ce temple qu'ont été découvertes en 1740, toutes les inscriptions dédiées à *Nemausus* et aux *Nymphis Augustis*, que nous possédons dans nos collections épigraphiques.

pour nous, que de la fin du dixième siècle ; tout ce qui est antérieur n'est fondé que sur des conjectures.

L'an 991, l'évêque Frotaire fit des établissements considérables à Nimes : il fonda un monastère de filles qui fut honoré du titre d'abbaye et prit le nom de Saint-Sauveur de la Fontaine. Ce fut Frotaire qui le fit bâtir et lui donna pour église l'ancien temple construit par les Romains au bord de cette source. Le logement des religieuses était tout auprès (¹).... Ce monastère fut réformé, en 1532, à cause du relâchement des mœurs qui s'y était introduit (²).

Trente ans après, cet édifice avait repris la même destination, puisqu'il est dit qu'à cette époque, *de Jean*, capitaine des religionnaires, pilla et dévasta cette église, ce qui força les religieuses à se retirer à Lédenon (³).

Livré à des fermiers, ce temple servit alors à divers usages. Rulman rapporte (⁴) que l'un d'eux y serra, en 1556, une quantité considérable de bois ; mais un ennemi de ce fermier y mit nuitamment le feu, ce qui causa un incendie si violent que toutes les parties du devant de l'édifice furent extrêmement endommagées et, en effet, on voit partout des traces du feu (⁵).

---

(1) Ménard, vol. I, p. 164.— *Archives de l'Eglise de Nimes*, Car. 8.
(2) Id.   vol. IV, p. 116.
(3) Id.   vol. IV, p. 338.
(4) Inventaire manuscrit des affaires de Nimes, Liv. XI, Recl. 21.
(5) Ménard, vol. VII, p. 51.

En 1577, les habitants de Nimes, craignant que le général de Bellegarde ne s'emparât du temple de la Fontaine qui, situé hors de la ville, était très-propre à être fortifié, démolirent cet ancien et magnifique édifice par moitié, en abattant toute la partie qui faisait face au midi (¹).

En 1622, ceux qui avaient le prix fait du revêtement des bastions de la ville, continuèrent à le dégrader et le mirent en l'état où nous le voyons maintenant.

Jusqu'à l'époque de cette destruction, cet édifice est toujours désigné, dans les actes, sous le nom de *Temple de la Fontaine*; ce n'est que très-postérieurement qu'on lui a donné celui de *Temple-de-Diane*, sous lequel on le désigne encore aujourd'hui.

Ce nouveau nom n'est pas même motivé par les inscriptions découvertes autour de ce monument. Une seule, trouvée du côté opposé, sur l'emplacement du temple d'Isis, portait, en seconde ligne, le nom de cette divinité, tandis qu'il s'en est découvert plus de vingt exclusivement consacrées au dieu *Nemausus*, et cinq aux nymphes.

Des fouilles faites sur le devant du Nymphée en 1830, auxquelles j'ai présidé moi-même, ont démontré que l'irrégularité choquante qu'on remarque aujourd'hui sur sa façade, était masquée dans le principe par des constructions de 3 mètres

---

(1) Ménard, vol. V, p. 166. — Anne Rulman; lettre manuscrite au maréchal d'Estrée.

d'épaisseur adhérentes à cette façade; leur disposition symétrique donnait au monument un caractère de grandeur que son état actuel ne pourrait faire supposer.

Comme au Panthéon de Rome ([1]), et au Temple de Jupiter ([2]), cette façade se composait d'un porche carré, *pronaos*, précédant l'entrée du temple, et de deux grandes niches demi-circulaires, placées sur ses côtés. Le devant de ces niches était orné de deux colonnes isolées, couronnées d'un entablement particulier, qui profilait sur les pieds-droits, en forme d'imposte, pour recevoir les voûtes du porche central et des niches latérales. La colonne était unie, sa base attique et le chapiteau, d'ordre composite, avait des ornements en harmonie avec ceux de la décoration intérieure.

Cette façade s'élevait au-dessus d'un perron, large de 7^m,30, sur lequel on arrivait par trois marches; en avant de ce perron, vis-à-vis les jambages de la porte principale, il y avait deux piédestaux, plus longs que larges, comme s'ils avaient été destinés à supporter des statues équestres.

Le perron était partagé, dans sa largeur, par une ligne de colonnes placées parallèlement à la façade du temple, de manière à correspondre à chacun de ses trumeaux; cette disposition parais-

[1] Desgodetz, p. 6.
[2] Palladio, p. 223.

sait indiquer que l'entrée était précédée d'un péristyle à quatre colonnes; mais leur nombre en était bien plus considérable et elles s'étendaient à droite et à gauche, fort au-delà de la largeur du temple, et nous nous sommes convaincu qu'elles appartenaient à un vaste portique, formant l'enceinte des divers monuments compris dans le système général des bains romains de Nimes, dont notre Nymphée faisait partie [1].

A cinq mètres en avant des colonnes de ce portique, nous avons reconnu toute l'ossature de l'escalier, et retrouvé, à leur place, une partie de ses marches, ainsi qu'une rigole demi-circulaire au pied de la plus basse de ces marches.

[1] Tous les détails de ces découvertes ont été publiés par nous en 1852, dans un *Essai sur le Nymphée de Nimes*.

HORREUM DE NIMES

Des fouilles exécutées en 1848 et en 1852, sont dues, comme celles que nous venons de décrire, à ce que l'on a appelé des ateliers nationaux, à cette plaie hideuse qui ne manque jamais de se découvrir à l'époque de ces grandes commotions politiques, dont notre chère patrie a été si souvent le théâtre.

Arrêtées aujourd'hui par le manque de fonds, ces découvertes, pour être continuées, doivent-elles attendre une catastrophe nouvelle? Notre amour pour l'antiquité ne va pas jusqu'à former ce vœu; la bonne volonté de l'administration nous suffit; c'est beaucoup moins dangereux!

Nous ne décrirons pas ici les découvertes dues à ces époques néfastes, notre modèle les met sous les yeux, et nous en avons fait connaître tous les détails dans un opuscule publié en 1852; elles ont mis à nu, selon toute apparence, les premiers travaux exécutés dans le but de construire

un de ces édifices d'utilité générale, auxquels les
Romains donnaient le nom d'*Horreum*, ou greniers publics, établis dans toutes les villes de
l'empire qui avaient une certaine importance.

Nous disons les premiers travaux, attendu que
quel qu'ait été le but de l'architecte dans la destination de l'édifice, l'horizontalité de ses murs à
leur extrémité supérieure, leurs parements sans
crépissure, les anfractuosités du rocher qui forme
le sol de toutes ses parties, sont autant de preuves
que cet édifice n'a jamais été terminé, et qu'il ne
peut avoir été détruit par une force brutale, puisqu'on n'a trouvé au pied de ses murs aucun fragment d'entablement ni de toiture; il n'était donc
qu'en cours d'exécution, lorsqu'un événement
quelconque, peut-être la mort de l'empereur régnant, est venu arrêter tout à coup les travaux
d'exécution au point où nous les trouvons aujourd'hui.

Si nous avions à déterminer cette époque, nous
rapporterions ces constructions à la fin du règne
d'Antonin, alors que la ville de Nimes était arrivée
à l'apogée de sa prospérité; tout semble indiquer,
en effet, que ce prince fut le dernier bienfaiteur
d'une cité que ses successeurs n'avaient aucun intérêt à protéger, et dans laquelle on ne trouve
aucune trace de leur passage à l'empire.

L'origine romaine de ces constructions bizarres
ne pouvant être douteuse, l'on se demande quel
était le monument auquel elles devaient servir de
base ?

Cette question que, pendant le cours des fouilles, nous nous sommes si souvent et toujours vainement adressée, nous a conduit à supposer que l'édifice qui en fait l'objet, et qui n'a aucune analogie avec ceux qui nous restent, ne pouvait se trouver que dans la catégorie de ceux qui, mentionnés seulement par l'histoire, n'ont laissé dans le monde matériel aucune trace de leur existence.

Nos recherches ainsi restreintes, le champ des conjectures est devenu moins vaste et les sillons plus faciles à tracer, nous ont amené à un résultat que les savants de la capitale considèrent jusqu'à présent comme le plus plausible.

Nous n'entrerons pas ici dans le détail de nos recherches; elles sont développées dans l'opuscule déjà cité; nous n'en relaterons que le résultat, en faisant préalablement remarquer, sur le relief, que toutes les parties des découvertes faites autour du temple sont établies de telle sorte qu'on ne peut pénétrer à l'intérieur de chacune d'elles que par sa partie supérieure, formant ainsi des espèces de sacs en pierre, qui nous ont paru être autant de silos de dimensions différentes.

Chez les Romains, le blé était considéré comme une des branches les plus importantes de l'impôt; on doit supposer, d'après cela, que l'administration avait dû veiller, avec la plus grande sollicitude, aux moyens de conserver, pendant un temps plus ou moins considérable, une denrée qui, perçue en nature, au moment de la récolte, ne devait être distribuée, de la même manière, qu'à la longue.

Il y avait donc, à cet effet, des magasins publics, *horrea*, dépôts de grains, de vivres et d'autres objets précieux établis dans les cités et les mansions, pour distribuer aux soldats suivant les routes militaires de l'empire romain. Ces *horrea* donnèrent même quelquefois leur nom aux villages où ils étaient situés. C'est pourquoi l'on rencontre, dans l'itinéraire d'Antonin et dans les tables de Peutinger, ces noms : *ad horrea* (1).

Or, il est évident que la ville de Nimes, par son importance et sa situation sur la *via munita*, d'Espagne en Italie, devait avoir un *Horreum* dans son enceinte.

Malheureusement, les auteurs anciens ne nous ont laissé aucune description de ces sortes d'édifices ; ils nous apprennent seulement que les Romains donnaient le nom d'*Horrea* ou de *Conditoria* à ces établissements qui servaient de magasins non-seulement pour le blé, mais encore pour la chair salée et les autres provisions destinées aux soldats.

Nous concluons donc que les ruines qui font l'objet de nos nouvelles découvertes nous rendent l'*Horreum* ou grenier public, en voie de construction pour la ville de Nimes, que les diverses divisions qu'on y remarque étaient destinées à recevoir les trois espèces principales de grains : le far,

---

(1) Voyez le mot *horrea*. *Encyc. Méthodique*.

le triticum et le seigle, désignés par les Romains sous le nom général de *frumentum*; et, puisque ces monuments renfermaient aussi des viandes salées destinées aux soldats, nous serions tentés de croire que le corridor, situé au midi, disposé de manière à ce que l'air pût y circuler, était réservé à cet usage.

Si je me trompe dans mes conjectures, la voie est ouverte ; de plus habiles et de plus expérimentés que moi arriveront peut-être au but!

BAPTISTERIUM A NIMES

Que notre insistance auprès de l'autorité municipale ait contribué à rendre à l'archéologie un édifice dont l'historien de Nimes avait à peine indiqué la place et la destination ; que la fouille commencée en 1854 et non encore terminée rende à la science un théâtre, un exèdre, une palestre, un odéon, une école publique ou bien une naumachie, comme seraient disposés à le penser les savants de la capitale, peu nous importe ! La couronne monumentale de notre antique cité s'enrichira d'un fleuron de plus, c'est là une vérité que personne ne contestera !

La reprise des fouilles commencées au levant des anciens bains se chargera, tôt ou tard, de résoudre le problème ; quelle que soit la solution, nous n'aurons pas même la satisfaction de pouvoir dire : *je l'avais deviné !* car, si nous adoptons de préférence l'opinion de l'historien nimois, c'est que, plus rapproché d'un siècle du moment où ces restes furent couverts, il a pu, mieux que nous, en apprécier la destination ; nous croyons donc que Ménard pourrait bien avoir eu raison en donnant le nom de *piscine* au monument dont on n'a encore exhumé qu'une partie du *theatridium*.

Il y avait chez les Romains plusieurs genres de piscines ; on aurait tort de supposer qu'il s'agit ici de ces viviers pour la construction desquels les riches citoyens de Rome, que Cicéron appelle par ironie *Piscinarii*, dépensaient des sommes immenses, dans le seul but d'entretenir et de conserver des poissons.

Ce n'était pas là non plus une de ces piscines ou grands réservoirs d'eau, couverts de voûtes, dans le genre de celle dont Pison fut l'auteur, où venaient s'approvisionner d'eau les flottes romaines stationnant au port de Cumes.

Mais la piscine dont notre *theatridium* faisait partie était, comme celle dont parle Festus (1) *piscina publica*, grand réservoir d'eau froide dans lequel bon nombre de personnes pouvaient se baigner à la fois et même nager ; c'est là que les parents eux-mêmes venaient exercer leurs enfants à cet art qui faisait partie de l'éducation romaine. Si l'on voulait simplement se baigner, on s'asseyait sur l'un des trois gradins inférieurs, les seuls qui fussent submergés (2), tandis que les

---

(1) *Piscina publica, hodicque nomen manet, ipsa non extat, ad quam et natatus exercitationis causa veniebat populus.*

(2) Selon le niveau nouvellement pris de la fontaine d'Eure qui

gradins supérieurs, dont aucun n'existe aujourd'hui, étaient destinés à servir de siége aux personnes qui s'amusaient à voir les exercices de natation.

Si nous trouvons un peu trop vulgaire l'expression de *piscine* appliquée à notre découverte, pourquoi ne lui donnerions-nous pas le nom plus poétique de *baptisterium*, dont les néologues romains firent usage, après la conquête de la Grèce, pour désigner ces grands réservoirs d'eau froide dans lesquels les anciens se baignaient et nageaient au besoin (¹).

Au surplus, voici, sans commentaires, quel a été, sur ce point, le résultat des fouilles de 1854.

Taillé dans le rocher qui formait à l'est l'enceinte des thermes romains, exposé à toute l'ardeur de notre soleil couchant, on a découvert un édifice de forme demi-circulaire s'élevant en *theatridium* jusqu'à la hauteur de cinq mètres du sol antique : les gradins exhumés sont, jusqu'à présent, au nombre de neuf et l'on juge, par la disposition du rocher qu'il ne devait y en avoir guère plus : les trois premiers et le mur d'enceinte intérieur existent seuls en grande partie ; on compte les six autres par le rocher taillé en gradins qui servaient d'appui à ceux qu'on a enle-

---

alimentait ce bassin près duquel nous avons retrouvé, en 1820, une partie du grand aqueduc du Gard.

(1) *Piscina, forinsecus seu Græce mavis, Baptisterium.* (Sidoine, p. 1. L. 1.) Pline le jeune avait une de ces piscines dans sa maison de campagne (E. 1. Liv. II. 17.)

vés. La hauteur des gradins qui restent est de 34 centimètres, et comme chacun d'eux devait servir, en même temps, de siége et de marchepied, ils avaient tous une largeur égale de 74 centimètres. Toutefois, le gradin le plus bas, au-dessous duquel personne ne devait s'asseoir, n'avait pour marchepied qu'un espace de 25 centimètres qui formait le dessus du mur de l'enceinte intérieure, dont la hauteur est de 65 centimètres et la courbe de 12 mètres de rayon.

Nous devons faire remarquer qu'il y a une grande différence dans la hauteur des gradins des théâtres et des amphithéâtres que nous connaissons, et celle des siéges de notre *baptisterium*; les premiers ont de 45 à 51 centimètres d'élévation, tandis que ces derniers, comme on vient de le voir, n'ont que 34 centimètres.

Selon toute apparence, ce *theatridium* était, comme les théâtres, divisé en *cunei*; on en distingue quatre indiqués par cinq petits escaliers, *itenerœ*, tracés dans la direction des rayons, et formés par le gradin lui-même, taillé en deux marches sur sa hauteur, cette disposition avait pour but de faciliter la circulation sur les gradins. On voit encore un de ces *itenerœ* sur les trois derniers; il a 90 centimètres de largeur; on reconnaît aussi celui qui était établi sur l'angle nord de l'hémicycle par une entaille de la même largeur, creusée sur le marchepied du premier gradin, à une profondeur de cinq centimètres. Comme ces petits escaliers n'arrivent, dans ce moment, que jusqu'au marchepied, ces entailles diminuaient la hauteur du mur d'enceinte et facilitaient les nageurs novices qui voulaient descendre au fond du *baptisterium*.

Dans l'intervalle qui sépare ces deux *itineræ*, à la hauteur du quatrième gradin, niveau auquel pouvaient facilement arriver les eaux de la fontaine d'Eure, le rocher se trouve tranché sur une largeur de plus d'un mètre. Cette circonstance peut faire supposer que l'aqueduc romain qui amenait cette source à Nimes, aqueduc que nous avons vu, il y a un demi-siècle, à quelques mètres de là, dans cette direction, pouvait avoir, dans cette tranchée, un tuyau de communication avec notre piscine ; c'est là un fait que nos neveux sont appelés à vérifier ; ainsi se trouverait confirmé ce que disait, il y a plus d'un siècle, l'historien de Nimes, en parlant de nos découvertes nouvelles dont il connaissait l'existence, mais qu'il n'avait pas vues :

« En creusant dans cette partie dit Ménard ([1]),
» on découvrit les débris de deux bassins, l'un
» supérieur, revêtu de grandes pierres de taille
« (c'est celui dont nous parlons), l'autre inférieur
» taillé dans le roc (le creux Coumert); à la suite
» du premier était une auge et une martillière ou
» écluse qui servait à faire passer les eaux dans le
» second.

» Ces réservoirs, au reste, ajoute l'historien,
» n'avaient rien de commun avec les eaux de la

---

(1) *Histoire de Nimes*, vol VII, p. 69.

» fontaine ; *celles qui les remplissaient dérivaient*
» *uniquement du grand aqueduc du Pont-du-Gard.*»

Nos fouilles nous ont, en effet, donné les deux bassins tels que les décrit Ménard ; à la suite du premier, sur la prolongation du diamètre de l'hémicycle, on trouve le canal de communication, l'auge et l'emplacement de la martillière.

Ce canal, dans la direction du nord, a 21 mètres de longueur ; sa largeur, en sortant du bassin circulaire, est de $2^m,34$; mais à $4^m,60$ de ce point, cette largeur se réduit de 29 centimètres de chaque côté, par un avancement rectangulaire de ses murs latéraux ; c'était peut-être là l'emplacement de la vanne à laquelle ces deux angles servaient de butée. Il n'existe maintenant de ce canal qu'une partie du radier et la première assise de ses murs, qui s'élevaient jusqu'au niveau du neuvième gradin, si l'on en juge par une entaille horizontale taillée dans le rocher pour recevoir les dalles dont il était couronné.

A 7 mètres au nord de l'endroit où nous supposons la vanne, on a trouvé l'auge indiquée par Ménard, incrustée dans le sol ; elle a $1^m,90$ de long ; elle est percée de deux trous débouchant dans un canal dont la pente, extrêmement rapide, se dirige vers les anciens bains ; ce canal, par sa disposition, servait d'écoulement aux deux piscines.

C'est là probablement qu'était placé le gros tuyau de plomb qu'on trouva dans cette direction lors de l'établissement du bélier hydraulique (¹). On peut, en quelque sorte, suivre sa marche encore aujourd'hui ; il passait sur la digue qui retient l'eau dans le bassin de la source qu'à cet effet on avait creusé en forme d'auge : il se dirigeait vers le Nymphée dans un canal établi sur son axe ; puis, à 3 mètres avant d'atteindre l'entrée du Temple, il se bifurquait en forme d'Y pour alimenter des cascades dans les deux grandes niches placées à côté de cette entrée.

« L'emplacement qu'occupaient ces bassins,
» ajoute l'historien de Nimes (²), quoique d'une
» étendue très-bornée et très-resserrée, ne lais-
» sait pas d'être orné de beaux édifices qui ne
» le cédaient peut-être pas à ceux des bains.
» On a trouvé le bassin inférieur rempli de débris
» de colonnes, de bases, de chapiteaux, de mar-
» bres, qui désignaient une grande magnifi-
» cence. »

En donnant quelques légers détails sur nos premières découvertes, nous disions dans le *Courrier du Gard* (³) : « L'état des fouilles ne nous permet
» pas d'en dire davantage ; comment se fait-il
» qu'un travail aussi intéressant ait été inter-

---

(1) D'après une note écrite sur le plan des fouilles exécutées sur l'emplacement des anciens bains, en 1739, par Dardaillon, alors architecte de la ville, on trouva, sur cet emplacement, un tuyau en plomb ayant 25 pieds de long, six pouces de diamètre et pesant trente quintaux.
(2) Ménard, vol. VII, p. 70.
(3) *Courrier du Gard*, 21 février 1854.

» rompu? peut-on faire un emploi plus utile des
» deniers municipaux? Je ne doute point que la
» sollicitude de l'administration éveillée ne s'em-
» presse de mettre la main à l'œuvre! » Jusqu'à
présent notre espoir ne s'est pas réalisé, l'administration a fait sourde oreille, de sorte qu'en émet-
tant aujourd'hui une opinion sur ces fouilles
seulement commencées, on aura quelque droit à
la qualifier de prématurée; nous en acceptons
d'avance toutes les conséquences, disant avec
Cicéron : *ut humanus et senex possum falli!*

PORTE-D'AUGUSTE A NIMES

Le département du Gard a eu des administrateurs habiles, mais leurs efforts ont été souvent dirigés vers la partie matérielle de l'administration ; ils ont généralement montré peu de sympathie pour les arts.

M. de Chanal, préfet du département du Gard, en 1849, a eu des goûts artistiques et nous en a donné des preuves. Depuis longtemps les archéologues et les savants demandaient que la porte d'Auguste, enfouie depuis tant de siècles dans les décombres de la vieille cité, fut déblayée ; mais tous ces efforts combinés s'étaient brisés, jusqu'à cette époque, contre des résistances locales. M. de Chanal les a fait disparaître. Notre noble et antique cité a été dotée d'un monument de plus !

Avant de faire connaître le résultat de ces intéressantes fouilles, il ne sera pas inutile de rechercher quelle fut l'époque de l'érection de la Porte-d'Auguste, sa destination primitive, les vicissitudes diverses qui lui ont été imprimées par le temps et par la main des hommes.

Le peuple qui a laissé après lui de si glorieuses traces a été, comme nous, un grand peuple, grand par les lois, par les arts et par la guerre? Dieu veuille que, comme lui, nous n'ayons pas notre bas-empire!

D'après l'historien Ménard, les remparts antiques de la ville de Nimes étaient percés de dix portes, dont il indique à peu près la situation, et de deux ouvertures fermées par une grille à l'entrée et à la sortie du torrent, appelé maintenant *Cadereau,* qui traverse la ville du nord au midi.

On ne peut douter que la porte principale de la ville romaine ne fut celle qui servait encore, en 1849, d'entrée aux greniers à foin de la gendarmerie, et qu'on appelle la Porte-d'Auguste; elle était située sur l'ancienne voie domitienne, correspondant aux deux routes de Narbonne et d'Ugernum. La richesse de son architecture prouve évidemment qu'on avait voulu la distinguer des autres.

Les pierres de taille, posées sans ciment, ont été prises dans les carrières de Roquemaillère, Baruthel et Lens, mais utilisées avec un discernement sans exemple dans nos autres monuments romains; la façade, les parements, les pilastres et les petits arcs, sont construits en Roquemaillère, comme la pierre la plus dure; les entablements et les voussoirs intérieurs sont en pierres de Baruthel, et la pierre de Lens, considérée commele marbre du pays, a été utilisée pour les chapiteaux et autres ornements délicats.

La façade se compose de deux grandes arcades à plein cintre, larges de 3^m,93 sur une hauteur de 6 mètres, et de deux petits arceaux n'ayant que 1^m,93 de largeur sur 4 mètres d'élévation ; ces derniers sont surmontés d'une niche demi-circulaire, ornée de petits pilastres, portant un entablement du genre dorique.

Deux grands pilastres d'ordre corinthien, servent d'encadrement à chacune des deux petites entrées et soutiennent, à 7^m,50 d'élévation, l'entablement général de l'édifice ; cet entablement venait s'amortir contre deux tours demi-circulaires démolies en 1793. Ces tours avaient 9^m,66 de diamètre ; leur partie circulaire ne commençait qu'à 1^m,50 en avant du parement, ce qui leur donnait une forme infiniment gracieuse et facilitait les moyens de défendre cette entrée avec plus d'avantage. Le vandalisme de 93 n'a pas entièrement détruit cette partie du monument, nous en découvrons aujourd'hui le socle ; il témoigne, par l'élégance de ses moulures, qu'il appartient à la belle époque de l'art romain.

La frise, qui a 0^m,60 de hauteur, porte une inscription sur deux lignes ; les lettres de bronze ont disparu, mais les rainures dans lesquelles elles étaient enchassées, nous ont heureusement conservé ce précieux document, qui fixe la construction de nos antiques murailles, à la huitième année de la puissance tribunitienne d'Auguste, correspondant à l'an 758 de Rome, 16 ans avant Jésus-Christ.

Les lettres de cette inscription sont d'un beau caractère, celles de la première ligne ont 25 centimètres de hauteur, et celles de la seconde 16 seulement; elle porte :

IMP.CAESAR.DIVI.F.AUGUSTUS.COS.XI.TRIB.POTES.VIII
PORTAS.MVROS.COL.DAT

« Ce qui ne veut pas dire assurément, dit M. Jules Teissier, qu'Auguste ait *donné*, ait *fait bâtir à ses frais*, les portes et les murs de la colonie, mais simplement en style administratif, qu'Auguste, ayant jugé utile à ses intérêts que Nimes fût entouré de remparts, lui ordonna de les construire. On pourrait ajouter sans crainte *civium ære votivo*. »

Sur le milieu du monument, se trouve une petite colonne ionique qui sépare les deux grands arceaux; elle repose sur une espèce de chapiteau établi à l'imposte du pied-droit sur lequel elle est située, et s'élève jusqu'à l'entablement.

Nous avons démontré que cette petite colonne était le *milliare passum primum* de Nimes, c'est-à-dire le point d'où l'on partait pour compter les milles sur toutes les routes; on l'appelait également : *lapis milliare*. Cette pierre ne portait aucune indication numérale, c'était pour ainsi dire le milliare zéro, l'analogue du *milliarium aureum* qu'Auguste fit planter au milieu du forum de Rome comme centre de tous les milles(¹).

Outre la petite colonne, l'entablement était encore soutenu par deux taureaux à mi-corps, placés immédiatement au-dessus de la clef des grands arceaux.

Les deux niches qui couronnent les petites entrées étaient probablement décorées des statues de Caïus et de Lucius, petits-fils de l'empereur. Une inscription, conservée au Musée, donne au premier de ces princes le titre de *Patronus coloniæ*.

Lorsqu'en 1793 on détruisit les constructions modernes qui cachaient la porte d'Auguste, la hauteur de cet édifice ne s'élevait pas au-dessus de son inscription; les pierres de l'attique et de la corniche avaient été précédemment enlevées. Il paraissait probable que ce couronnement devait avoir quelque rapport avec celui des portes d'Autun, vu l'analogie de leur position; mais ce qui n'était jusqu'à présent qu'une simple conjecture, a été confirmé par les fouilles de 1849. Un fragment de la corniche du premier ordre nous a prouvé qu'elle avait une hauteur de $0^m,47$; elle était ornée de denticules de $0^m,15$ de hauteur et de $0^m,07$ de large, avec un intervalle de $0^m,03$. Quoique cette espèce de moulure soit un des membres distinctifs de la corniche ionique, on la retrouve dans presque tous les monuments corinthiens du siècle d'Auguste.

(1) *Mémoire de l'Académie du Gard*, année 1832, p. 241.

On ne peut plus douter maintenant que le premier ordre ne fut surmonté d'un portique formé d'arcades, par lequel on communiquait d'une tour à l'autre. Un voussoir, trouvé au bas de la façade, nous a donné 1^m,15 pour l'ouverture des arcades de ce portique; une pierre formant la largeur entière du pied-droit qui le séparait, nous a démontré que ces intervalles étaient de 1^m,79; que leurs bords portaient des pilastres cannelés arrivant jusqu'à l'imposte; que le milieu de ces pieds droits était décoré d'une colonne unie de 0^m,48 de diamètre, en saillie des deux tiers de sa circonférence. Plusieurs fragments de chapiteaux ioniques nous font penser que ces colonnes appartenaient à cet ordre.

Ces dimensions ont prouvé que ce portique supérieur se composait de six arcades séparées par des colonnes dont la position se trouve naturellement indiquée par la décoration du rez-de-chaussée, c'est-à-dire à l'aplomb de chaque pilastre, de la colonnette du milieu et des deux taureaux à mi-corps qui sont au-dessus des clefs des grandes entrées.

L'entablement de ce second ordre s'est retrouvé tout entier; l'architrave a trois faces de 7,10 et 14 centimètres de hauteur, avec une cimaise de 0^m,08, soit 0^m,39 pour son élévation totale. La pierre dans laquelle elle est taillée porte, du côté qui lui est opposé, la moulure d'une architrave simple qui décorait l'intérieur du portique; cette pierre donne ainsi l'épaisseur du mur de l'attique qui avait 0™,80.

La frise unie a 0™,24 de hauteur; la pierre dans laquelle elle est taillée porte la partie inférieure de la corniche. Les moulures en sont fort mutilées; son extrémité est, au contraire, parfaitement conservée, et comme cette dernière pierre formait le couronnement de l'édifice, elle est disposée pour l'écoulement des eaux pluviales. La hauteur de cette corniche était de 0™,46; l'entablement total de ce second ordre avait donc 1™,09 d'élévation. C'est d'après cela que nous avons restitué, en liége, le fragment mobile qui s'applique au modèle.

Le pavé romain, presque tout conservé sous le grand arc de droite, avait été néanmoins déjà réparé; il est formé de fortes dalles de 0™,30 d'épaisseur, longues de 2 à 3 mètres, d'une largeur irrégulière, mais parfaitement juxta-posées. Ce pavé formait un seul dos-d'âne sur toute la largeur des grandes entrées. Un aqueduc, placé sous ce pavé, facilitait l'écoulement des eaux de l'Agau [1].

La base des tours est intacte; on retrouve sur tout leur pourtour cette moulure élégante qui, par sa grandeur et la simplicité de ses membres, est un modèle que les architectes modernes devraient souvent imiter. Ces tours se prolongeaient jusqu'à 10™,23 de la façade et se terminaient carré-

[1] Voyez Ménard, vol. VI, p. 328.

ment du côté de la ville. Là se trouvait une porte cintrée de 1^m,90 d'ouverture, servant d'entrée à ces tours.

On a aussi découvert dans ces fouilles une belle frise de 0^m,60 de hauteur, décorée d'une guirlande de laurier, dont les feuilles ont 0^m,20 de longueur, ce qui prouve que cette frise devait être placée fort haut. Nous pensons qu'elle décorait la façade de la porte du côté de la ville.

La façade dont nous avons donné la description était, jusqu'aux fouilles de 1849, la seule portion connue de la Porte-d'Auguste. Sa partie supérieure avait été détruite jusqu'à la frise.

Le monument, large de 39^m,60, formait un avant-corps en saillie de 5^m,23 sur les remparts antiques; cette saillie était augmentée à ses deux extrémités par la partie arrondie des deux tours dont nous avons parlé.

Les deux petites entrées aboutissaient à l'intérieur de la ville à des trottoirs pour les piétons. Ces deux derniers passages formaient, sur une longueur de 16 mètres, deux portiques couverts de voûtes à plein cintre, formées d'arcs doubleaux. Ces passages étaient éclairés par trois fenêtres cintrées de 2^m,50 de hauteur sur 1^m,15 d'ouverture, établies à 0^m,65 au-dessus du sol antique.

Il paraît que ces portiques ne se fermaient pas habituellement, car on ne voit, sur les pieds-droits ni sur le seuil, aucune trace de scellement de gonds ni de crapaudine; cependant deux trous carrés de 20 centimètres, placés sur les murs latéraux, vis-à-vis de deux autres trous de même dimension, taillés en chanfrein, démontrent, par leur emplacement et leur forme, que, dans certaines circonstances, à l'approche de l'ennemi, par exemple, ces ouverture se fermaient par un ventail, retenu à l'intérieur par de fortes solives fixées dans ces trous.

Les grandes entrées n'étaient couvertes que sur une épaisseur de $2^m,84$ par deux arcs doubleaux en saillie de $0^m,44$ sur le nu du mur intérieur; ces deux arcs étaient séparés par un intervalle de $0^m,45$, destiné au mouvement d'une herse. La disposition de cette fermeture n'a aucune analogie avec celles qui ont été décrites jusqu'à ce jour.

L'espace de $0^m,45$, ménagé entre les deux arcs, se divisait en deux rainures de $0^m,15$, que séparaient une saillie de même largeur. L'une de ces rainures s'arrêtait sur l'imposte, et l'autre descendait jusqu'au sol. Il est évident, d'après cela, que, sur sa hauteur, la herse se divisait en deux parties dont l'une fermait l'extrémité cintrée de l'arceau, et pouvait ne s'ouvrir que dans des circonstances extraordinaires, tandis que la partie inférieure, toujours mobile, venait, dans son mouvement ascensionnel, s'appliquer contre la partie fixe.

Cette première barrière n'avait pas paru suffisante à l'architecte de notre monument; à $1^m,53$ de la herse, immédiatement après les arcs doubleaux, il avait établi à l'intérieur une seconde porte à deux ventaux, dont le mouvement de rotation s'opérait sur des pivots établis à 0^m,30 de leur bord ; le pivot inférieur, placé à 0^m,50 du sol, tournait sur un cippe orné de moulures, situé dans l'angle des grands arcs ; cette seconde porte se fermait par des solives dont la disposition était la même que celle des passages couverts.

Après avoir franchi cette double barrière on se trouvait dans une cour, que les anciens appelaient *cavœdium*, large de 10^m,64 sur 13 mètres de longueur. Si l'on en juge par l'état actuel des fouilles, du côté de la ville, cette enceinte devait se terminer par un système d'arcades et de fermetures en harmonie avec celui de la face extérieure.

On conçoit que cette disposition était extrêmement favorable à la défense de la ville ; les assaillants, après avoir forcé les deux premières portes, se trouvaient renfermés dans une impasse dominée sur tous les points par les terrasses des portiques latéraux, d'où les assiégés pouvaient facilement écraser l'ennemi avant que les portes du côté de la ville fussent enfoncées (1).

HISTORIQUE DU MONUMENT

Il paraîtrait qu'à une époque fort reculée, et qu'il est impossible de préciser, des fortifications

---

(1) Voir nos conjectures sur le *Cavœdium* dans notre notice sur les fouilles de la Porte-d'Auguste, 1849.

auraient été construites sur l'emplacement même de la Porte-d'Auguste. Ce fait résulterait d'une bulle du pape Adrien IV, accordée l'an 1156, en faveur d'Aldebert, évêque de Nimes, pour confirmer à ce prélat et à ses successeurs la possession du château appelé de la Porte-d'Arles, *castrum quod dicitur porta Arelatensis*. Or, comme c'était là même qu'était autrefois placée la porte de ce nom, parce qu'elle conduisait au chemin d'Arles, on peut supposer que le château, dont il est question dans cette bulle, avait été bâti à l'endroit où elle est située. A la fin du quatorzième siècle, la vieille citadelle était en décombres ; il ne restait de visible que les deux tours romaines.

Charles VI, en passant à Nimes, en 1390, jugea que cette ville devait être mise en défense ; il en donna la commission à Pierre de Chevreuse. Il ordonna, par une lettre de Carcassonne, le 20 juillet 1391 : « Qu'un château-fort serait construit en certain lieu de Nimes, appelé le *Sonal des Carmes*, auquel sont deux grosses tours accouplées de gros murs ([1]).

Ce château, auquel on donna une forme carrée, était flanqué de quatre fortes tours, deux desquelles faisaient face à la ville et deux à la campagne. Au milieu de l'édifice était une vaste cour avec un puits très-profond, bâti, qui subsiste encore ([2]). Sur la porte, placée entre les deux tours, regar-

---

(1) Ménard, vol. III, p. 39.

(2) Le terrain occupé par le château avait 24 cannes de largeur (47m,112) et 35 cannes de longueur (69m,16). Ménard, v. V., p. 630.

dant la campagne, on voyait cinq écussons rangés sur une même ligne ; le premier portait les armoiries du duc d'Anjou ; le suivant, celles du duc de Berry; celui du milieu, plus grand que les autres, celles du duc de Bourgogne ; et le dernier, les armoiries du duc de Bourbon. On sait que ces quatre princes étaient oncles du roi Charles VI, les trois premiers par leur père, et le dernier par sa mère.

Un chanoine, nommé Geoffroy Paumier, institua le roi Charles VI son héritier, sous cette condition singulière que son héritage entier serait employé à la dotation d'une chapelle qu'on fonderait en l'honneur de saint Michel, dans le château royal qu'on bâtissait alors à Nîmes. Le buste de ce donateur fut placé dans cette chapelle.

Ce château fut pris par le prince d'Orange et repris par Charles VII en 1420 ; il y mit une forte garnison composée de Gascons et d'étrangers, pour repousser les attaques des routiers.

Il fut détruit, en partie, lors des guerres de religion; le roi Louis XIII donna, en 1655, l'emplacement et les matériaux aux Frères Prêcheurs, pour y établir leur couvent, qu'on appela le *couvent des Pères du Château*, nom que conserve encore la place sur laquelle il était situé.

Ce fut en 1752 que le château royal fut entièrement démoli et qu'on découvrit, pour la première fois, enchâssé dans cette ancienne ruine, le monument romain exhumé en 1849 ; cet édifice allait éprouver le même sort que la forteresse, lorsque, en 1793, il se trouva un citoyen assez courageux (M. Alexandre Vincens) pour s'opposer à ce vandalisme; l'inscription, déjà renversée en partie, fut remise à sa place, et l'un des premiers monuments de la colonie romaine fait encore partie de nos richesses archéologiques.

Tels sont les documents les plus certains qui nous ont été laissés par l'histoire.

Ces transformations diverses ne présentaient jusqu'ici qu'un intérêt historique purement local ; au point de vue artistique ce monument paraissait sans importance; les décombres séculaires qui le couvraient semblaient justifier l'indifférence qui pesait sur lui.

Il y a encore bien peu de jours qu'une grande partie des habitants de Nimes et ces milliers de voyageurs qu'amènent annuellement la douceur de notre climat et le commerce de notre cité, passaient avec indifférence devant cette antique ruine ; l'artiste seul gémissait; il ne pouvait comprendre qu'à une époque où fleurissent les arts, on laissât ainsi dans l'abandon un monument d'une si belle ordonnance et qui porte sur son front l'empreinte de sa noble origine.

Non seulement sa forme et son emplacement, mais son inscription ne pouvaient laisser aucun doute à l'artiste sur la destination première de cet édifice; c'était évidemment une porte de la ville romaine ; elle était bien digne de figurer dans le riche inventaire des monuments de notre cité.

Je hasarderai ici une pensée! Je serai compris,

je crois, par tous ceux qui ont étudié la nature humaine; la simplicité du monument, la belle proportion de ses formes, l'absence de tout ornement surchargé ou inutile, ont contribué à son état d'abandon ; l'artiste seul a une délicatesse de sentiment qui lui fait comprendre ce genre de beauté, le commun des hommes y est insensible!

Grâce aux goûts artistiques de M. de Chanal, la Porte-d'Auguste partagera désormais, avec nos autres monuments, l'admiration des étrangers; à l'aspect de cette imposante ruine, de ces voûtes hardies et silencieuses, sous lesquelles s'agitait, il y a deux mille ans, une foule empressée, le voyageur sera saisi par un sentiment de puissance et de fragilité tout à la fois; sa pensée se portera vers ce peuple qui est si grand dans l'histoire, et dont la main a laissé autour de nous de si nobles empreintes; le souvenir de nos administrateurs trouvera aussi une place dans ses pieuses méditations.

AMPHITHÉATRE DE NIMES EN 1859. (1)

Comme tous les amphithéâtres connus, la forme de celui de Nimes est elliptique ; voici de quelle manière l'architecte en a tracé le plan.

L'arène proprement dite est une ellipse parfaite, dont le grand axe a 69^m,14 (234 pieds romains) et le petit axe 38^m,34 (130 pieds romains). C'est sur la circonférence de cette ellipse qu'est établi le mur de l'enceinte intérieure, revêtu de longues et larges dalles juxta-posées comme des douves de tonneau ; l'espace circonscrit par ce mur était le théâtre des divers exercices qui s'exécutaient dans cette enceinte.

Combinant ensuite la largeur des constructions sur le nombre de spectateurs que devait contenir

(1) Le relief que l'on voit ici représente les Arènes de Nimes en 1859, c'est-à-dire avant que ce qu'on veut bien appeler des restaurations détruisissent le pittoresque du monument.

Pour ce qui concerne les détails du monument, je les ai consignés dans ma *Description de l'Amphithéâtre de Nimes. 1859.*

l'amphithéâtre, la façade extérieure a été établie sur une seconde ellipse, dont les axes sont les mêmes que ceux de l'ellipse intérieure, prolongés à chacune de leurs extrémités de 31^m52 (107 pieds romains) épaisseur des constructions sur ces quatre points. Cette nouvelle ellipse a, dans son grand diamètre, $132^m,77$ (450 pieds romains) de longueur et, dans son petit axe, $101^m,38$ (344 pieds romains) à partir du parement extérieur ; un petit avancement de 59 centimètres, qui existe sur les entrées de l'est et de l'ouest, motive la petite différence qu'on remarque avec la mesure que nous venons de donner des grands axes intérieurs et extérieurs.

C'est dans l'espace annulaire compris entre ces deux courbes parallèles que l'architecte a eu à combiner le système de voûtes, de galeries, d'escaliers que réclamait la distribution de ce vaste édifice, pour que les spectateurs pussent arriver avec facilité à la place qui leur était destinée sur les gradins.

Au rez-de-chaussée cette surface annulaire était divisée circulairement par deux galeries, l'une qu'on peut appeler extérieure, située immédiatement après le mur de façade et destinée à la circulation du public en général ; sa largeur est de $3^m,25$ (11 pieds romains). L'autre, plus rapprochée du centre, est désignée sous le nom de galerie consulaire, parce qu'elle était exclusivement destinée à la noblesse ; elle avait une largeur de $2^m,95$ (10 pieds romains.)

Nous devons faire remarquer ici que toutes les

constructions circulaires de l'édifice sont établies sur des courbes parallèles à l'ellipse intérieure, tandis que celles qui sont établies dans le sens des rayons ont été tracées d'après un principe que nous allons faire connaître.

Le mur de façade est percé de soixante arcades, à peu près égales, de $3^m,80$ d'ouverture (13 pieds romains) excepté pour celles qui correspondent aux extrémités des axes de l'est, du nord et de l'ouest, qui ont une largeur de $4^m,45$ (15 pieds romain); les pieds-droits qui séparent ces soixante arcades ont une largeur de $2^m,42$ (8 pieds romains) sur une épaisseur de $1^m,55$ (9 pieds romains.

Après avoir adopté cette disposition, voici de quelle manière elle fut tracée sur le plan par l'architecte : il détermina, d'après ce principe, en partant des axes de l'ellipse, soixante points sur la courbe extérieure. Opérant ensuite une division semblable et proportionnelle sur l'ellipse intérieure, il joignit par des lignes droites les points correspondants sur ces deux courbes et obtint ainsi soixante rayons qui, à l'exception de ceux qui formaient les axes, n'avaient aucun rapport, ni avec les foyers, ni avec le centre de l'ellipse intérieure. Chacun de ces rayons fut considéré comme l'axe d'un arceau sur toute l'épaisseur des constructions, et détermina également la direction des murs latéraux sur lesquels devait reposer sa voûte. C'est d'après ce système qu'ont été établies toutes les constructions transversales de l'édifice (¹).

L'ensemble des gradins compris entre l'attique et le mur d'enceinte de l'arène, formait ce que les Romains appelaient la *Cavea*. Ils donnaient le nom de *præcinctio*, ou *balteus*, à des gradins plus larges et plus élevés, partageant cet ensemble en sections horizontales, formées de plusieurs rangs de gradins, ayant chacune des vomitoires particuliers et destinés, croyait-on, aux diverses classes de la société romaine. Aujourd'hui, ce n'est plus au marchepied que les auteurs modernes donnent le nom de précinction, mais à ces grandes divisions horizontales que l'on désigne de bas en haut par première, seconde, troisième et quatrième précinctions.

Les gradins de l'Amphithéâtre de Nimes étaient au nombre de trente quatre, divisés en quatre précinctions par un pareil nombre de paliers ou marchepieds, *baltei*. Pour faciliter l'écoulement des eaux, chaque gradin était incliné d'un centimètre sur le devant.

La première précinction, *infima Cavea*, était appelée *podium* ; à Nimes, cette partie comprenait les quatre premiers gradins ; ces places destinées aux premiers personnages de la colonie, étaient divisées en loges séparées les unes des autres par des accoudoirs, *dissepimenta*, en dalles de

---

(1) Voyez, pour les détails, ma *Description de l'Amphithéâtre de Nimes*, pages 67 et suivantes.

13 centimètres d'épaisseur. Ce n'était pas seulement à la noblesse que le *podium* était réservé ; les hauts fonctionnaires, les services rendus à la chose publique, obtenaient aussi la faveur d'y être admis ; dans ce cas c'était par un décret des décurions que cette prérogative était accordée, ce qui était indiqué par la formule D. D. D. N. : *Datum decreto decurionum Nemausensium*, précédé d'un chiffre indiquant le nombre de places données. Ce fait est confirmé dans l'amphithéâtre, par les incriptions suivantes, gravées en belles lettres onciales de 7 centimètres de hauteur, sur le couronnement des dalles de l'enceinte intérieure.

On lit, sur trois fragments séparés, trouvés à côté les uns des autres, disposés de la manière suivante, sur une même ligne horizontale :

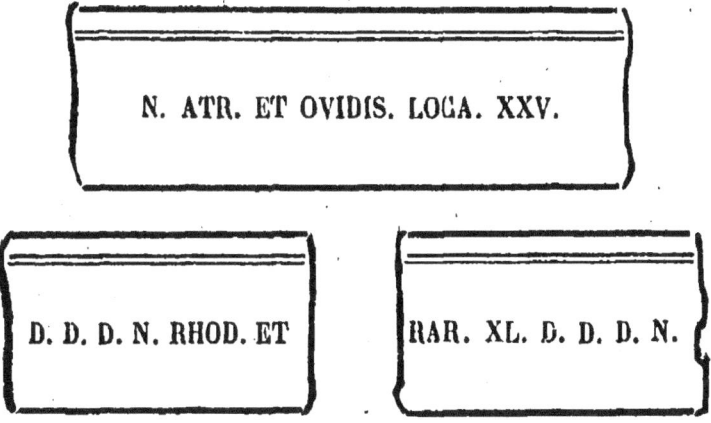

Les quarante places indiquées par les deux derniers fragments furent données, par décret des décurions de Nimes, aux *Nautis Rhodanicis et Araricis*, aux nautes du Rhône et de la Saône, corporation caractérisée de la même manière sur plusieurs autres incriptions ([1]). Cette distinction ne doit point étonner si, comme nous le supposons, le Rhône formait à l'est les limites des vingt-quatre villes ou bourgs ([2]) dont se composait la petite République némausienne qui avait Nimes pour métropole ; les nautes du Rhône et de la Saône pouvaient souvent être à même de rendre des services à la colonie. Quant à la première partie de l'inscription dont l'initiale N doit, selon toute probabilité, être le sigle de *Nautis*, on se demande quelles pouvaient être les deux rivières navigables auxquelles s'appliquaient les initiales ATR. ET. OVIDIS? *hoc opus hic labor est* ([3]).

Un autre fragment semblable porte :

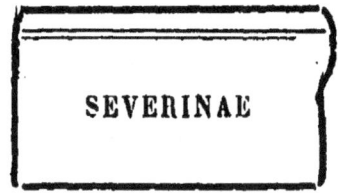

mais les caractères sont moins beaux et paraissent appartenir à une époque de décadence.

Aux extrémités du petit axe, il y avait, sur le *podium,* deux loges d'honneur; celle du côté du nord était réservée au consul ou au gouverneur

---

(1) Spon. Antiq. de Lyon p. 27 — Alph. de Boissieu p. 396.
(2) Strabon ; géogi. L. IV.
(3) La dernière n'indiquait-elle pas l'*Ouvèze ?*

de la Colonie; l'autre, du côté opposé, était destinée aux vierges ou vestales qui présidaient ordinairement aux jeux publics; ces deux loges n'avaient pas de vomitoires; on y arrivait par des escaliers particuliers établis aux extrémités des arceaux du petit axe, à droite et à gauche, derrière les dalles de l'enceinte intérieure.

A l'ouest de la loge des vestales, on distingue encore sur la face horizontale du premier gradin, un fragment d'inscription usée, où l'on peut lire : CVNEVS OVALIS LO, l'usure de la pierre a enlevé la fin du mot LOCA, et le chiffre dont il était suivi.

Nous supposons que cette dernière inscription est relative à ceux qui avaient été vainqueurs dans les jeux de l'amphithéâtre, pour lesquels les cris de joie du peuple, les applaudissements, étaient une espèce d'ovation (¹).

Dans l'un des *cunei*, situé au nord-est de la précinction aristocratique, sur la surface horizontale du premier et du quatrième gradin, on voit deux inscriptions identiques, parfaitement conservées, portant COEL, indiquant le *cuneus* destiné aux célibataires *Coelebum* (²).

Aux deux côtés des grandes entrées de l'est et

---

(1) Voyez les motifs qui nous ont conduit à cette interprétation dans notre *Description de l'Amphithéâtre de Nîmes*, pages 84 et suivantes.

(2) Voyez les motifs qui nous ont conduit à cette interprétation dans notre *Description de l'Amphithéâtre de Nîmes*, pages 85 et suivantes.

de l'ouest, il y avait des portes ouvertes sur l'arène; deux d'entre elles, l'une au levant, l'autre au couchant, communiquaient à une pièce voûtée, établie sous les gradins du *podium;* les deux autres aboutissaient à trois corridors, dont l'usage est encore un problème; cette disposition était commune à tous les amphithéâtres. On pense que l'une de celles qui communiquaient aux chambres voûtées, était la porte libitine, *libitinensis porta*, qui ne s'ouvrait que pour recueillir le cadavre du malheureux athlète, qui succombait sur l'arène, tandis que son heureux vainqueur se dirigeait triomphant vers la porte opposée, *porta sanuviparia*, appelée aussi *spoliarium* (1).

L'Amphithéâtre de Nimes était également destiné à des jeux nautiques; ce fait est incontestable, comme on le verra, si l'on prend la peine de lire ce que nous disons à ce sujet dans notre *Description de l'Amphithéâtre de Nimes*, page 133. Nous renvoyons à ce même opuscule ceux qui désirent connaître ce qui se rapporte à la disposition des vomitoires, des précinctions, de l'écoulement des eaux, de la grille qui couronnait les dalles, du *velarium* et de sa manœuvre, etc., etc.,

---

(1) *Spoliarium*, vaste réduit, sous les gradins de l'arène, où l'on achève de tuer les mourants (Sénèque Ep. 95 de provid. 3. — Lamprid Commod 19). — Voyez Tertullien Apolog. 15, ad Nat. L. X, p. 515. — Acte des martyrs des saintes Perpétue et Félicité. — Mazzodri L. VI; amphithéâtre.

A Pompéi des ossements humains ont été trouvés dans le *spoliarium* de l'amphithéâtre.

détails qui doivent rester en dehors d'un simple catalogue.

En 1809 on découvrit, fort au-dessous du sol de l'arène, des murs parallèles à ses axes, circonscrivant un espace en forme de croix qui, jusqu'à la profondeur de 5^m,20, était comblé de terre, pendant que tout le reste du sol était formé par le poudingue; on peut voir ces fouilles en enlevant le carton qui forme le sol de l'arène de notre relief; quant à la destination de ces souterrains, on trouvera, dans l'ouvrage cité ci-dessus, quelles sont nos conjectures à ce sujet.

FAÇADE DE L'ÉDIFICE

Tout l'appareil de l'Amphithéâtre est construit en gros blocs de pierres des carrières de Baruthel, posées sans ciment. Il en est de même des gradins dont quelques-uns sont en pierre de Roquemaillère, beaucoup plus forte et plus dure que la précédente. Les galeries et arcades intérieures, sont généralement exécutées en pierres tendres des carrières de Mauvalat, près de Sommières. Enfin, toutes les constructions de remplissage ou en moëllons d'appareil, proviennent des carrières de Roquemaillère, et sont établies sur une couche de ciment très-fin.

La pose de toutes les pierres est exécutée avec une si grande précision qu'il est souvent impossible d'en distinguer les joints. Malheureusement, on n'a pas toujours eu le soin de les placer sur leur lit de carrière, ce qui a provoqué des exfoliations considérables, particulièrement à la pierre de Baruthel. Un trou, pratiqué au centre de gravité de chaque bloc, indique qu'on s'est servi de la louvette pour les mettre en place.

Deux rangs superposés de soixante arcades chacun forment la décoration extérieure de l'Amphithéâtre. L'ordre d'architecture qui décore le monument est difficile à caractériser, si l'on veut le déduire de ses profils et de ses proportions ; il n'est ni toscan, ni dorique et forme, de ces deux ordres, une espèce de composite que MM. Grangent et Durand proposent d'appeler *dorique-romain*.

La hauteur du rez-de-chaussée est de 10^m,069 (34 pieds romains); celle du premier étage est de 9^m,585 (32 pieds romains), et l'attique, qui couronne le monument, a 1^m,80 (6 pieds romains), ce qui donne à la surface une hauteur totale de 21^m,52 (73 pieds romains).

L'entablement de l'ordre inférieur se compose d'une frise unie, d'une architrave à 3 faces et d'une corniche, formant une hauteur de 1^m,79 (6 pieds romains); il est supporté par des pilastres sans base de 0^m,94 (3 pieds, 6 pouces romains) de largeur sur 0^m,60 (2 pieds romains) de saillie, ayant une petite retraite sur les deux assises les plus élevées jusqu'au chapiteau.

Le second ordre se compose d'un piédestal de 1^m,625 (5 pieds, 6 pouces romains) de haut, d'une colonne engagée d'un tiers de son diamètre, ayant 6^m,19 (21 pieds romains) d'élévation et d'un entablement de 1^m,57 (5 pieds romains), pareil à celui de l'ordre inférieur, mais plus riche dans ses moulures.

A plomb de chaque colonne, l'attique est décorée de piédestaux, destinés probablement à supporter des statues; on remarque entre ces piédestaux deux fortes consoles en saillie, percée de deux trous.

Toutes les arcades sont ornées d'archivoltes architravées; celles du grand axe ont un avant-corps de 0^m,40 (1 pied 6 pouces romains). L'arcade, située au nord, sur l'extrémité du petit axe, est considérée comme l'entrée principale du monument; elle est sans avant-corps, mais distinguée par un fronton au-dessus du second ordre, et par les piédestaux de ses colonnes, qui, sur cet arceau seulement, sont réunis en un seul, sur toute sa largeur; ces ornements particuliers sont supportés par deux consoles sculptées, représentant deux taureaux à mi-corps, décoration considérée par certains auteurs comme indiquant des monuments construits aux frais de la colonie [1].

Chaque arcade du premier étage était garantie par un garde-fou, *pluteus*, d'une seule pièce, orné à l'extérieur de bas-reliefs, représentant les divers jeux de l'amphithéâtre; il en existe encore quatre au nord-est du monument; l'un d'eux est parfai-

---

[1] Ménard, t. 1, page 47.

tement conservé; il représente deux gladiateurs à la fin de leur lutte; celui de gauche a abandonné son bouclier rond, *parma*, qui est par terre; il tient de la main droite un glaive recourbé en forme de faucille, auquel on donnait indifféremment le nom de *sica* ou *harpe*; la main gauche et l'index élevés indiquent qu'il avoue sa défaite et qu'il demande grâce aux spectateurs; car la loi forçait les gladiateurs à combattre jusqu'à la mort, et ceux qui n'avaient pas de cœur, dit Pétrone, « après un
» combat d'un moment, se blessaient eux-mêmes
» et se coupaient quelquefois le bras à dessein,
» afin que les spectateurs, émus de compassion,
» leur sauvassent la vie, qu'ils demandaient en
» élevant la main. » Signe de miséricorde auquel l'*Editor*, pour se populariser, répondait le plus souvent en renversant le pouce (1).

Dans notre bas-relief, le vainqueur, en position de frapper son adversaire, attend, le glaive à la main, la réponse du public, afin de savoir s'il doit lui laisser la vie (2).

Les trois autres garde-fous qui restent portent des traces évidentes de sculptures, mais elles sont tellement frustes qu'il est impossible de distinguer ce qu'elles représentaient.

Gauthier (3) décrit un bas-relief qu'on voyait jadis sur le garde-fou de l'entrée principale du nord; il représentait deux gladiateurs dans l'ac-

(1) Juvénal, Sat. III.
(2) Voir notre *Description de l'Amphithéâtre de Nimes*, p. 121.
(3) *Antiquités de Nimes*, p. 38.

tion même du combat ; mais à l'époque où il écrivait (1724) ce bas-relief n'existait déjà plus.

Il est encore sur la façade de l'Amphithéâtre d'autres bas-reliefs, disposés d'une manière si étrange qu'on est tenté de penser avec Maffei (¹) qu'ils doivent être attribués à la fantaisie et au caprice de l'ouvrier. Néanmoins, la signification emblématique de ces sculptures a été le sujet de beaucoup d'interprétations (²).

Sur la septième arcade, au nord-est, en partant de l'entrée principale du levant, sur la partie supérieure du pilastre à gauche, on voit une louve à quatre mamelles allaitant Rémus et Romulus et léchant la main du premier. Sur le second pilastre du même arceau, se trouvent, à la même hauteur, sur un autre bas-relief, trois phallus réunis en un seul corps ailé, monté sur deux pattes de bouc (³). D'après Ménard, le phallus antérieur portait une clochette, mais un grand trou rectangulaire, qui existe sur cette partie de la pierre, ne permet pas de distinguer cet attribut ; le phallus supérieur est becqueté par deux oiseaux, et celui qui forme la queue, par un seul.

Sur le pilastre de droite de l'arcade n° 2, au sud-ouest, il y avait également un triple phallus ailé, monté sur des pattes de bouc ; celui de de-

---

(1) *Gall. Ant. Litt.* xxiii, p. 118.

(2) Toutes ces opinions sont rapportées par Ménard. Volume 7, page 19. — Voyez la nôtre dans la *Description de l'Amphithéâtre de Nimes*, p. 129 et 139.

(3) C'est ainsi que l'on représente Priape, Pan et les Satyres.

vant porte une clochette ; sur le phallus qui forme la queue se trouve debout une femme vêtue d'une robe traînante, *stola*, tenant de chaque main une rêne avec laquelle elle conduit le phallus de la partie supérieure, et paraît soutenir celui sur lequel elle est debout ([1]).

Pour terminer tout ce qui se rapporte à ces espèces de blasons des courtisanes romaines, nous devons ajouter qu'il en existe d'autres à l'intérieur de l'édifice, l'un au sud-est dans le onzième arceau (à partir de l'entrée principale de l'est), sur la clé d'un arc, situé au milieu de l'escalier de communication, entre la galerie d'entre-sol et celle du premier étage; puis deux autres dans les escaliers qui, de cette dernière galerie, conduisaient aux gradins les plus élevés de la troisième précinction, où nous supposons que les femmes étaient placées à l'Amphithéâtre de Nîmes. L'un de ces reliefs, fort dégradé aujourd'hui, est sculpté sur la clé de l'arceau n° 10 au sud-ouest (en partant de l'entrée principale de l'ouest); l'autre sur le linteau, formant corniche du côté de l'arène aux voussoirs de l'arceau 14, au sud-est. Ce dernier est composé de deux phallus, l'un grand, l'autre petit, sans ailes ni pieds. Dans notre opinion, les

---

(1) Cette pièce a été enlevée de sa place par suite d'une réparation; elle est actuellement à l'extérieur du Musée sous le n° 71. Ménard dit, à tort, que le phallus antérieur n'a pas de clochette, son dessin n'est pas exact.

Voyez notre interprétation dans l'ouvrage cité, pages 131 et suivantes.

escaliers décorés de ces emblèmes auraient été exclusivement destinés aux courtisanes, ainsi que les *cunei* auxquels conduisaient ces deux derniers ; c'est là sans doute qu'était assise la belle Cynthie, à laquelle un amant jaloux (Properce) adressait cette recommandation :

Colla cave inflectas ad summum obliqua theatrum !

HISTORIQUE DU MONUMENT

Aucun document historique n'a pu déterminer jusqu'à ce jour, l'époque à laquelle fut construit l'Amphithéâtre de Nimes ; une inscription grecque, trouvée près de ce monument, fit supposer à quelques auteurs qu'elle avait appartenu à l'édifice, et comme cette inscription (¹) portait le nom de Trajan, on crut devoir attribuer à ce prince l'érection de l'Amphithéâtre. Un autre fragment, découvert aussi dans les remblais (²), fit penser qu'on pourrait rapporter l'édifice à Vespasien, Titus ou Domitien, parce qu'on y lit VIII.TRIB.POT.... et que, depuis Tibère, il n'y avait que ces trois empereurs qui eussent été huit fois consuls.

S'il ne s'agissait que de déterminer l'âge de l'édi-

---

(1) Cette inscription se trouve à la Porte-d'Auguste, sous le numéro 29.

(2) La pierre sur laquelle elle est gravée, est d'un grain, et d'une carrière différents du reste du monument ; elle est au Musée.

fice, ces opinions diverses, circonscrites dans un laps de temps peu considérable, seraient sans importance sur un monument qui compte déjà dix-huit siècles d'existence; mais si l'on veut considérer l'Amphithéâtre de Nimes au point de vue de l'histoire et de l'architecture, cette latitude ne peut satisfaire l'observateur. Une étude consciencieuse, faite sous ce double rapport, nous a toujours conduit à ce résultat : qu'Adrien fut l'architecte de ce monument, terminé seulement sous le règne de son successeur, « qui fit des largesses
» considérables à un grand nombre de villes de
» l'empire, afin de les mettre à même de terminer
» leurs anciens édifices et d'en construire de nou-
» veaux [1]. » Il est fort probable que, dans la distribution de ses faveurs, Antonin a dû mettre au premier rang la ville dont il était originaire [2].

On a cru voir dans l'un des bas-relief que porte l'Amphithéâtre, une indication du règne de cet empereur, parce qu'il se trouve sur le revers de quelques médailles de ce prince, « une louve allai-
» tant deux enfants pour témoigner que, par son
» excellent gouvernement, le Sénat le regardait
» comme le second fondateur de Rome [3]. »

Sur ces diverses considérations repose l'opinion, généralement adoptée, que c'est à la colonie, aidée des libéralités d'Antonin, que la ville de Nimes

---

[1] Jul. Capit. in Antonino Pio.
[2] Titus Aurélius Fulvius, père d'Antonin, était de Nimes, ainsi que son aïeul de même nom.
[3] Remark on several parts of Italy. (Addisson Hagus, p. 211.)

était redevable de son Amphithéâtre. Dans ce cas, ce serait après l'année 138 qu'il faudrait en rapporter l'inauguration. Quoi qu'il soit, il est évident que cet édifice n'a jamais été entièrement terminé. Non seulement une grande partie des moulures de décoration sont encore inachevées, mais ce qui prouve que des circonstances impérieuses ont dû suspendre les travaux de confectionnement, c'est que les aqueducs, qui devaient amener les eaux dans l'arène, ne sont pas même revêtus de ciment; ce qui n'aurait pas eu lieu, si le monument avait déjà servi aux jeux nautiques auxquels il était destiné.

La construction cyclopéenne de l'Amphithéâtre de Nimes démontre que l'état de dégration où il se trouve aujourd'hui est moins l'œuvre du temps que celles des révolutions dont cette ville a été le théâtre. On en jugera par les faits qui se rapportent à ce monument.

Sous la protection romaine, Nimes jouit, pendant quatre siècles d'une prospérité constante, durant laquelle les édifices publics servirent à l'usage auquel ils avaient été destinés ; à l'imitation de la métropole, son Amphithéâtre fut destiné, pendant cette période, à des combats de gladiateurs ou de bêtes féroces, et probablement aussi à des luttes d'hommes et de taureaux qui se sont perpétuées jusqu'à nous, et font encore aujourd'hui le charme de nos populations turbulentes.

A l'invasion des Vandales, qui eut lieu en 406, les jeux de l'Amphithéâtre furent sans doute suspendus jusqu'à la mort de Crocus, leur roi, sous les murs d'Arles, deux ans après leur invasion. Selon toute apparence, ces amusements ne furent point rétablis dans les huit années qui suivirent, durant lesquelles les plaines de Nimes devinrent le théâtre principal des guerres intestines que se livrèrent les empereurs Constantin, Jovin et Sébastien.

Après la chute de ces tyrans, 411, ce pays, qui semblait devoir jouir de quelque tranquillité, se vit encore exposé à la fureur des Visigoths, retournant chargés des dépouilles de Rome, pour renouveler les scènes de dévastation des Vandales, qui les avaient précédés. Ce fut là l'époque fatale de la destruction des monuments de Nimes, et particulièrement de ceux qui portaient dans leurs décorations quelques emblèmes de la puissance romaine [1].

Ces temps de désolation et de deuil durèrent jusqu'en 416. A cette époque, Wallia, roi des Visigoths, épousa la sœur d'Honorius, qui eut pour dot la seconde Aquitaine et la partie du Languedoc dont Toulouse devint la capitale. La ville de Nimes, restant sous la domination romaine, ses habitants durent reprendre les coutumes que le séjour momentané des Barbares avait suspendues, et l'Amphithéâtre vit renaître alors ces exercices qui faisaient depuis si longtemps les délices de la nation. Les jeux que l'empereur Majorin donna dans l'Amphithéâtre d'Arles doivent nous faire

---

(1). Voilà pourquoi dans les frises on trouve les aigles décapitées.

supposer que la ville de Nimes, soumise à la même domination, conserva aussi, jusqu'à cette époque, la pratique de ces sortes d'exercices; l'empire du christianisme ne fit que lui apporter quelques modifications, sans en détruire l'usage ; les luttes de gladiateurs furent suspendues comme contraires à l'évangile, mais les combats des bêtes féroces subsistaient encore en 469, sous les empereurs Léon et Athénius Sévérus [1]

En 472, les Visigoths s'étant rendus maîtres des principales villes de la Narbonnaise, l'Amphithéâtre devint sans utilité, tant que dura leur domination, c'est-à-dire jusqu'à l'année 508. A cette époque, la tribu barbare des Francs, conduite par Clovis, conquit le midi de la Gaule sur les Visigoths. Ceux d'entre ces derniers qui restèrent à Nimes entourèrent l'Amphithéâtre d'un vaste fossé, pour en faire une forteresse, dans laquelle ils construisirent quelques maisons; ils élevèrent, du côté de la porte orientale, deux tours carrées, l'une plus grande que l'autre, qui n'ont été démolies qu'en 1809. A cette époque elles étaient encore appelées *tours visigothes* [2]. La plus basse servait de chapelle, consacrée sous l'invocation de Saint-Martin [3]. Cette nouvelle citadelle fut appelée *Castrum arenarum*, et les maisons qu'on y avait construites servirent à loger les soldats.

(1) Code : *de feriis*. Leg. II.
(2) Ménard, vol. 1, p. 75. La plus élevée était au-dessus de l'entrée orientale, l'autre sur le quatrième arceau, au sud-est.
(3) Ménard, vol. 1, p. 218.

Les Sarrasins, chassés de la Septimanie, en 720, soumirent le pays à leur domination et le conservèrent jusqu'en l'année 737. Charles-Martel, maire du palais, vint les assiéger dans le château des Arènes, où ils se défendirent vigoureusement, mais dont ils furent cependant chassés. Avant de quitter ce pays, qu'il n'avait l'intention que de ravager, Charles voulut ôter à ces peuples et aux habitants, qui les favorisaient, l'usage de cette forteresse; il y fit mettre le feu; mais cette tentative barbare n'ayant eu pour résultat que de faire éclater quelques parties du monument sans le détruire, il fut obligé d'abandonner son projet (¹).

L'Amphithéâtre continua cependant à être un château-fort, dont la garde fut confiée, en 1100, à des chevaliers, appelés *milites castri arenarum*; ils logeaient dans les maisons construites dans le monument même, et formaient un ordre dont les membres s'engageaient, par serment, à défendre ce poste jusqu'à la mort. C'était une espèce de communauté particulière, gouvernée par des consuls à part, transigeant quelquefois, pour ses intérêts particuliers, avec les consuls de la cité (²).

Le fossé qui entourait l'Amphithéâtre ne fut comblé qu'en 1278, par Philippe-le-Hardi (³). Néanmoins, l'édifice continua à servir de forteresse; les chevaliers en conservèrent la garde jusqu'à la fin du xiv° siècle, époque à laquelle fut construit,

(1) Ménard, vol. 4, p. 166, 117 et 114.
(2) Ménard, vol. 4, p. 115.
(3) Ménard, vol. 1, p. 304, 809, 564.

par Charles VI, un nouveau château-fort à la Porte-d'Auguste.

Les chevaliers abandonnèrent alors successivement leurs maisons dans l'Amphithéâtre; le peuple s'en empara et l'on vit bientôt, dans cette enceinte, s'élever un village dont la population était au moins de deux mille âmes. Ces habitations, formant ce qu'on appelait le quartier des Arènes[1], subsistaient encore en 1809, lorsque, par les soins de M. d'Alphonse, préfet du Gard, on opéra le déblaiement de l'Amphithéâtre. Nous devons dire ici que la démolition de toutes ces maisons avait été ordonnée par François Ier [2], lorsque, en 1535, ce monarque visita les antiquités de Nimes, accompagné de la reine Éléonore et de ses enfants. En commémoration de cette visite, les consuls de la ville lui firent hommage, deux ans après, d'un modèle en argent de l'Amphithéâtre, du poids de trente marcs [3].

On éleva aussi, sur une des places de la ville, une colonne sur laquelle on lit :

FRANC.F.RE
P P.M.P.Q
NEMAVSI
D D.

C'est-à-dire : *Francisco Francorum regi; patri patriæ magistratus populus que Nemausi dedicaverunt*.

---

(1) Nous possédons un plan de cette espèce de village avec le nom de tous les propriétaires des maisons qui le composaient.
(2) Ménard, vol. IV, p. 127.
(3) id. p. 125.

Au-dessus du chapiteau s'élevait une salamandre (¹) en marbre, qui donna son nom à la place où ce monument fut dressé (²).

La ville de Nîmes ayant été prise et reprise plusieurs fois par les Visigoths, les Sarrasins, les Francs et les Bourguignons, il en était résulté la démolition successive des maisons construites dans l'Amphithéâtre. Ces diverses vicissitudes avaient tellement relevé le sol de l'arène, que les parties inférieures du monument étaient entièrement inconnues, lorsqu'il fut déblayé en 1809.

Devenus sans utilité, les édifices consacrés aux jeux du cirque ont été considérés partout comme des carrières propres à fournir d'excellents matériaux. La preuve de ce fait se trouve constatée dans un manuscrit conservé au trésor des archives de Rome; c'est un accord passé au quatorzième siècle entre les chefs des factions qui déchiraient cette ville, sur lequel on lit un article portant que « le Colisée sera commun aux divers » partis et qu'ils pourront mutuellement en pren- » dre les pierres (³). »

Il n'est pas étonnant qu'après de pareilles secousses et les changements divers qui s'étaient

(4) L'idée en fut heureuse, dit Ménard, parce que François Iᵉʳ avait choisi la Salamandre pour symbole, avec ces mots : « Nutriscor et extingo » « Je m'y nourris et je l'éteins, » pour marquer sa fermeté dans les amertumes et les adversités dont sa vie fut traversée. (Ménard, vol. IV, p. 126).

(5) Cette colonne se voit au Musée, en entrant, à droite ; la salamandre fut détruite en 1703.

(6) *Mémoire de l'Académie des inscriptions*, vol. XXVIII, p. 585.

opérés dans sa destination pendant dix-huit siècles, l'Amphithéâtre de Nimes se trouvât dans un tel état de délabrement, qu'il était urgent d'y remédier, si l'on voulait en prévenir la chute. M. d'Alphonse, préfet du Gard, en fit comprendre la nécessité au gouvernement et, grâce à son amour pour les arts et à la persévérance d'un de ses successeurs, M. de Villers de Terrage, ce précieux monument, dégagé jusqu'à sa base et fortement consolidé, fournira longtemps encore un exemple de ce que peut la puissance du génie.

Malheureusement on s'est un peu trop éloigné du but qu'on s'était d'abord proposé dans les réparations projetées ; on voulait seulement conserver et l'on a créé. On aurait dû traiter ce colosse avec tous les égards dus à son antique origine; il fallait guérir ses blessures et respecter ses cicatrices, dont chacune était une page de notre histoire. Nous n'aurions pas, il est vrai, des galeries toutes neuves, des pilastres à vives arêtes, des moulures ciselées avec soin, des chapes éblouissantes de blancheur pour garantir des constructions modernes, des murs qui dénaturent le monument; mais, en revanche, les tours des Visigoths existeraient encore; l'on verrait des arceaux croulant en apparence, mais solides, des arêtes écornées par le temps ou les Visigoths, des fragments de voûte noircis par le temps ou couverts de mousse, et cette belle ruine n'aurait rien perdu de son caractère, de son éloquence, de sa poésie! « Tous les hommes, dit Châteaubriand,

» ont un secret attrait pour les ruines ; elles pro-
» mettent au cœur de majestueux souvenirs, et
» aux arts des compositions touchantes..... ce
» sentiment tient à la fragilité de notre nature,
» et à une conformité secrète entre les monu-
» ments détruits et la rapidité de notre exis-
» tence ! »

Malgré toutes les attaques que les siècles, les Barbares et les restaurateurs ont dirigées contre ce monument, l'Amphithéâtre de Nimes est encore le seul qui fournisse tous les éléments que comporte l'étude de ces sortes d'édifices, parce qu'on y trouve des portions de toutes ses parties : la façade extérieure, les galeries du rez-de-chaussée, les gradins de la première et de la dernière précinction, sont parfaitement conservés ; la disposition des deux autres est aussi indiquée par quelques gradins encore à leur place ; les vomitoires se retrouvent presque tous ; les aqueducs d'écoulement sont intacts ; cinq dalles de l'enceinte intérieure n'ont pas été déplacées ; les escaliers existent en partie ou par des traces de leur arrachement. De sorte que la restauration générale de ce monument peut être opérée sans le moindre effort d'imagination de la part de l'architecte qui en serait chargé. Nous désirons toutefois qu'il n'en soit jamais ainsi. Nous engageons, au contraire, nos administrations locales à ne pas demeurer étrangères aux restaurations qui s'exécutent, en ce moment, sur nos édifices antiques, à en faire constater préalablement l'importance, à en prescrire la forme, afin que, « *quand une lézarde nécessite une reprise, on ne démonte pas tout un mur pour le refaire à neuf, selon le bon plaisir de l'architecte;* en un mot, à s'opposer à tous les travaux qui n'auront pas pour unique but la consolidation et surtout un respect religieux pour le caractère du monument (¹).

(1) « Le comité des Arts et des Monuments du ministère de
» l'intérieur est composé d'hommes très-capables, mais qui ont
» la prétention d'en savoir plus que tous les autres.... *Nul*
» *n'aura de talent que nous et nos amis*, disent-ils, et ils ont fait
» désigner, par le ministre, des architectes de monuments histo-
» riques leurs protégés. Mais ces protégés, tout savants qu'ils
» sont, ne sont pas insensibles aux bénéfices de la construction.
» Ils font des travaux tout autant *pour restaurer leurs bourses que*
» *pour restaurer les édifices.* Et quand un monument est malade,
» ils en exagèrent le mal pour dépenser davantage... On va
» même jusqu'à persuader que l'édifice le plus solide est un
» édifice malade, comme les médecins du grand monde persuadent
» aux femmes les mieux portantes qu'elles sont pâles et souffran-
» tes pour avoir le droit de leur faire des visites chèrement rétri-
» buées. »

« Je pose pour conclusion, et c'est mon *Delinda Carthago*,
» qu'il doit être enjoint à l'architecte ministériel de respecter,
» avant toute chose, le caractère d'un monument. Restaurer n'est
» pas *innover*, ce n'est pas *altérer l'ensemble d'un édifice*, ce n'est
» pas *faire du sien.* » (Extrait du *Bulletin monumental.* vol. XVI,
p. 155.)

TOUR-MAGNE A NIMES EN 1842 (1)

Cette tour, qui fait partie de l'antique enceinte de Nimes, est située sur la colline la plus élevée de la ville; elle domine tout le pays à une grande distance. La position de cet édifice, dont le sommet est à 140 mètres au-dessus du niveau de la mer, ses dimensions colossales, lui ont valu probablement le nom qu'il porte aujourd'hui, nom dont l'étymologie, *turris-magna*, ne saurait être douteuse.

Dans l'état actuel, cette tour a une élévation de 28 mètres au-dessus du rocher sur lequel elle est fondée. Elle se compose de plusieurs étages superposés, en retraite les uns sur les autres. Les pierres de taille n'ont été employées dans sa construction que pour les corniches; les chapiteaux, les bases et les plinthes, tout le reste est en moëllons d'appareil liés par une légère couche

(1) Elle est à 2 degrés, 0 minute, 45 secondes de longitude.

de ciment fort dur, genre de construction tout différent de celui qu'on remarque dans les autres monuments romains de Nimes.

Les divers ouvrages de la tour présentaient tous, dans leur plan, un octogone régulier ; mais des constructions postérieures, formant ici des niches, là des arcades ont, par leur application contre l'édifice primitif, donné à sa base une irrégularité qu'elle n'avait pas dans le principe. On verra tout à l'heure ce qui peut avoir motivé cette espèce de superfétation.

L'étage inférieur, qui a 12 mètres d'élévation, peut être considéré comme le soubassement de l'édifice ; il n'avait pour ornements que trois retraites à deux mètres du sol.

Au-dessus de ce premier massif, s'élève une espèce de stylobate, en retraite de deux mètres sur le premier; sa hauteur, de 6^m,70, est coupée sur le milieu par un simple cordon de pierres de taille peu en saillie; c'est à la base de ce stylobate, c'est-à-dire à 12 mètres du sol, que commençait un escalier pratiqué dans le massif de la tour et par lequel on arrivait jusqu'au faîte, par diverses révolutions et paliers, dont on voit les arrachements dans la longue ouverture rectangulaire, servant de cage à cet escalier sur la face occidentale de la tour [1].

Hâtons-nous de dire que la disposition de cette

---

[1] Ménard, vol. VII, p. 96, croit que cet escalier avait 22 rampes de six marches.

partie du monument, se trouve aujourd'hui dénaturée par l'établissement d'un mur élevé sur toute la hauteur de cette cage, à l'occasion d'un nouvel escalier construit en 1843. Il est d'autant plus important de signaler ici cette innovation, que l'architecte a cherché à imiter, non-seulement l'appareil antique, mais aussi la couleur des vieux murs, circonstance qui, dans l'avenir, contribuera bien souvent à faire considérer comme appartenant à la vieille tour des constructions qui en dénaturent le caractère.

Au-dessus de ce stylobate, s'élève un second étage, en retraite de vingt centimètres; sa hauteur est de 6^m,80. Chacune de ses huit faces est décorée de quatre pilastres doriques, en saillie de dix centimètres sur le nu du mur; les pilastres, placés aux angles, profilent par moitié sur deux faces contiguës; l'entablement qui les couronne est des plus simples; sa frise ne se compose que de moëllons d'appareil régulièrement disposés.

Un socle en pierre de taille de 1^m,50 d'élévation, décoré d'une petite corniche, forme, au-dessus, le soubassement d'un troisième étage qu'ornaient des colonnes engagées du tiers de leur diamètre, correspondant aux pilastres placés au-dessous. Il n'existe de ce second ordre, que deux bases de colonnes encore en place sur une des faces occidentales; la dimension de ces bases a fait juger que cet étage avait une hauteur de 6^m,50.

On n'a aucune donnée sur la disposition du faîte de cet édifice. Ménard pense qu'il se terminaît en plate-forme; Gautier admet une coupole dans le genre de celle qui couvre le mausolée de Saint-Remy.

L'escalier, ménagé dans le massif de la tour, était situé derrière la face ouest de l'octogone et aboutissait à l'extrémité de l'édifice, sur celle qui lui est contiguë au sud-ouest; les six autres faces avaient derrière elles, à un mètre de leur parement extérieur, un vide demi-cylindrique de 3^m,10 de diamètre qui, partant de la partie supérieure du stylobate, s'élevait jusqu'à l'extrémité de la tour. Deux autres vides, absolument semblables séparés l'un de l'autre, sur leur diamètre, par un mur d'un mètre d'épaisseur, étaient situés derrière l'escalier, à peu près au milieu du massif.

Ces huit vides, ainsi disposés, formaient des espèces de puits sans issues (*ustrinæ*), ouverts seulement à leur partie supérieure; les murs cependant avaient été parementés avec beaucoup de soin à l'intérieur.

Dans l'origine, le monument formait, au rez-de-chaussée, un octogone régulier, comme aux étages supérieurs; jusqu'à la naissance des vides demi-cylindriques, l'édifice était entièrement massif, en ce sens que le milieu avait été rempli de remblais au fur et à mesure que l'on construisait cette partie du monument; il résultait de là, que les murs étaient parementés seulement à l'extérieur, tandis que, du côté opposé, qui ne devait jamais être visible, ces murs affectaient une forme quelconque, tout à fait irrégulière, déterminée par les remblais sur lesquels ils venaient s'amortir.

Celui qui voudra examiner attentivement cette tour, se convaincra bientôt que l'irrégularité du plan, que forme aujourd'hui sa base, n'est que le résultat d'une construction appliquée contre un édifice préexistant. Le temps, en détruisant une partie de ces construtions, a mis à découvert l'antique soubassement de la vieille tour, sa forme octogonale régulière, ses faces parfaitement parementées et les trois retraites qui formaient la seule décoration de sa base.

Ces applications, évidemment postérieures à l'édifice primitif, n'ont aucune adhérence avec lui; elles ont été seulement juxta-posées contre ses anciennes faces sans en dénaturer la forme, ni en détruire le parement. Les constructions nouvelles faisaient partie des remparts romains du côté du nord, et venaient former au midi de la tour, une rampe brisée, destinée à conduire avec facilité les machines de guerre au-dessus des murailles.

Cette rampe avait une largeur de 3^m,50 et, pour en adoucir la pente, l'architecte lui avait donné une longueur de près de 80 mètres, non point sur une ligne droite, ce qui aurait produit un mauvais effet, mais en établissant son inclinaison sur les lignes brisées d'un polygone, qui avait trois de ses côtés appliqués contre les murs de la tour, et deux entièrement isolés, formant angle droit sur la face méridionale.

A son point de départ, la rampe était établie

sur un massif, les autres côtés reposaient sur des arcades en forme de niches, qui avaient le double résultat de servir de décoration et d'alléger la bâtisse; la hauteur de ces arcades allait en croissant, à mesure que la pente s'élevait; elles étaient au nombre de sept.

On voit encore derrière la rampe qui en avait quatre, les arrachements d'une montée plus étroite tracée en lacet sur la face sud est de la tour, destinée à conduire au-dessus du rempart de ce côté.

Il est donc bien évident que cet énorme socle, dont nous venons de faire remarquer la régularité, le fini et l'ornementation, n'avait pas été fait dans le principe pour être caché sous les murailles qui la recouvrent encore en partie. La forme de cette tour, sa situation au sommet d'un angle rentrant du rempart, sa juxta-position avec lui, sont autant de preuves que ce monument était étranger au système de défense de la ville; qu'il existait déjà lorsque les remparts ont été appliqués contre les parements de sa base, et que sa destination première ne devait avoir aucun rapport avec les fortifications de la ville dont on a cru longtemps qu'elle faisait partie.

Or, d'après l'inscription de notre porte romaine, les remparts dont elle faisait partie ont été construits pendant la huitième année de la puissance tribunitienne d'Auguste, c'est-à-dire seize ans avant Jésus-Christ. Ne résulterait-il pas de là que la Tour-Magne est un monument antérieur à la colonisation romaine? Le savant Astruc, qui ignorait l'existence de cette inscription, en avait sans doute pressenti les conséquences, lorsqu'il disait :

« La construction de la Tour-Magne ne paraît
» point être romaine ; elle a plus de rapport avec
» la construction grecque, à en juger par la des-
» cription que fait Vitruve de la manière de bâtir
» des Romains et des Grecs. De là vient aussi que
» tous les auteurs qui ont parlé de ce monument
» *l'ont regardé comme un ouvrage fait par les Gau-*
» *lois, sous la direction des Grecs établis à Mar-*
» *seille* (¹). Mais, ajoute-t-il, quand cette date pa-
» raîtrait douteuse, *il est certain que les Romains*
» *ne l'ont pas bâti* (²). »

Plusieurs autres savants ont aussi fait remarquer que la forme octogonale était propre aux bâtiments gaulois. Le P. Montfaucon la retrouve dans huit temples et quatorze tours qu'il indique comme constructions gauloises: « *Le phare de Boulogne-sur-Mer* dit cet auteur, *bâti par Caligula, était aussi octogone. Cet empereur suivit en cela le goût de la nation gauloise. La même figure s'observe dans la Tour-Magne de Nimes* (³). Jean-Baptiste Albert prétend que les Phocéens étaient dans l'usage de donner à leurs tours une forme pyramidale. Notre vieil historien Rulman dit, en parlant de l'enceinte

---

(1) *Agros Volcarum Arecomicorum publice si concessit* (de bello Gall, 485, César en parlant de Pompée).
(2) Mémoire pour servir à l'*Histoire du Languedoc*, p. 441. Astruc.
(3) 4ᵉ volume du *Supplément de l'Antiquité expliquée*.

de Nimes : *Les tours sont toutes vides en dedans, sauf la Tour-Magne qui n'a pas été bâtie en même temps et qui est massive* (1).

HISTORIQUE DE CE MONUMENT

On a fait tour à tour de cet édifice un *aerarium*, un phare, une tour de signaux, un temple, etc.,etc; nous ne discuterons pas ces divers systèmes, victorieusement réfutés par MM. Grangent et Durand (2)

La forme pyramidale généralement affectée aux monuments funéraires a fait penser à quelques auteurs que la Tour-Magne pourrait bien être un mausolée.

Cette dernière conjecture nous paraissant la plus probable, nous en avons fait l'objet d'une notice particulière publiée par l'Académie du Gard (3).

L'importance de cet édifice doit faire supposer toutefois qu'il n'a pas été élevé à un simple individu, mais plutôt à une race royale du pays, auquel cas le centre du tombeau aurait été occupé par le chef, et les huit vides profonds, ouverts seulement à leur partie supérieure, destinés aux divers membres de sa famille (4).

(1) Manuscrit, n° 13,835 à la Bibliothèque de Nimes.
(2) *Antiquités du Midi de la France.*
(3) Années 1833 et 1834. — Maffei, Gall. Ant., page 154, pense également que c'était un mausolée.
(4) En creusant les fondations de l'escalier moderne, en 1843, on découvrit, au centre même de l'édifice, un trou carré de deux

Ce mausolée serait alors dans la catégorie de ceux qu'on appelait *septizonium*, édifices de forme pyramidale, composés de sept étages, en retraite les uns sur les autres, comme celui que l'empereur Sévère fit construire pour lui au pied du mont Palatin, et qui était également destiné à recevoir les restes des autres membres de sa famille. Spartien remarque que le corps du malheureux Geta y fut porté (¹).

On sait que, 77 ans avant l'ère chrétienne, les Volces Arécomiques prirent une part très-active au soulèvement de la province, ce dont Pompée les châtia cruellement, en accordant aux Massaliotes, sinon la totalité, au moins la plus grande partie de leur territoire (²) ; ne serait-il pas possible alors que notre monument funéraire eût été élevé par les habitants du pays, à la mémoire des guerriers, tant vaincus que vainqueurs, qui avaient perdu la vie dans cette circonstance? (³).

mètres de côté sur autant de profondeur, creusé dans le roc, renfermant une terre grasse et blanchâtre, composée de phosphate de chaux, de sable et de substance animale.

(1) *Illatus est majorum sepulcro, hoc est Severi, quod est via Appia, ad portam, specie septizonii extructum, quod sibi ille vivus ornavit* (Spartien).

(2) César ; *de bello gall*, p. 185, en parlant de Pompée.

(3) Sur le chemin qui mène d'Argos à Epidame, on voit, à droite, un édifice qui s'élève en forme pyramidale. On dit qu'il se donna autrefois un combat en ce lieu-là, entre Prœtus et Ariscus et que, ni l'un ni l'autre, n'ayant remporté la victoire, on négocia la paix entre eux, parce qu'il était d'un commun intérêt de demeurer toujours unis, *et comme l'affaire s'était passée entre concitoyens, ceux qui périrent de part et d'autre eurent cette sépulture commune* (Pausanias, VI, p. 209).

« Dans un cimetière près de Lyon, dit M. Com-
» marmont, nous avons vu un charnier antique
» semblable à un puits, de deux mètres de dia-
» mètre, en bonne maçonnerie très-régulière,
» comblé par une masse d'ossements calcinés, qui
» avaient été délaissés lors de l'incinération des
» corps (¹). »

Il se pourrait également que les huit tours demi-circulaires, ménagées dans le massif de la Tour-Magne, qui n'avaient d'ouverture qu'à leur extrémité supérieure, eussent été destinées à servir d'*ossuarium* commun aux anciens habitants de Nimes.

Jusque vers la fin du second siècle, époque où l'incinération tomba en désuétude, le corps du défunt était brûlé sur un bûcher ; les parties osseuses étaient calcinées ; on les brisait pour qu'elles pussent entrer dans l'ossuaire (²), où l'on plaçait généralement quelques fragments de crâne et d'autres portions de la charpente osseuse ; le reste était recueilli et placé dans un charnier commun destiné à cet usage.

(¹) *Musée lapidaire de Lyon*, p. 56 et 280.

(2) Ces ossuaires, ou urnes cinéraires, étaient faits de toute espèce de matières, pierres, argiles, jusqu'aux matières les plus précieuses. Les formes et les dimensions variaient également. Le plus grand nombre fut fait avec simplicité. Parmi quelques-uns, le luxe les enrichit d'ornements, de sculptures et d'inscriptions. Mais lorsqu'on veut examiner le poids et le volume d'un squelette d'une stature commune, et le peu de déchet que subit cette masse, composée en grande partie de chaux phosphatée et carbonatée, on est convaincu que les ossuaires remplis ne contenaient qu'à peine un quinzième ou un vingtième de la masse calcinée (Commarmont, *Musée lapidaire de Lyon*, p. 56.)

Si, comme nous l'avons dit, le plan incliné qui conduisait jusqu'au premier étage de cet édifice, doit être considéré comme une construction postérieure à celle de la Tour, on doit se demander comment, dans le principe, on arrivait à l'escalier que nous avons vu ne commencer qu'au niveau du stylobate, c'est-à-dire à 12 mètres du sol ?

Nous expliquons cette circonstance par le respect que les anciens portaient aux choses sacrées [1].

A l'occasion d'une cérémonie funèbre, on dressait des échafaudages contre la partie inférieure du mausolée pour atteindre l'entrée de l'escalier. On élevait les ossements jusqu'au faîte de l'édifice, pour les placer dans les puits demi-cylindriques, dont la seule ouverture se trouvait à l'extrémité. La cérémonie terminée, on fermait religieusement l'entrée de ces puits ; on enlevait ensuite les échafaudages, et le monument se trouvait ainsi à l'abri de toute profanation [2].

Que de révolutions sont venues compromettre l'existence de cette vieille tour, en inscrivant, à leur manière, sur ses murs, une page historique, qui porte encore, après vingt siècles, le caractère des peuples qui l'ont tracée !

Mausolée chez les Gaulois superstitieux, les Ro-

---

[1] Voyez les *Cérémonies des Gaulois*, L. V, pages 214, 226, 229, 293, 294, 345. (*De la Religion des Gaulois*, par D.-F. Martin).

[2] L'entrée des tombeaux que renfermait la grande pyramide d'Egypte est à 15 mètres du sol actuel.

mains ne virent dans la grande hauteur de cet édifice qu'une position favorable à la sûreté de leur nouvelle colonie ; et, tout en respectant le monument, il devint pour eux un point d'observation propre à tenir en éveil les armées romaines sur un soulèvement imprévu des peuples voisins, avides de secouer leur joug. Ce fut là le motif et l'époque des constructions qui donnèrent à la base de cet édifice l'irrégularité qu'on y remarque aujourd'hui.

Au commencement du V⁰ siècle, la destruction vint, pour la première fois, imprimer sa main de fer sur cette masse, qui semblait construite pour l'éternité. Les barbares, après avoir ravagé les provinces intérieures de la France, fondirent sur le Languedoc, détruisant tous les monuments romains qui portaient les signes de l'empire [1], n'abandonnant ceux qu'ils n'avaient pas le pouvoir de renverser qu'après les avoir stygmatisés à leur manière. Ce fut ainsi que notre langue s'enrichit du mot *vandalisme*, aux dépens de nos richesses monumentales.

Zama, gouverneur de l'Espagne, sous le calife Omar II, chassa les Visigoths de toute la Septimanie et s'empara de Nimes l'année 720. Maîtres du pays, les Sarrasins [2] profitant de cette posi-

---

[1] Tous ceux qui portaient des aigles dans leurs décorations ont été entièrement détruits et les aigles décapitées, comme celles que l'on voit sur une frise au Musée de Nimes.

[2] *Histoire générale du Languedoc*, t. I, p. 290 et 687.

tion pour la défense de la ville, ajoutèrent à la Tour-Magne quelques constructions qui la rendirent propre à cet usage.

L'occupation momentanée de Charles-Martel fut encore une époque fatale aux monuments de Nimes. Pour punir ses habitants d'avoir fourni des secours aux Sarrasins qu'il venait de chasser, ce prince fit détruire, l'an 737, les fortifications de leur ville et, à ce titre, la Tour-Magne et l'Amphithéâtre éprouvèrent les terribles effets de ce vandalisme indigène.

L'an 1185, lorsque Nimes passa dans le domaine de Raymond V, comte de Toulouse, la Tour-Magne fut transformée en forteresse, pour laquelle même les princes faisaient des traités.

Jusque-là toutes ces secousses n'avaient porté que sur la partie extérieure de cet édifice, dont *la masse indestructible semblait,* comme celle des pyramides, devoir aussi *fatiguer le temps;* mais l'avidité d'un seul homme vint détruire, en un jour, ce qu'avaient respecté les siècles et les barbares.

François Traucat, jardinier de Nimes, auquel la France est redevable de l'introduction du mûrier, obtint d'Henri IV, le 22 mai 1601, l'autorisation de fouiller la Tour-Magne pour y chercher des trésors que, d'après une tradition populaire, on présumait y être cachés. Le prudent monarque stipula, dans son autorisation, cette réserve, que les deux tiers des richesses qu'on trouverait dans ce monument seraient sa propriété (¹).

Des dégradations considérables à la Tour et la ruine de Traucat, furent le résultat de cette folle entreprise. C'est à elle que nous devons cette énorme excavation, si bizarre dans son plan comme dans son élévation. Ce vide aurait infailliblement provoqué, tôt ou tard, la chute de l'édifice si M. le ministre de l'Intérieur ne se fût hâté d'adopter les projets de soutènement que je lui proposais, par ma lettre du 10 juillet 1841, en ma qualité d'inspecteur des monuments historiques du département du Gard.

Pour compléter l'histoire de notre tour, nous ajouterons que notre siècle, à idées positives, a aussi ajouté sa page sur ses vieux murs, en faisant de ce squelette décharné le piédestal d'un télégraphe.

Aujourd'hui le télégraphe a disparu, le vide menaçant provoqué par Traucat est occupé en partie par une énorme colonne de neuf mètres de circonférence sur seize d'élévation ; un escalier à vis, ménagé sur le pourtour extérieur de la colonne, permet d'arriver sans danger au faîte de l'édifice, d'où l'on peut jouir d'un magnifique point de vue qui a pour horizon la mer, les Alpes et la Lozère.

Ce dernier ouvrage a été exécuté en 1843 sur les plans sagement combinés de M. Questel, ar-

(2) Ménard, vol. V, p. 317.

chitecte du château de Versailles ; et cette admirable construction moderne a éternisé le plus ancien monument de notre antique cité ; malheureusement des restaurations peu nécessaires ont été opérées en 1860 et 1861, au détriment de l'aspect si pittoresque de cette respectable ruine.

FIN

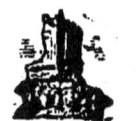

TABLE DES MATIÈRES

	Pages
Introduction	VII
De l'architecture Grecque	1
Monuments d'Athènes : Tour des Vents à Athènes	3
» Monument choragique de Lysicrate	14
» Parthénon ou Hécatompédon	19
Monuments de Præstum	45
» Grand Temple dit de Neptune	48
» Basilique de Præstum	56
» Petit Temple dit de Cérès	65
Temple de Sérapis à Puzzole	80
Amphithéâtre de Capoue	88
Monuments de Pompéi	103
» Quartier des Soldats	112
» Théâtre tragique	116
» Petit théâtre dit l'Odéon	121
» Temple d'Isis	126
» Temple de Neptune ou d'Esculape	132
» Portique des Écoles ou Marché public	134
» Maisons particulières de Pompéi	137
» Maison de Salluste	139
» Temple de Jupiter, Curia ou Acrarium	154
» Basilique de Pompéi	157

TABLE DES MATIÈRES

		Pages
Monuments de Rome :	Colisée	164
»	Panthéon	177
»	Colonne Trajane et Forum	188
»	Théâtre de Marcellus	197
»	Temple d'Antonin et Faustine	203
»	Temple de la Concorde ou Curia	208
»	Temple de Jupiter tonnant	211
»	Temple de la Fortune virile	216
»	Temple de Mars-Ultor	224
»	Temple de Jupiter Stator	226
»	Temple de Vesta	238
»	Grotte de la Nymphe Égérie	243
»	Colonne Phocas	250
Temple de Tivoli		256
Théâtre d'Orange		262
Pont-du-Gard		275
Monuments de Nimes :	Castellum dividiculum	297
»	Nymphée	308
»	Horreum	320
»	Baptisterium	325
»	Porte-d'Auguste	333
»	Amphithéâtre	347
»	Tour-Magne	372

www.ingramcontent.com/pod-product-compliance
Lightning Source LLC
Chambersburg PA
CBHW052236220526
45471CB00001B/71